Menge und Einsamkeit

John Masefield

Writat

Diese Ausgabe erschien im Jahr 2024

ISBN: **9789359945750**

Herausgegeben von
Writat
E-Mail: info@writat.com

Inhalt

ICH

Welches Stück spielen sie? Irgendein verwirrtes Spiel oder so.
Lassen Sie uns ein paar Karten holen. Ich habe noch nie ein Stück gesehen,
in dem etwas enthalten war. *Eine wahre Witwe.*

Roger Naldrett, der Schriftsteller, saß mit einem Freund in seiner Loge und
sah sich den zweiten Akt seiner Tragödie an. Der erste Akt war kühl
aufgenommen worden; die Besetzung war nervös, und das Haus, das, wie ein
Premierenpublikum immer kritisch ist, begann unruhig zu werden. Er sah
seinem Versagen ohne große Emotionen zu. Er hatte seine Aufregung in den
Tagen vor der Aufführung durchlebt; aber der Moment interessierte ihn, er
war so unwirklich. Das Stück war nicht wie das Stück, das er so oft bei den
Proben gesehen hatte. Wenn ihn nicht eine Rede störte, weil sie der
Handlung nicht half, stellte er fest, dass er es nicht im Detail beurteilen
konnte. Im Manuskript und bei den Proben hatte er es nur im Detail geprüft.
Jetzt sah er es als Ganzes, als etwas Neues, als eine grobe und starke Idee,
mit der er nichts anfangen konnte. Dort in der Loge eingeschlossen, fernab
von den Emotionen des Hauses, fühlte er sich der Zeit entrückt, als einzige
Person im Theater, die nicht gezwungen war, dabei zu sein. Er saß weit
hinten in der Loge, damit sein Freund John O'Neill eine bessere Sicht auf die
Bühne hatte. Er war sich der Schwärze von Johns Kopf im Licht der Bühne
bewusst und des Goldschimmers auf den gegenüberliegenden Logen.
Manchmal, wenn er in unregelmäßigen Abständen einige der Darsteller ganz
links auf der Bühne sah, empfand er Ekel angesichts der Grobheit der
Schminke, die auf ihre Gesichter geschmiert war.

Manchmal zögerte ein Schauspieler bei seinem Text, vergaß ein paar Worte
oder improvisierte andere. Er holte scharf die Luft ein, wann immer das
geschah, war es wie eine falsche Note in der Musik; aber er wusste, dass er
der Einzige dort war, der die Zwietracht spürte. Er bewunderte die Art dieser
Schauspieler; sie hatten Mut; Sie führten das Spiel fort, obwohl ihre
Erinnerungen ein Wirbel aus alten, durcheinandergewürfelten Tags waren.
Als es zu einer Pause im Geschehen kam, weil es an einem Eingang zu einer
Verzögerung kam, fuhr die Egge über seine Seele; denn am Ende der Stille,
wenn diejenigen, die husten wollten, gehustet hatten, ertönte manchmal ein
einziges halbherziges Klatschen, schlimmer als ein Zischen. In diesen
Momenten sehnte er sich danach, auf der Bühne zu stehen und den
Schauspielern zuzurufen, wie sehr er sie bewunderte. Er war in seiner Loge
eingesperrt, verdeckt, aber sie waren der Musik zugewandt. Sie spielten vor
einer kalten Wand aus Hemdsärmeln, noch nicht feindselig, aber verwirrt

über den neuen Geist und verärgert darüber. Sie könnten in den Hemdblusen betonte Gleichgültigkeit hervorrufen, sie könnten Wut hervorrufen, sie würden sicherlich kein Lob gewinnen. Roger hatte Mitleid mit ihnen. Er wünschte, dass das Ende schnell kommen würde, dass er anständig verurteilt werden und gehen durfte.

Gegen Mitte des Aktes unternahm die Hauptdarstellerin einen jämmerlich tapferen Versuch, das Stück zu retten. Sie spielte mit ganzer Kraft, auf eine Weise, die seinen Geist aufsteigen ließ, um sie zu segnen. Ihre Anstrengung hielt das Publikum einen Moment lang in Atem. Diese trübe Ansammlung von Köpfen und Hemdbrust wurde höflich, aufmerksam; ein kleiner Schimmer von Erregung begann aus dem Parkett über das Publikum zu huschen, als die ansteckende Magie stärker wurde. Dann kämpfte die zweite Dame, die, wie Roger wusste, bei der Generalprobe Fieber gehabt hatte, einen Moment lang mit Halsschmerzen, die ihr die Vorstellung zur Qual machten. Roger hörte, wie ihre Stimme brach, und wusste sehr gut, was das bedeutete. Er sehnte sich danach, zu schreien, um sie zu trösten; doch die einzigen Worte, die ihm in den Sinn kamen, waren: „Du armer kleiner Teufel." Dann rief ihr ein Mann auf der Galerie zu: „Sprich lauter, bitte." Ein halbes Dutzend andere stimmten in den Schrei ein. Sie übertrugen auf das Unglück der armen Frau all den Hass, den sie gegen das Stück empfanden. Als der Autor sich weit nach vorn reckte, sah er, wie die zweite Dame sich vor Kummer auf die Lippe biss; aber sie sprach wie eine Heldin. Danach verlor der Zauber seine Wirkung. Der Akt zog sich hin, die Leute husteten und zappelten; das Stück schien absurd unwirklich zu werden, bis Roger sich wunderte, warum kein Zischen mehr zu hören war. Die Schauspieler, die bis dahin zu langsam gewesen waren, begannen sich zu beeilen. Sie rasten durch einen Moment dramatischer Spannung, der bei einem guten Publikum feierlich verlaufen wäre. Der Höhepunkt kam mit einem Ruck, der Akt endete, die letzte Rede wurde gesprochen. Dann zögerte der Vorhang fünf, zehn, fünfzehn, zwanzig furchtbare Sekunden lang. Die absurden Schauspieler standen absurd da und warteten darauf, dass der schwere rote Stoff sie vom Publikum abschirmte. Irgendetwas hatte sich verklemmt, oder der Bühnenvorführer hatte seinen Einsatz verpasst. Als der Vorhang fiel, kicherte das halbe Haus. Das halbe Dutzend spöttischer Klatschen, das folgte, galt dem Bühnenvorführer.

Die Loge des Autors war zufällig die königliche Loge, und dahinter befand sich ein Wohnzimmer, das hauptsächlich mit Stühlen und Aschenbechern ausgestattet war. Als das Licht heller wurde, ging Roger rasch ins Wohnzimmer und zündete sich eine Zigarette an. John O'Neill stolperte hinter ihm her.

„Es ist sehr gut. Es ist sehr gut", sagte er vehement. „Das ist alles, was ich dachte, als Sie es lasen. Das Publikum weiß nicht, was es damit anfangen soll.

Es ist verwirrt von dem neuen Geist. Es ist das Beste, was hier seit der Sache des armen Wentworth gemacht wurde." Er hielt eine Sekunde inne und sah Roger dann mit einem harten, klugen, ärztlichen Blick an. „Mir gefällt das Aussehen Ihrer Hauptdarstellerin nicht ganz. Sie wird zusammenbrechen."

„Den dritten Akt werden sie nie ertragen", sagte Roger. „Im dritten Akt wird es Krawall geben."

In diesem Moment öffnete sich die Tür. Falempin, der Intendant des Theaters, ein grober und fröhlicher Herr mit den Überresten einer ausgelassenen, weinroten Schönheit im Gesicht, trat mit einer gespielten Verbeugung ein.

„Naldrett", sagte er mit einem starken französischen Akzent, „es geht dir gut. Dein Spiel ist sehr gut. Sehr interessant. Ich werde viertausend Pfund über dein Spiel verlieren. Äh? Sehr gut. Was denn? Som." „Tag, an dem ich vierzigtausend Pfund aus deinem Stück machen werde, ist das alles eine Tagesarbeit." – es ist auch –" Er schüttelte den Kopf über den dritten Akt. „Miss Hanlon, die hübsche kleine Miss Hanlon, sie wird hysterisch."

„Könnte ich vorbeigehen und mit ihr sprechen?" fragte Roger.

„Nicht gut", sagte Falempin. „Sie kann niemanden sehen. Sie wird ihre Illusion nicht unterbrechen."

„Was ist mit dem Vorhang passiert?" fragte O'Neill.

„Ah, der Vorhang. Es war absurd. Ich schaue mir den Vorhang an. Wir treffen uns in Philippi. Äh? Es wird einen Streit geben. Aber dir geht es gut, Naldrett. Du kennst John O'Neill. Äh? Mr. O'Neill, er sagt dir, dass es dir gut geht. Er verneigte sich schwungvoll mit behandschuhten Händen und verschwand durch die Bühnentür.

„John", sagte Roger, „das Stück ist tot. Das Stück macht mir nichts aus; aber ich möchte wissen, was sie hassen."

„Sie hassen den neuen Geist", sagte Roger. „Sie sind an Torheit und Persiflage gewöhnt, an die Abtreibung des männlichen Helden und an die Rechtfertigung ihrer Laster. Sie mögen Karikaturen von sich selbst. Sie mögen Fotografien. Sie mögen beleuchtete Texte. Sie schmücken ihren Geist genauso wie ihr Zuhause Kommt zu ihnen aus der Wüste, lauter Heuschrecken und wilder Honig. Sie sind die Leute in Frith's Derby Day. Sie denken, dass sie es nicht ertragen.

„Das mit Falempin tut mir leid", sagte Roger. „Er ist ein guter Kerl. Ich werde ihn viel Geld verlieren."

„Falempin ist ein Franzose. Er würde lieber ein Kunstwerk schaffen, als seine Tage, wie er es nennt, damit zu verbringen, ‚Wäsche für die Peegs' zu verkaufen." Was sind viertausend für einen Theatermanager? Und was ist die Miete für ein Viertel für irgendjemanden?"

„Nun", sagte Roger, „das ist ein gutes Geschäft für mich. Gehen wir einmal ums Haus und hören uns an, was sie sagen."

Sie warfen ihre Zigaretten in Aschenbecher und gingen durch das Parkett in die Eingangshalle. Die Eingangshalle des King's war groß. Die Dekorationen aus Spiegeln, Gold, Marmor und rotem Samt verliehen ihr das Aussehen eines Hotels, das den Kunsttempeln in diesem Land selten fehlt. Es ist ein Zugeständnis an den Geschmack der Gäste; man sieht es in Theatern und Gemäldegalerien, wo immer die Vulgarität ihre Spiegel hat. Viele Leute hatten sich dort versammelt. Ein halbes Dutzend kleinerer Kritiker stand zusammen und verglichen ihre Notizen und überlegten, wie Außenstehende meinen, was man gefahrlos sagen konnte. Roger bemerkte unter ihnen einen kleinen, stämmigen Mann mit zottigem Haar, der einen umgelegten Kragen trug. Er kannte den Mann nicht; aber an seiner Erscheinung erkannte er sofort, dass es sich um einen Kritiker handelte, und zwar um eine Person ohne Ansehen der Person. Er wollte gerade woanders hinsehen, als er mit einem Anflug von Wut sah, dass der kleine, stämmige Mann mit seiner Rede innegehalten hatte, die Zigarette aus dem Mund fallen ließ und sie in der verstohlenen Art der Ungezogenen und Bösartigen genau beobachtete. Roger sah, wie er dem Mann, der ihm am nächsten stand, einen leichten Stoß mit dem Ellenbogen gab. Der Mann drehte sich um, um zu schauen; drei der anderen drehten sich um, um zu schauen; die Lippen des kleinen Mannes bewegten sich zu einer gemurmelten Erklärung. Die Gruppe starrte. Roger, der ihre Unverschämtheit übel nahm, starrte so eindringlich zurück, dass ihre Augen fielen. O'Neills Hände zuckten. Roger wurde bewusst, dass dies eine von O'Neills Fehden war. Sie gingen zusammen mit gleichgültigen Gesichtern an der Gruppe vorbei. Als sie vorbeigingen, bemerkte der kleine Mann, der immer noch starrte: „Einer von dieser Sorte." Sie hörten, wie er sich umdrehte, damit er ihnen nachstarren konnte. O'Neill wandte sich an Roger.

"Weisst du wer das ist?"

"NEIN."

„Das ist O'Donnell von *The Box Office* . Er ist der Mann, der sich für die Sache des armen Wentworth eingesetzt hat. Ich habe ihn in Paris gerufen. Er wollte nicht kommen."

„Wirklich, John?"

„Oh, du bist zu jung; du erinnerst dich nicht. Er hat überall geschrieben. Er hat ein abscheuliches Traktat mit dem Titel „ *Drama und Anstand" geschrieben* . Wentworth wäre beinahe strafrechtlich verfolgt worden."

„Davon habe ich gehört! Also hat O'Donnell das geschrieben?"

"Er hat."

„Wer sind die anderen?"

„Obskure Tageszeitungen und Illustrierte."

Ein kleiner grauer Mann mit nervösen Augen kam auf Roger zu und behauptete, er sei aufgrund eines früheren Treffens bekannt. Er begann, mit Roger mit der lockeren Gönnerschaft eines Menschen zu sprechen, der, obwohl er selbst keine Ahnung von Kunst hat und keine göttliche Idee in sich trägt, den Geschmack seiner Gesellschaft, ihren Klatsch, ihre kritischen Gepflogenheiten und einige ihrer Nebensächlichkeiten kennt Barden.

„Sie dürfen sich nicht entmutigen lassen", sagte er mit angedeuteter intellektueller Überlegenheit; „Ich habe gehört, dass Sie eine ziemlich große Fangemeinde haben. Wie gefällt Ihnen die Schauspielerei? Ich selbst mag die Schauspielerei von Miss Hanlon nicht. Haben Sie sich für sie entschieden?" Während er sprach, wanderten seine Augen über O'Neill, der abseits stand und ihnen den Rücken zuwandte. Es war offensichtlich, dass er O'Neill vom Sehen kannte und ihm vorgestellt werden wollte. Roger erinnerte sich, wie dieser Mann O'Neill einen Scharlatan genannt hatte. Eine Beleidigung kam ihm auf die Lippen. Wer war dieser unbeholfene kleine Mann aus der Stadt mit seiner Villa in Surrey und seiner Sammlung von Meryon-Radierungen, den er bevormunden und verurteilen sollte und der ihn bitten sollte, sich nicht entmutigen zu lassen?

„Ja", sagte er kalt. „Ich habe das Stück für sie geschrieben. Sie ist die einzige tragische Schauspielerin, die Sie seit Miss Cushman hier hatten."

Der kleine Mann aus der Stadt lächelte, offenbar indem er seine Augen verlängerte. Für einen zukünftigen Esstisch bereitete er eine Verurteilung dieses jungen Dramatikers vor, als zu „meinungsvoreingenommen", zu „roh".

"Ja?" er antwortete. „Übrigens – meine Tochter ist hier; sie möchte so gerne mit dir über das Stück reden. Wirst du kommen?"

Roger hatte diese Tochter schon einmal getroffen. Er sah sie jetzt, ein anämisches Mädchen, in einem Liberty-Kleid, das mit der Nase in die Luft inmitten einer Menge Erstlingsgäste stand. Auch sie wollte ihn bevormunden und das Orakel kritisieren. Die Überlegenheit eines neunzehnjährigen Mädchens war mehr, als er ertragen konnte.

„Danke", sagte er. „Vielleicht danach. Ich muss jetzt mit meinem Freund weg."

Er nickte hastig, packte O'Neills Arm und floh. Zwei Männer kollidierten auf seinem Weg und tauschten Kritik aus.

„Hallo, alter Mann", sagte einer, „was denkst du darüber?"

"Ich nenne es eine deutsche Farce."

„Ja, ziemlich farblos. Es hat sich gut geöffnet."

Weiter vorne unterhielt sich eine große, blasse, dicke Frau mit schlaffem Kinn laut mit zwei kleineren Frauen.

„Ich nenne es einfach widerlich. Ich frage mich, ob so ein Stück erlaubt sein darf."

„Mir würde es nichts ausmachen, wenn es so abstoßend wäre", sagte eine ihrer Freundinnen. „Aber was ich nicht ertragen kann, ist, dass es so uninteressant ist. Es hat keinen Sinn. Es bedeutet gar nichts. Es enthält keine Kritik am Leben."

„Sie sagen, er bringt sich mit Chloral um", sagte die dritte Frau.

Am Eingang zum Rauchzimmer wurden sie von der Menge aufgehalten. Eine Dame mit schönen Augen fächelte sich heftig am Arm ihrer Begleiterin Luft zu.

„Es ist sehr interessant", sagte sie, „aber natürlich ist es kein Theaterstück."

„Nein. Es ist kein Theaterstück", sagte ihr Freund. Nach einer Pause erläuterte er seine kritische Haltung. „Wissen Sie, ich glaube nicht an all das Gerede über Ibsen und so. Ich möchte, dass ein Theaterstück ein Theaterstück ist."

Der Rauchraum war voller Männer mit Zigaretten. Fast alle hatten etwas Theaterhaftes an sich, etwas Glattrasiertes, etwas in den Augen, in der Fettigkeit des Unterkiefers und in der allgemeinen Übertreibung der Haltung. Etwas Lautes und Unwirkliches. Die hübschen Mädchen an der Bar waren geschäftig, schenkten jedem Gast das gleiche Lächeln und den gleichen Charme und entließen ihn, wenn er bedient wurde, mit einer Gleichgültigkeit, die einer Auslöschung gleichkam. Die Freunde zündeten sich frische Zigaretten an und teilten sich eine Flasche Perrier-Wasser. Die hübsche Kellnerin mit dem müden Gesicht blickte Roger aufmerksam und mit interessiertem Mitgefühl an. Sie hatte die Generalprobe gesehen, sie war eine seiner Bewundererinnen.

Streichhölzer kratzten und knisterten, Sodawasser sprudelte zu Spirituosen, die Korkenzieher quietschten und knallten mit einem zischenden Geräusch. Ein blasser, weißhaariger Mann mit einer neun Zoll langen bernsteinfarbenen

Zigarettenspitze – offensichtlich sein einziger Anspruch auf Ansehen – hielt ein Glas schräg und übte Kritik.

"Das ist alles verdammter Blödsinn", sagte er. "Dieser ganze Blödsinn, den diese jungen Kerle schreiben. Ich nenne das Röteln. Jetzt haben wir ein Drama. Man kann über diese Skandinavier sagen, was man will, und über Hauptmann, und wie heißt der Franzose, der das Buch über Wespen geschrieben hat? Sie sind alle so. Sie wissen, was ich meine. Jeder einzelne von ihnen. So wie die Präraffaeliten; aber stellen Sie sie neben unsere englischen Dramatiker; wo sind sie?"

Jemand mit irischer Stimme behauptete in einer kurzen Pause ziemlich brillant, dass Shakespeare keinen Intellekt gehabt habe, Coriolanus jedoch ein echtes Gespür für die Bühne gezeigt habe.

Ein Freund ohne eindeutigen Widerspruch meinte ergänzend: „Keiner der Elisabethaner war überhaupt gut; Coriolanus war eine Lateinübung. Englisches Drama aus dem Jahr 1893.“

Ein dritter legte ein Wort für Romeo und Julia ein. „Natürlich ist Shakespeare in all seinen ernsthaften Werken ein äußerst irritierender Autor. Aber in Romeo und Julia ist er weniger irritierend als sonst. Ich mag die Grabszene.“

Die irische Stimme antwortete, dass die Engländer den Balladeninstinkt hätten und jene Geschichten mochten, die in einer Ballade erträglich seien; aber diese intellektuelle Größe zeigte sich durch die Form, nicht durch einen emotionalen Zustand. Dies führte zu der offensichtlichen englischen Erwiderung, dass Form nichts sei, solange der Gedanke in Ordnung sei; und dass unsere Konstruktion sowieso besser war als die französische. Der Vortrag schloss die Diskussion ab und schloss sie mit Geplapper ab; nichts mehr war zu hören.

Die beiden Freunde tranken Perrier-Wasser und spürten die Feindseligkeit im Haus, ohne konkrete Vorwürfe zu hören. Über ihnen surrte eine elektrische Klingel. Gläser wurden hastig abgestellt, Zigaretten fielen in die Töpfe mit immergrünen Pflanzen. Die Flut ging zurück zu den Verkaufsständen. Als sie innehielten, um einer Dame den Gang hinunter den Vortritt zu lassen, hörten sie, wie sie einer Freundin ein Urteil verkündete.

„Natürlich mag es sehr clever sein, aber was ich meine ist, dass es nicht amüsant ist. Es ist nicht wie ein Theaterstück.“

Eine klare, weibliche Stimme ließ einen letzten Satz flüsternd fallen. „Oh, ich finde es furchtbar zweitklassig; wie alle seine Bücher. Ich glaube, er muss ein höchst unerträglicher junger Mann sein. Ich kenne einige seiner Freunde.“

Roger Naldrett fragte sich, welche Freunde das waren, und nahm einen Augenblick, bevor sich der Vorhang hob, in seiner Loge Platz.

Vier Minuten später, als das Haus feststellte, dass die Kappe passte, wurde laut eine Zeile gezischt. Es verging, die Schauspieler sammelten sich, Miss Hanlons Schauspiel gewann an Intensität. Als die emotionale Krise des Auftritts näher rückte, schien sie das Publikum zu erobern. Die Schönheit des Stücks berührte sogar den Autor ein wenig. Dann, in ihrem schönsten Moment, in einer Pause, das Vorspiel zu ihrer großen Anziehungskraft, rief eine raue Frauenstimme ohne natürliche Schönheit, die durch ein frisch angebissenes Apfelstück eher behindert als künstlich unterstützt wurde, ironisch: „Au, chyce me", von irgendwo weit oben. Die Stimmung im ganzen Haus war wahrscheinlich gegen die Stimme; aber die kollektive Aufmerksamkeit ist wankelmütig. Es gab eine Sekunde des Zögerns, in der sich das Publikum, obwohl das Stück weiterging, fragte, ob es lachen und den Kicherern folgen oder energisch „Sh" sagen sollte. Ein großer Mann im Parkett entschied sie, indem er seine Fröhlichkeit, die er im Moment ordentlich unterdrückte, explodieren ließ, so wie eine ausgedehnte Blase explodiert, wenn man sie mit einem stumpfen Gegenstand trifft.

„Au, Charlie!" schrie die Stimme erneut. Jeder lachte. Der große Mann, bestätigt in dem, was ihn zunächst beunruhigt hatte, brüllte wie ein Stier. Als das Gelächter endete, war das Stück verloren. Keine Schauspielerei der Welt hätte es retten können.

Einen Moment lang ging es weiter, aber die Witzbolde waren durch ihren Erfolg ermutigt worden. Ein paar sanftmütige junge Männer, sehr wagemutig, stellten verschämt und mit verlegener Stimme Fragen an die Bühne. Plötzlich erklangen schrille Pfeifen. Jemand zischte im Parkett. Eine Zeile, die sich auf Englands Außenpolitik bezog oder dies zumindest zu tun schien, denn in der guten Literatur gibt es nichts Aktuelles, löste Rufe wie „Yah" und „Pro-Boer" aus, Sätze, die auch heute noch in Momenten des Volksstolzes fortschrittlichen Denkern entgegengerufen werden. Im ergreifendsten Moment der Tragödie schrie die Galerie vor lauter Wut „Buh". Das Parkett, aufgeregt durch den Lärm, sah sich lächelnd um und nach oben. Sänger begannen eines der abscheulichen Lieder der Varietés, entwürdigt in seinen Worten, seinem Rhythmus und seiner Melodie. Ihre Füße schlugen den Takt dazu. Das Buhen war monoton wie das von Tomtoms; Pfeifen und Pfiffe klangen wie wilde Vögel, die durch die Dunkelheit fliegen. Die Leute standen unbeholfen auf, um das Theater zu verlassen, traten anderen auf die Füße, stolperten über ihre Knie, mit Flüchen im Herzen und Entschuldigungen auf den Lippen. Das Stück war zu Ende. Die Besetzung wartete, bis der Lärm aufhörte. Miss Hanlon, das Schwert an ihrer Kehle, stand selbstsicher da, hatte ihre Zeilen und Gesten parat und wartete nur auf Ruhe. Zwei der Schauspieler unterhielten sich miteinander und blickten dabei über die Bühne auf den düsteren Pöbel vor ihnen. Roger konnte sehen, wie sich ihre Lippen bewegten. Er stellte sich die zynische

Umgangssprache vor, die zwischen ihnen ausgetauscht wurde. Er erkannte Miss Hanlons Schwester in einer der Logen auf der anderen Seite stehen.

Der Lärm wurde lauter. John O'Neill verließ seinen Platz, kam zu ihm herüber und schrie ihm ins Ohr. „Ihr habt einen schönen Streit", schrie er.

Roger nickte John im Dunkeln zu. „Ja, ja", sagte er. Er fragte sich, warum ihm dieses Wrack seiner Arbeit nicht mehr am Herzen lag. Es war ihm egal. Der schreiende Mob widerte ihn an, aber nicht mehr als jeder andere schreiende Mob. Er wünschte, er hätte nur ein Gesicht, damit er hineinspucken und es schlagen könnte, um die tapfere Miss Hanlon zu rächen, das Genie, das von dem Pöbel niedergeschrien wurde, der immer noch wartete und von Schluchzen erstickt wurde. Ansonsten war ihm alles völlig egal. Er glaubte an seine Arbeit. Schönheit war es wert, dem zu folgen, was auch immer der Dummkopf dachte. Er saß auf dem Rand der Loge und starrte auf seine Feinde, „die Peegs", herab. Ein Rowdy im Parkett, der auf gut Glück einen Bogen spannte, rief „Autor". In diesem Moment fiel der Vorhang und die Lichter gingen an. „Autor", rief das Haus. „Ja. Autor. Buh." Frauen hielten inne, während sie ihre Opernmäntel anzogen, um mit ihren Gläsern auf ihn zu zielen. Er sah ein Dutzend solcher Frauen. Er sah, wie die Männer starrten. Er hörte, wie ein Mann, ein einsamer Freund, der klatschen wollte, plötzlich aufgefordert wurde, „es zu lassen". „Autor", ertönte der Ruf. „Ja. Buh. Autor. Oh Mann."

Er stand auf, um seine Feinde anzusehen. Ein Mann, ein Kritiker, klatschte ihm Beifall, was in einem solchen Haus eine mutige Tat war. Die anderen genossen den Streit, unterstützten ihn oder verließen eilig mit schüchternen Frauen den Saal. Diejenigen, die höhnten, höhnten hauptsächlich über John O'Neill, der eher wie ein Autor aussah als wie sein Freund (das heißt, sein Haar war länger).

„Das ist fast ein Martyrium", sagte John. „Ihre Arbeit muss besser sein, als ich dachte."

Roger lachte. Die Leute, die das Gelächter sahen, schrien vor Wut. Falempin kam hinter dem Vorhang hervor. Gleichgültig betrachtete er das Haus und strich sich über den weißen Bart, als würde er über eine Abendkarte diskutieren. Er warf einen geistesabwesenden Blick auf die Uhr und tippte gelangweilt mit dem Fuß auf. Er überlegte, ob er die „Pegs" beleidigen und seine Karriere als Theatermanager glanzvoll beenden sollte. Die Angst, sie könnten seine Beleidigung missverstehen und sie vielleicht als Kompliment auffassen, hielt ihn am Ende zurück, noch mehr als der Gedanke daran, was seine Frau sagen würde. Er wartete, bis der Aufruhr nachließ, um kühl zu bemerken, dass das Stück nicht weitergehen würde. Nach einer Pause forderte er das Orchester auf, lange Zeit mit übermäßiger Inbrunst „God save the King" zu spielen. was sie grinsend auch taten. Ein paar Polizisten in der Grube und auf der Galerie leiteten den so geweckten religiösen Geist zu friedlichen Werken. Die Hooters begannen lachend und schreiend das Theater zu verlassen; Drei oder vier junge Männer standen mit verschränkten Armen vor einem Ausgang und versperrten den Frauen den Durchgang. Einer von ihnen wurde ins Gesicht geschlagen, wehrte sich und wurde gewaltsam hinausgeschleudert. Die anderen kämpften sich, unterstützt von ihrem Anführer, die Treppen von der Galerie hinunter, wobei sie von der flüchtenden Menge daran gehindert wurden. Sie litten auf dem Weg. Einer von ihnen schlurfte mit abgerissenem Kragen auf dem Bürgersteig und schrie, er wolle sein „at“. Er würde nicht ohne sein „at“ gehen.

Unterdessen standen im Parkett ein Dutzend tapferer Männer an der Absperrung des Parketts und warteten darauf, den Autor auszubuhen, als er seine Loge verließ. Das Parkett leerte sich rasch. Zwei Wärter, die noch immer Programme trugen, blieben unter Rogers Loge stehen und sagten, es sei eine „Schande“. Roger schrieb gerade hastig auf ein Programm den Entwurf eines Dankes-, Lob- und Beileidsschreibens an Miss Hanlon. Erst als er seine geistigen Kräfte einsetzen wollte, stellte er fest, dass sie durch die Aufregung der Nacht zerstreut waren. Die Worte, die ihm in den Sinn kamen, waren wie Worte, die man in Träumen benutzt; sie schienen bedeutungslos zu sein. Er brachte nach langem Kopfzerbrechen einen groben Text zusammen; aber das Ergebnis, als er es auf ein im Vorraum gefundenes Blatt Papier schrieb, war ziemlich schwach.

Er formte das Papier rasch zu einem Dreispitz. „Komm mit, John“, sagte er. „Wir gehen durch die Bühne; das hier muss ich für Miss Hanlon dalassen.“

Sie gingen durch den Vorraum in einen mit Anwesen gehäuften Saal und gelangten von dort in einer schnellen Wendung auf die Bühne, wo ein paar Hände die Kulisse bewegten und über den Streit redeten. Auf der zugigen, zickzackförmigen Betontreppe, die zu den Umkleidekabinen führte, stand der Bühnenmanager und unterhielt sich unter einem schwankenden Gasstrahl, der von einem Drahtgeflecht umgeben war, mit einem kleinen Schauspieler.

„Ein ziemlicher Ärger, Sir“, sagte er zu Naldrett. "Schade."

„Es schien ihnen nicht zu gefallen, oder? Welches ist Miss Hanlons Zimmer?“

„In Nummer drei, Sir; aber da ist ihre Kommode, falls Sie eine Nachricht für sie haben, Sir. Da sind ein paar Damen bei ihr.“

Vor dem Bühneneingang, in der Gasse, die zur Straße führte, warteten mehrere Müßiggänger träge auf eine Gelegenheit zur Empörung. Auf der Straße selbst hatte sich eine Menschenmenge am Theatereingang versammelt. Eine Menge ausdrucksloser Gesichter stand unter dem Licht und starrte auf die Türen. Sie starrten ohne Lärm und ohne Intelligenz, unter dem Bann jenes Mesmerismus, der den gewöhnlichen Intellekt so leicht fesselt. Polizisten bewegten sich durch die Menge und bewegten kleine Teile davon, mehr durch ihr Beispiel als durch Gebot. Die Starrenden bewegten sich, weil andere sich bewegten. Auf der Straße leuchteten Taxilichter. Licht schimmerte auf Geschirren, auf dem Satin der Umhänge, auf den Hüten der Lakaien.

„Wann begann das Zeitalter der Politur?" sagte Roger.

„Als das Zeitalter der Vergoldung endete", sagte John. „Es ist ein niedriges Alter; ohne Politur auf dem Sarg kann man nicht einmal eine anständige Leiche sein. Hier sind wir bei den Masquers; sollen wir hier zu Abend essen oder bei den Petits Soupers?"

II

Was, nicken wir? Klangmusik, und lasst uns unsere Stimmung wecken ...
Ja, das hat uns geweckt. *Der Dichter* .

Der Akt, sich an den Tisch zu setzen, veränderte Johns Stimmung. Die
Leichtigkeit und Fröhlichkeit verschwand von ihm. Es schien Roger, dass er
sichtlich sehr alt und abgemagert wurde, als die fröhliche Stimmung, die
durch die Aufregung im Theater angeregt worden war, nachließ. Manchmal
erweckte John beim Abendessen den Eindruck, dass der spirituelle John auf
einer Reise sei oder sich in eine andere Welt zurückzog. Er sprach wenig,
hauptsächlich einsilbig, ohne Anspielungen auf das Stück. Er war zu einer
Hülle geworden, fast zu einer unwirklichen Person. Er ließ nicht erkennen,
dass er über die intellektuelle Energie verfügte, die seinen Vortrag für junge,
kunstinteressierte Männer so attraktiv machte. Rogers Vorstellung ließ
vermuten, dass Johannes eine Art Johannes der Täufer war, ein Fackelträger,
der ausgesandt wurde, um andere Menschen in Brand zu setzen, aber ohne
wirkliches eigenes Feuer. Er hatte das Gefühl, dass Johannes durch einen
unbekannten Haufen Hobelspäne in einem Vorort eine ganze Stadt
erleuchtet hatte und nun seine Fackel ausgelöscht hatte, so dass die Nacht
ihn verbarg. Ihm wurde klar, wie wenig er diesen Mann kannte, so vertraut
sie auch gewesen waren.

Niemand kannte ihn. Niemand wusste, was er war. Manche hielten John für
den Ewigen Juden, andere hielten ihn für einen Nihilisten, einen Carlisten,
einen Balmacedisten, einen Jakobiten, den Erben Frankreichs, König Artus,
den Antichristen oder Parnell. Alle hatten das Mysterium gespürt, aber keiner
hatte es gelöst. Da war dieser seltsame, rätselhafte, brillante Mann, der
Einfluss auf die Kunst hatte, auf viele Künste, obwohl er keine mit höchster
Hingabe praktizierte. Er war durch die meiste Welt gereist; er sprach viele
Sprachen; er hatte Freunde in fremden asiatischen Städten, in westlichen
Bergbaustädten, in Gummilagern, auf Schiffen, in Senaten. Niemand hatte je
einen Brief von ihm erhalten. Aber seine Räume waren immer voll mit
fremden Gästen aus allen Teilen der Welt. Als Roger ihn über den Tisch
hinweg ansah, fühlte er sich plötzlich klein, als wäre John wirklich ein Geist,
der nach einem gespenstischen Moment des Glühens plötzlich wieder in die
Nacht zurücksinkt. Er spürte die außergewöhnliche Persönlichkeit des
Mannes und seine eigene schreckliche Kleinlichkeit, so wenig davon
wahrzunehmen. Irgendetwas stimmte nicht mit ihm, irgendetwas stimmte
mit der Nacht nicht. Oder war der ganze unwirkliche Abend ein Traum
gewesen? Oder waren sie alle tot und war dies Himmel oder Hölle? Denn
das Leben schien mit allen möglichen neuen Realitäten aufgeladen. So hatte

er sich noch nie gefühlt. Etwas veränderte sich in seinem Gehirn. In einem jener seltenen Momente, in denen man die Wahrheit begreift, wurde ihm seine eigene spirituelle Entwicklung bewusst. Mit einem plötzlichen Impuls zu heftigem Lachen fiel ihm auf, dass John, der in seinem Stuhl zurückgelehnt saß und von der Fantasie des Rauchs seiner Zigarette fasziniert war, ebenfalls in einer Stimmung spiritueller Krise war und den lang ersehnten Frieden erlangte.

John beobachtete seine Zigarette, bis die Asche fiel, als die Wahrheit vollständig erreicht schien, der Schritt der Seele nach oben geschafft. Er blickte zu Roger auf wie ein Mann, der gerade aus einem Traum erwacht, wie ein Mann, der lange verwirrt war und nun endlich Gewissheit erlangte.

„Was sind deine Pläne?", fragte er plötzlich. „Du wirst weiterschreiben?"

„Ja. Ich werde weiterschreiben", antwortete Roger. Er war verblüfft über Johns abruptes und distanziertes Verhalten. „Ich habe das Stück von Louis Quatorze fertig. In ein oder zwei Tagen fange ich mit einem anderen an. Ich habe einen Roman zur Hälfte fertig; ich glaube, ich habe dir die Fabel erzählt. Seit Beginn der Proben habe ich nicht viel gemacht."

„Eines Tages werden Sie großen Erfolg haben", sagte John, halb zu sich selbst. „Sie werden all das sein, was Wentworth hätte sein können, wenn er noch gelebt hätte. Kennen Sie Wentworths Werk?"

„Ja", sagte Roger. Die Frage überraschte ihn. John sprach mit ihm, als wäre er ein Fremder. Sie hatten Dutzende Male über Wentworths Arbeit gesprochen. „Was war das für ein Mann?" er fügte hinzu.

„Ein großes Genie für sich. In seiner Arbeit glaube ich nicht, dass er das war, obwohl er natürlich wunderbare Dinge getan hat. Du hast mir einmal gesagt, dass du verliebt bist. Wie geht das weiter?"

„Ich sehe sie manchmal. Ich kann sie nicht bitten, mich zu heiraten. Meine Aussichten – nun ja – ich lebe vom Schreiben."

„Sie ist reich, glaube ich, haben Sie gesagt? Sie lebt in Irland?"

"Ja."

„Liebe ist der Teufel!" sagte John abrupt. „Wegen meiner Lunge fahre ich morgen ins Ausland. Ich habe mich gefragt, ob ich dafür sorgen soll, dass Sie sich vor meiner Abreise niederlassen."

„Guter Gott! Du hast es mir nie gesagt."

„Wentworth hat immer gesagt, dass der Körper in der Gesellschaft nicht existiert. Ich dachte darüber nach, es dir zu sagen. Aber es gab noch andere Gründe. Dinge, über die ich dir nichts sagen kann."

„Aber wohin gehst du?"

„An einen Ort in Südspanien. Mehr kann ich Ihnen nicht sagen. Hören Sie zu. Ich glaube, dass ich kurz davor stehe, ein großes Geheimnis zu entdecken. Es ist eine erstaunliche Sache; ich habe mit Centeno, so jung, daran gearbeitet." Spanier, der in meine Räume kommt, ich gehe nach Spanien, damit ich in einem warmen Klima mit ihm arbeiten kann.

Er erhob sich von seinem Platz und war vom Gedanken an die Entdeckung begeistert. Er trank den letzten Schluck Wein, als hätte er plötzlich Fieber vor der Arbeit. Mit der gleichen fieberhaften Beschäftigung warf er Hut und Mantel über.

Roger, der ihn schon einmal so gesehen hatte, wusste, dass er vergessen war. Sein Freund war bereits in jenen geheimen Räumen im Dachgeschoss eines Hauses am Queen Square. Sein Geist war dort, über die Arbeit gebeugt mit dem spanischen Gelehrten; der irdische Teil von ihm war ein Päckchen, das in einem Restaurant zurückgelassen worden war, um ihm zu folgen, so gut es ging. Worte aus dem Nichts schwebten in Rogers Geist. Es war, als hätten einige von Johns begleitenden Geistern ihm zugeflüstert: „Dein Freund beschäftigt sich mit einer seltsamen Lehre der Seele", sagte der Flüsterer. „Diese Welt existiert für ihn nicht. Du bist nichts für ihn; du bist nur ein kleiner Teil des Ewigen, der das Haus der Gier einer Köcherfliege schleppt. Er ist frei."

Er blickte schnell auf und sah John tief in Gedanken versunken neben sich einen Kellner stehen, der ihm unbemerkt eine Rechnung anbot. Roger hat die Rechnung bezahlt. Eine Minute später standen sie im grellen Glanz des Zirkus, inmitten von Tumult und grellem Licht. Etwas an dem unrhythmischen Aufruhr brach die Stimmung des Träumers. Er blickte Roger geistesabwesend an, als würde er sich an ein Ereignis aus einem früheren Leben erinnern. Ein Hustenanfall erschütterte ihn und ließ ihn zittern.

„Ihr Spiel ist eine schöne Sache", sagte er schwach, während er einen Hansom begrüßte. „Du bist in Ordnung. Ich kann dich nicht bitten, in meine Zimmer zu kommen, denn ich arbeite dort mit Centeno. Ich arbeite dort bis spät in die Nacht und bin heute Nacht mit dem Packen ziemlich durcheinander."

Er schien wieder in seine Träumereien zu versinken, denn er bemerkte Rogers Hand nicht. Zwischen Zigarettenrauchzügen murmelte er vor sich hin: „Das ist eine unwirkliche Welt, das ist eine unwirkliche Welt." Ein plötzlicher Energieschub ließ ihn in das Taxi steigen. Roger gab dem Taxifahrer die Adresse und schloss die Schürzen des Taxis. Sein Freund hob träge eine Hand und sank zurück in die Dunkelheit. Das Letzte, was Roger von ihm sah, war eine weiße, unbewegliche Gesichtsmaske, die sich aus dem schwarzen Spitzbart erhob, der so sehr dem Bart eines assyrischen Königs ähnelte. Das Taxi war zwischen einem Wirrwarr von Fahrzeugen verborgen, bevor Roger bemerkte, dass sein Freund verschwunden war.

Da fiel Roger auf, dass dieser Abend ihn einer Romanze sehr nahe gebracht hatte. Er hatte gesehen, wie der Minotaurus das Werk seiner Seele niederschrie. Nun ging der Mann, den er angebetet hatte, in den Tod. Mehr als der Schmerz über den Verlust des Freundes war die Schärfe der Eifersucht; Denn warum konnte er anstelle von Centeno diesem Geist nicht bei der letzten Transmutation, in der letzten Herrlichkeit helfen, als die zerbrechende Gehirnzelle den Himmel hereinließ? Er fühlte sich verurteilt und beiseite geschoben. Für einen Moment trieb ihn ein Impuls dazu, hinter das Geheimnis zu schleichen, die Treppe hinauf, durch den mit Büchern gestapelten Korridor in den dunklen, grün geschmückten Raum, in dem die Arbeit vorangetrieben wurde. Er sehnte sich danach, diese Verschwörer mit ihrem Seelengeheimnis zu überraschen und in das Geheimnis eingeweiht zu werden, sogar mit der Schwertspitze. Er verdrängte diesen Gedanken; aber der Schock über Johns Abschied brachte es wieder zurück. Sein Geist schien in ihm zu zappeln. Er fühlte sich fassungslos und fassungslos.

Er überquerte die Shaftesbury Avenue und fragte sich, wie das Leben ohne O'Neill weitergehen sollte. Er dachte nicht an das Scheitern seines Stücks; dieser Kummer erfüllte sein Wesen. Er blieb einen Moment auf dem westlichen Bürgersteig der Allee stehen, um sich eine Zigarette anzuzünden. Als er sich über die Flamme beugte, schlug ihm jemand heftig zwischen die Schultern. Er drehte sich schnell und voller Wut um, um einem halb betrunkenen Mann gegenüberzustehen, dessen Gesicht die eigentümliche aufgedunsene Formlosigkeit des Londoner Sumpfes aufwies. Der Mann behauptete zu Unrecht mit vielen schmutzigen Worten, dass Roger sich gegen ihn gewehrt habe und dass er ihm – nun ja, das Gegenteil beweisen würde. Eine kleine Menschenmenge versammelte sich und erwartete einen Kampf. Als die Sprache des Mannes am schmutzigsten war, mischte sich ein Polizist ein und forderte den Betrunkenen auf, ruhig nach Hause zu gehen. Der Mann fragte, wie jemand ruhig nach Hause gehen könne, wenn ihm ein paar Kerle über den Weg laufen. Der Polizist wandte sich an Roger.

Roger war krank und angewidert. Es war nicht vorstellbar, den Mann anzuklagen und ihm eine Gefängnis- oder Geldstrafe aufzuerlegen. Der Mann war nicht nüchtern; Er war für einen Moment in leidenschaftliche Wut verfallen und hatte blind zugeschlagen wie ein wütender Stier. Der Fehler, das üble Gerede und die plötzliche Aufmerksamkeit der Menge in einem Moment, in dem er hoffte, allein zu sein, lösten in Roger ein Gefühl hilflosen Hasses auf sich selbst und das moderne Leben aus. Er drehte sich abrupt um. Sein Feind verfolgte ihn ein paar Schritte lang und ließ einen nach dem anderen schmutzige Namen fallen, während ein Teil der Menge ihm folgte und hoffte, dass es zu einem Angriff kommen würde. Die Verfolgung endete mit einem Knurren. Der Trunkenbold bog schräg über die Straße ab, so knapp unter zwei Taxis hindurch, dass die Menge von diesem Moment an das Interesse an Roger verlor.

Roger erinnerte sich, dass es ein paar Meter entfernt ein deutsches Restaurant gab, in dem einige seiner Freunde Domino über Bierkrügen spielten. Er betrat das Restaurant in der Hoffnung, jemanden zu treffen; Er hoffte auch, dass das freundliche, fremde Gefühl, das den Ort erholsam und angenehm machte, ihm helfen würde, seinen Kummer und seine Abneigung gegen das Leben zu vergessen. Er bestellte Kaffee und Cognac und saß traurig rauchend da und musterte die Eintretenden, sah aber keinen Freund unter ihnen.

Während er rauchte, überfielen ihn die Erinnerungen an den Abend. Er sah, wie seine Arbeit von der Bühne gejubelt wurde, wie John aus seinem Leben verschwand und wie der Idiot mit seinem aufgedunsenen Mund Dreck über ihn brabbelte. Seine Nerven waren durch die emotionale Belastung der letzten zwei Wochen völlig erschüttert. Er war in Kinderstimmung; die Stimmung des heimwehkranken Jungen in der Schule. Er war der Hysterie ebenso gefährlich nahe wie der Trunkenbold. Er sehnte sich danach, drüben in Irland zu sein, im Haus dieser schönen Frau, die er liebte, in der Gegenwart von Ruhe, Zärtlichkeit und edlem Denken, fern von all diesen Schrecken und Trostlosigkeit. Der Gedanke an Ottalie Fawcett beruhigte ihn; denn er konnte nicht gleichzeitig an diese schöne Frau und an sich selbst denken. Erinnerungen an sie gaben seinem Geist eine süße, melancholische Nahrung. Besonders eine Erinnerung kam mir immer wieder in Erinnerung: die schöne Dame in ihrem wunderschönen, frühviktorianischen Kleid, mit großem Hut, grauen Handschuhen und alten Perlenohrringen, die sich über eine Masse weißer Rosen im Garten beugte. Konzentriert an sie zu denken und sie mit äußerster Erregung klar und deutlich zu sehen, war wie Gemeinschaft mit ihr. Ihr Bild zeichnete sich in seinem Herzen so deutlich ab, dass er ein Jubelgefühl verspürte, als ob ihre Herzen ineinanderfließen würden. Ein prickelnder Gedanke an sie war wie ihr Herz gegen seines. Es machte ihn sicher, dass sie in diesem Moment an ihn dachte, vielleicht mit Zärtlichkeit. Er versuchte sich ihre Gedanken über ihn vorzustellen. Er versuchte sich vorzustellen, wie sie unter diesem großen Hut und mit ihren lebhaften Augen eine schöne, bezaubernde Frau war, exquisit, zurückhaltend und von unendlich schnellem Takt. Es endete mit der leidenschaftlichen Sehnsucht, nach Irland zu reisen, um sie zu sehen, koste es, was es wolle. Sein Herz wandte sich ihr zu; er würde zu ihr gehen. Er konnte nicht ohne Liebe leben.

Das Stück war vor zehn Uhr zu Ende. Mittlerweile war es halb elf. Roger bezahlte seine Rechnung und bog in die Shaftesbury Avenue ein, in der

Annahme, dass er innerhalb von sechsunddreißig Stunden freigelassen werden würde. Dieser staubige Tumult würde anderen Ohren widerhallen. Er würde am Wasser von Moyle sein, inmitten magischer Täler, an die Tür seiner Liebe klopfen, mit ihr gehen, ihre Stimme hören, mit ihr über dem Torffeuer sitzen, in diesem alten Haus auf den Hügeln, und zu Ailsa hinüberschauen. Das wäre Leben genug. Es würde ihm die Kraft geben, nach seinem Scheitern und dem Verlust seines Freundes von vorne zu beginnen. Seine Gedanken waren voll von ihr. Er drehte sich um, wie er es so oft spät in der Nacht getan hatte, um zu den Fenstern der kleinen oberen Wohnung zu blicken, die seine Liebste mit ihrer Freundin Agatha Carew-Ker teilte. Sie waren selten in der Stadt, um die Wohnung zu nutzen. Sie kamen im Allgemeinen im Frühling und Winter zu Stippvisiten dorthin, wenn sie über London auf den Kontinent reisten. Es war eine winzige Wohnung mit vier Wohnzimmern, hoch oben an der Südseite der Shaftesbury Avenue; Es war ein seltsamer Ort, den sich zwei Damen ausgesucht hatten, aber er lag in der Nähe von Theatern und Geschäften. Als Roger darauf zuging, erinnerte er sich an das letzte Mal, als er sieben Monate zuvor dort gewesen war. An einem nebligen Oktoberabend hatte er allein mit Ottalie Tee getrunken. Fast eine halbe Stunde lang waren sie allein in der Wohnung, saßen in der Dämmerung zusammen am Feuer und unterhielten sich vertraulich, sogar zärtlich; denn es lag etwas Magisches in der Dämmerung, und die Gesellschaft war in dieser seltenen halben Stunde zu eng, als dass einer von beiden die Lampe anzünden könnte. Er kannte Ottalie seit seiner Kindheit; aber noch nie zuvor so. Ihre Zärtlichkeit, ihr Charme und ihre ernste Schönheit waren ihm noch nie so nahe gewesen. Zwei weitere Minuten in dieser Dämmerung hätten ihn an ihre Seite gebracht. Er hätte ihre Hände in seine genommen. Er hätte sie gefragt, ob das Leben nach einer solchen Kommunion wieder zur alten, offenen Kameradschaft zurückkehren könne. Dann kam Agatha herein, mit ihrer Härte, Hektik und ihrem Misstrauen. Der Zauber war gebrochen. Agatha bewertete sie dafür, dass sie im Dunkeln saßen. Als er die Lampe anzündete, spürte er Agathas scharfen, kritischen Blick auf ihn und eine gewisse vorwurfsvolle Eifersucht in ihrem Ton gegenüber Ottalie. Es gab kleine harte Blicke von einem Gesicht zum anderen; und dann ein schlecht verheimlichtes weibliches Manöver, das es ihm unmöglich machte, länger zu bleiben. Er blieb, bis Agatha spitz wurde. Das war das letzte Mal, dass er Ottalie gesehen hatte. Er hatte von Zeit zu Zeit von ihr gehört. Er hatte ihr seinen letzten Roman und sein Märchenbuch geschickt. Als Weihnachtsgeschenk hatte sie ihm eine silberne Streichholzschachtel geschickt. Agatha hatte ihm in einem Nachwort ihre „Liebe" zum Ausdruck gebracht.

Er blieb auf der Nordseite der Avenue stehen, um die Fenster der Wohnung hoch oben auf der gegenüberliegenden Seite zu betrachten. Er war überrascht, als er in Ottalies Schlafzimmer Licht sah, einen langen

Lichtschimmer dort, wo die Vorhänge sich teilten, einen Schimmer, der für einen Moment von jemandem gedämpft wurde, der vorbeiging. Fünf Sekunden lang sah er das Licht, dann wurde es ausgeblasen. Jemand war in der Wohnung, möglicherweise Ottalie selbst. Vielleicht würde er sie am nächsten Morgen früh sehen. Sie könnte dort sein, gleich auf der anderen Straßenseite. Sie könnte in dieser letzten elenden Stunde weniger als dreihundert Meter von ihm entfernt gewesen sein; aber es war seltsam, dass sie ihm nicht geschrieben hatte, dass sie in die Stadt kommen würde. Es konnte kaum Ottalie sein. Es könnte Agatha sein oder eine Freundin, der sie die Wohnung für die Saison geliehen hatten. Er konnte es kaum erwarten, dass der nächste Tag anbrach, damit er es herausfinden konnte. Er war völlig müde. Er hielt ein Taxi an und fuhr zu seinen Zimmern in Westminster. Der Taxifahrer, der ihn für ein leichtes Opfer hielt, verlangte mehr als das überhöhte Fahrgeld, das ihm gegeben wurde. Roger sagte ihm, dass er nichts mehr bekommen würde, und betrat das Haus. Der Kutscher wurde ausfällig, stieg aus und schlug auf den Türklopfer ein, bis ihn ein Polizist näher kam und ihn warnte, dass jeder weitere Versuch zu einer Vorladung führen könnte. Knurrend fuhr er davon.

Roger bewohnte ein Zimmer in einem der alten Häuser von Westminster. Er mietete ein kleines getäfeltes Wohnzimmer, ein Schlafzimmer, ebenfalls getäfelt und etwas größer, und ein drittes Zimmer, das so winzig war, dass eine Wäschepresse und ein Bad es fast ausfüllten. Er zündete seine Lampe an, um zu sehen, welche Briefe für ihn gekommen waren. Es waren fünf oder sechs, keiner von Ottalie. Auf dem Tisch lag ein Telegramm. Es war von einer Abendzeitung und bat um die Gunst eines Interviews am nächsten Morgen. Der Streit im Theater trug Früchte. Er öffnete seine Briefe, aber da er sah, dass sie nicht amüsant waren, las er sie nicht. Er ging in sein Schlafzimmer, um sich auszuziehen. Auf dem Kaminsims lag eine Probekarte, die ihm vor vierzehn Tagen einen Schauer der Freude bereitet hatte. Jetzt schien sie ihn mit einer teuflischen, leblosen Bosheit anzugrinsen. Ein geätztes Porträt von O'Neill blickte traurig von der Wand herab. Ein Foto von Ottalie auf dem Toilettentisch war das Letzte, was ihm auffiel, als er die Lampe ausblies.

Im nächsten Haus wohnte ein Parlamentsabgeordneter. Seine Frau war musikalisch, auf eine harte, versierte Art. Sie sang geschickt, obwohl ihre Stimme nicht gut war. Sie sang, wie ihre hervorragenden Lehrer sie das Singen gelehrt hatten. Sie hatte von ihrem Unterricht bis an die Grenzen ihrer Natur profitiert. In Momenten der Erregung, wenn sie ihre Unzulänglichkeiten erkannte, zitierte sie sich selbst eine Zeile von Abt Vogler: „Auf der Erde ein gebrochener Bogen, im Himmel ein vollkommener Kreis." Sie war eine unregelmäßige, exzentrische Dame, die späte Stunden liebte. In dieser Nacht ließ ein wandernder Teufel sie um

Mitternacht zu spielen beginnen, als Roger, völlig erschöpft von den Anstrengungen des Abends, in einen gnädigen Schlaf fiel. Ein paar Takte genügten, um Roger zu wecken. Die Wand zwischen ihnen war nicht dick genug, um den Lärm zu dämpfen. Die wenigen melancholischen Takte wurden lauter. Sie begann hart, metallisch, gefühllos zu singen, mit Enttäuschung in jeder Note. Arme Dame, der Moment war wunderschön für sie. Sie konnte nicht wissen, dass sie in ihrem Moment der Freude ein Instrument der bösartigen Sterne von nebenan war. Roger setzte sich mit ein paar ungeduldigen Worten im Bett auf. Er kannte das Lied der Dame; er hatte Ottalie es singen hören. Es war lehrreich, diese andere Dame es singen zu hören. Es bestätigte ihn in einer Theorie, die er vertrat, nämlich dass Kultiviertheit eine Eigenschaft der gesamten Persönlichkeit ist; dass sich Feingefühl, Schönheit der Natur, Feingefühl des Taktgefühls in der kleinsten Bewegung, im Heben einer Hand, in der Haltung des Kopfes, im kleinsten Ton der Stimme zeigten. Ottalie sang mit der ganzen Schönheit ihres Charakters, verlieh jeder Note eine unbeschreibliche Richtigkeit des Wertes, verbal wie musikalisch, und vermittelte ihren Zuhörern ein Gefühl ihrer Vornehmheit der Seele, ein Gefühl des edlen Lebens verstorbener Generationen von Fawcetts; ein Gefühl von Stil und Rasse und persönlicher Vornehmheit. Diese Dame sang, als wäre sie auf einem Hockeyfeld und würde den Ball gesund, in kurzen Röcken, zwischen vielen fröhlichen jungen Sprösslingen aus der Kaserne angreifen. Sie sang wie die Tochter eines *Neureichen* . Ihr Lied war eine kurze Liaison zwischen Leipzig und einer vulgären Verfassung.

Zwei Minuten ihres Liedes verdrängten jeden Gedanken an Schlaf aus Rogers Gedanken. Er zündete seine Lampe an und suchte nach Zigaretten. Irgendetwas veranlasste ihn, Wentworths *Tragödie von Poppaea zu vernichten* . Er las es noch einmal durch, bis die Muskeln der Dame ermüdeten. Er zündete sich eine Zigarette an. Er stützte sich auf seine Kissen und begann zu lesen, bewunderte die präzise Festigkeit der Rhythmen und die Qualität des Stils, der ganz aus Duft und Schimmer bestand, eine feine Blüte der Schönheit, nie zu viel, die den Künstler auszeichnete. Die Chöre berührten ihn durch ihre inhärente Musik. Sie waren musikalisch, weil der Geist des Mannes, obwohl streng muskulös und männlich, voller Melodien war. Sie unterschieden sich von den meisten modernen Versen, die als musikalisch gelten, wenn sie eine gewisse mechanische Übereinstimmung mit einem Musikmuster zeigen, das bereits im Volksmund ist. Als noch nicht ausgebildeter Schriftsteller war Roger neugierig auf alle Dinge, die persönliche Unterscheidung und Streben zeigten. Dieser exquisite Vers, diese Kraft der feinen, präzisen intellektuellen Auffassungsgabe, war seiner Meinung nach Lohn genug für das Elend, das dieser Dichter unter seinen Mitmenschen erlitten hatte. Roger fragte sich, wie viele Damen wie die Sängerin auf der anderen Seite der Mauer den armen Wentworth aus einem anderen als vulgären Grund zu ihrem „At Homes" eingeladen hatten. Er erinnerte sich, wie Wentworth, ein strenger Moralist, der durch ein Leben voller Leiden getrübt war, mit einer Dame gesprochen hatte. „Du wirst meine Bücher kaufen und sie auf deine Tische legen. Du wirst mich zum Abendessen einladen, um dich mit meinem Vortrag zu unterhalten. Du hast dir den Ruf eines Witzes erworben, indem du meine Epigramme wiederholt hast. Und für welche meiner Ideen scherst du dich zwei Strohhalme, Wofür würdest du auch nur die geringste Eitelkeit opfern, wofür würdest du eine Konvention missachten?

Die Zigarette war ausgeraucht. Die Dame, die etwa vier Lieder beendet hatte, spielte jetzt mit ein bisschen Grieg, ein bisschen Bach, ein bisschen Schumann, wie ein zarter Schmetterling, der von einem feinsten Uhrwerk gesteuert wird. Roger, der jetzt nicht in Schlafstimmung war, fand die Musik als Begleitung zu *Poppaea einigermaßen wertvoll* . Sie war wie das Licht und die Aufregung eines Theaters, die die Emotion der Poesie noch verstärkten. Er las bis zum Ende des zweiten Akts, als seine Augen anfingen, ihm zu schmerzen. Dann stand er auf, zog sich hastig an, hüllte sich in ein chinesisches Gewand, das mit grünen Seidendrachen bestickt war, und ging durch sein Wohnzimmerfenster auf den Balkon über der Straße. Es war ein schmaler, altmodischer Balkon, groß genug für drei Personen, wenn die Leute sich gern hatten. Strukturell war er ein Teil des Balkons des Hauses des Abgeordneten, aber ein altes Strohgitter trennte die beiden Wohneinheiten an der Grenzmauer. Roger stellte einen Liegestuhl mit der Rückenlehne gegen das Gitter, das den Balkon des Abgeordneten von seinem trennte. Er war von oben durch ein grünes Verandadach geschützt und von der Straße durch ein weiteres, etwa anderthalb Meter hohes Spalier. Er würde jetzt nicht vor vier schlafen; er kannte seine Symptome von früher. Er konnte nicht lesen. Es war sinnlos, sich im Bett hin und her zu wälzen. Er saß traurig im Liegestuhl und kaute gesalzene Mandeln. Er war in einem Zustand unnatürlicher nervöser Erregung. Die Musik drang zart durch das Haus zu ihm, gedämpft durch zwei Wände, von denen eine ehrlich im späten siebzehnten Jahrhundert gebaut worden war. Er dachte, dass John O'Neill von nun an ferne Musik für ihn sein würde. Vielleicht betrachten die Toten die lebenden Seelen als Noten in einer Musik und spielen auf ihnen, erzeugen Harmonie oder Dissonanz, je nach der Kraft ihres Willens und der Beschaffenheit ihrer Natur. Er konnte sich vorstellen, wie Johannes, der so viele lebende Seelen zum Klingen gebracht hatte, im Tod weiterspielte, nicht behindert durch die Gleichgültigkeit einer Note, sondern meisterhaft darauf spielte, sie zum Klingen brachte, indem er eine verwandte Note anschlug und sie durch eine andere erreichte, wie es vielleicht unsere toten Freunde können. Aber das Leben wäre schrecklich ohne Johannes. Er erinnerte sich, wie Lamb herumging und murmelte: „Coleridge ist tot." Ein großer Geist drückt sich nie perfekt aus. Er braucht viele kleinere Geister, um diese glitzernden Krümel und feurig geschleuderten Mannasamen aufzufangen.

Wenn das Brot herumgereicht wird, servieren die Jünger Reste und predigen das Bäckerhandwerk.

Bedauernd trank er seine gesalzenen Mandeln aus, als ihm einfiel, dass er keine Oliven mehr hatte. Er zündete sich eine weitere Zigarette an, lag rauchend da und versuchte, ruhig zu werden. Bis auf die Musik war es sehr still; denn in der Davenant Street war es genauso ruhig wie in Dean's Yard. Die Fenster waren alle leer und dunkel; Die Leute schliefen. Der edle Ton von Big Ben verriet es den Quartieren. Ein Polizist ging leise vorbei und tastete die Türen ab. In der Straßenlaterne ein paar Meter von Rogers Sitzplatz entfernt ist etwas schief gelaufen. Es flatterte, als würde eine große Motte in der Flamme kämpfen. Es verblasste bis auf ein paar schwächere Lichtpunkte, wodurch die dunkle Straße noch dunkler wurde. Big Ben erhob eine feierliche, süße Stimme und läutete zwei mit edler Melancholie, dem Tod ergeben, aber hungrig nach der Schönheit des Lebens, als würde der Geist von Raleigh sprechen. Ottalie schlief jetzt, die grauen Augen geschlossen, das süße Gesicht vertrauensvoll daliegend. John war mit dem blassen jungen Spanier zusammen und machte was? in dem Raum dort oben, über dem Queen Square. London stand kurz vor der Stunde der Ruhe. Nur die Dichter, die Gelehrten und die Müßiggänger waren jetzt wach. Bald würde die Morgendämmerung im Mai beginnen. Schon jetzt färbte sich in Aleppo die Kirschblüte. Die Rosen von Sarvistan ergossen sich in der Hitze. Die grünen Maishalme von Troy schimmerten über dem Fluss, als der Wind sie schüttelte. Tenedos erhob sich schwarz und beobachtete den Kanal, der jetzt Stahl zeigte.

Roger zündete sich eine weitere Zigarette an der Glut der letzten an. Es war zu still, um ein Streichholz anzuzünden. Die Stille bereitete ihm ein emotionales Vergnügen. Es gab ihm ein Gefühl der Macht, als wäre er der einzige lebende Geist inmitten all dieses Todes. Es tat ihm leid, als die Musik aufhörte, denn dadurch war die Stille noch eindrucksvoller geworden. Auch wenn seine Gedanken dadurch nicht beruhigt worden waren, so waren sie zumindest schöner geworden, so chaotisch sie auch waren. Die Bitterkeit der Nacht wirkte weniger bissig. Er war sich einer Erhöhung des Geistes bewusst. Dort oben in der Stille schienen seine Hingabe an John, seine Leidenschaft für Ottalie und seine Liebe zu allen hohen und edlen Künsten in einem großen Plan vereint zu sein, in dem er sowohl Gott als auch Mensch war. Als er aufstand, schaute er tief bewegt über das Spalier auf die Straße. Er war hier, um dieses großartige Kunstwerk zu perfektionieren – sich selbst. John, der den Weg gewiesen hatte, war jetzt verschwunden. Ottalie, die ihn inspiriert hatte, wartete mit ihrer Krone; oder vielleicht nur, um ihn zu zeigen, um ihn zu locken, denn die Natur, verschwenderisch mit Staub und Unkraut, gibt wahre Schönheit nur sparsam. Es war an ihm, dieser Verlockung zu folgen und die Kraft zu sammeln, sie zu ergreifen. Die Welt war ein wenig

Staub unter seinen Füßen. In seiner Seele platzte ein kleiner grüner Samen. Es würde aus all dem Schmutz und Dreck des modernen Lebens, inmitten all des fliegenden Sandes der Luft, zu einem stattlichen Baum heranwachsen, der die Welt mit Schönheit und Frieden beschützen würde. Er wäre eine erhabene Seele. Er würde dieses Gesindel dominieren, das ihn verspottete.

Er zündete sich eine weitere Zigarette an. John war wie ein von Gott gesandter Mann. John war unwirklich. John war mit einer Fackel vor ihm hermarschiert. Jetzt hatte sein geisterhafter Meister die Fackel auf die Straße gestoßen und ihm mit einer Geste den Weg gezeigt. Der Weg zur Vollkommenheit lag weiter hinten, auf einem Pfad, der zu schmal für zwei war. Weit oben auf dem Pfad konnte er Ottalie sehen, einen Schimmer duftender Schönheit, halb verborgen in einem wirbelnden Staubsturm, der ihn fast vom Felsvorsprung gefegt hätte. Der Staub sollte ihn nicht von ihr fernhalten. Er würde zu ihr klettern. Sie würden zusammen weitergehen.

In diesem Augenblick, als die melancholische Intensität der Glocken die Viertelstunde läutete, öffnete sich die Fenstertür auf der anderen Seite des Strohgitters. Eine Dame kam auf den Balkon. Sie summte mit etwas leiser Stimme eines von Heines Liedern, wodurch die Musik voller Lücken blieb. Roger erkannte die Stimme des Sängers. Er fragte sich, ob ihr Mann bei ihr war. Er nahm an, dass er im Haus sein musste und dass sie auf ihn wartete. Ihre Röcke raschelten, als sie sich bewegte. Ein schwacher Veilchenduft lockte Roger zu ihr. Es war schwach, exotisch und suggestiv. Parfüms haben eine berauschende Wirkung. Sie stand volle zehn Sekunden da, bevor sie seine Anwesenheit hinter dem Bildschirm erahnte. Ihr Lied verstummte sofort. Zwei weitere Sekunden überzeugten sie davon, dass die Person männlich und allein war. Ein Dritter vermutete, dass es sich bei ihm um einen Einbrecher handelte.

"Wer ist da?" sagte sie leise. Ihre Stimme klang eher besorgt als ängstlich.

„Es tut mir so leid", sagte Roger. Er wusste nicht, was er sonst sagen sollte. "Ich wohne hier." Er dachte, dass es höflich wäre, ins Haus zu gehen. Er drehte sich zum Gehen um. Zu seiner Überraschung sprach sie erneut.

„Kannst du mir eine Zigarette geben?" Sie sagte. Sie sprach immer noch leise. Sie sprach, als ob ein Dienstmädchen im Zimmer hinter ihr wäre. Roger war nervös. Er war ein Mann von lebhaftem Blut und in einem Zustand aufgeregter Nerven.

„Ja", sagte er. „Wollen Sie Russisch, Amerikanisch oder Türkisch haben?"

Sie schien einen Moment lang zu debattieren.

„Gib mir einen Russen", sagte sie. „Gib es mir durch dieses Loch in der Matte. Danke."

„Hast du ein Streichholz?" fragte Roger.

„Nein", antwortete sie. „Gib mir bitte ein Licht von dir. Aber zünde die Matte nicht an."

Er steckte seine brennende Zigarette durch das Loch in der Matte. Er spürte den Druck ihrer Zigarette darauf. Er hörte, wie sie schneller atmete. Er sah, wie die Glut durch die Matte heller wurde, als der Tabak Feuer fing.

„Danke", sagte sie leise und lachte dabei halb. „Wie lief das Stück?"

„Das Stück?", stammelte Roger. „Es war – meinst du – welches Stück meinst du?"

„Ihr Stück: *Die römische Matrone* . Sie sind doch Mr. Naldrett, nicht wahr? Ich habe Sie einmal kurz in einem Haus in Chelsea getroffen. Bei Mrs. Melyard, vor drei Jahren. Ich war gerade auf dem Weg."

Er erinnerte sich an diese hektische Schönheit Mrs. Melyard. Sie war wie eine grüne Schlange. Sie empfing ihre Vertrauten (Freunde hatte sie keine) in einem mit Grünzeug behangenen Raum. Es gab grüne Sofas, Lampen mit grünen Schirmen, ein grünlich brennendes Gummi in einem Kohlenbecken mit grünen Glaswänden. Sie selbst war in grüne, glitzernde, metallische Schuppen gekleidet, die beim Gleiten ein Geräusch wie das Zischen einer Schlange machten. „Nichts ist wirklich interessant außer dem Laster", war der einzige Satz, an den er sich aus Mrs. Melyards Gesprächen erinnern konnte. Sie war ein fiebriger Charakter, was sich durch eine vererbte phthisische Anfälligkeit erklärte. Melyard sammelte Tsuba und fechtete im Foil Club archäologisches Material. Er war der beste Rapier- und Dolchkämpfer in England.

„Sie sind Mrs. Templeton?", fragte er. „Ich erinnere mich an eine Dame bei Mrs. Melyard."

„Damals war ich noch nicht verheiratet", sagte sie schnell. „Wie lief das Stück?"

"Es wurde ausgebuht."

„Es tut mir leid", sagte sie. Sie meinte: „Es tut mir leid, dass ich gefragt habe."

Roger fragte sich, wie er entkommen könnte. Es hing von der Dame ab.

„Kannst du nicht schlafen?", fragte sie plötzlich.

"NEIN."

„Das kann ich nicht. Wird es Ihnen langweilig, hereinkommen und mit uns reden zu wollen?"

Er war an unkonventionelle Menschen gewöhnt. Die Einladung der Frau erschien ihm nicht merkwürdig. Die meisten Frauen, die er kannte, hätten in den gleichen Umständen genauso einfach und offen gehandelt. Er wusste, dass Templeton selten vor zwei zu Bett ging. Er ging davon aus, dass Templeton im Wohnzimmer war, möglicherweise in Hörweite.

„Ich sehe nicht sehr vorzeigbar aus", sagte er. „Lass mich das Gewand wechseln."

„Das macht uns nichts aus", beruhigte sie ihn. „Komm schon."

„Lassen Sie mich rein?"

„Wir werden diesen Bildschirm herunterziehen."

Mit zwei kräftigen Rucken rissen sie die alte Matte herunter. Roger trat über die Trennwand auf den gegenüberliegenden Balkon.

„Kommen Sie rein", sagte sie und ging durch das Fenster. „Hier drinnen ist es dunkel. Passen Sie auf den Stuhl dort auf." Sie streckte eine Hand aus, um den Stuhl wegzuziehen. Sie tat es grob und machte dabei ziemlich viel Lärm.

„Setz dich hierher", sagte sie. „Der Stuhl ist bequem. Ich setze mich hier gegenüber hin. Hier ist ein Aschenbecher."

„Könnte ich eine Lampe oder Kerze anzünden?", fragte Roger und holte seine Streichholzschachtel heraus.

„Nein, danke", sagte sie. „Leuchte noch nicht auf; ich habe das Licht satt. Ich wünschte, wir könnten im Dunkeln leben, wie wilde Tiere."

„London geht dir auf die Nerven", sagte Roger. „Der Lärm und die Sorgen machen dir Sorgen. Du hast genug von London, nicht vom Licht."

Er war enttäuscht, als er gebeten wurde, im Dunkeln zu sitzen. Er begann das Interesse an der Dame zu verlieren. Sie war nur eine moderne dramatische Heldin, also eine gewöhnliche, überforderte Frau. Er hatte ähnliche affektierte Albernheiten von einem Dutzend leerer Frauen gehört, von denen einige hübsch waren. Er hatte gehört, dass Mrs. Templeton hübsch sei. Als sie das Licht ablehnte, kam er zu dem Schluss, dass der Ruhm gelogen hatte. „Sie muss blond sein", dachte er, „und dieser Raum wird von Elektrizität beleuchtet." Er wünschte, dass Templeton käme. Templeton würde die Situation erleichtern und die Worte seiner Frau vernünftiger machen. Die Dame versuchte im Stillen, ihn zusammenzufassen.

„Nein, ich habe London nicht satt", sagte sie. „Nur man kann nicht in London *leben*."

„London geht dir auf die Nerven", wiederholte Roger. „London ist eine fiebernde große Spinne. Sie saugt die Lebenskraft aus und hinterlässt stattdessen ihr eigenes Gift. Schauen Sie sich die Künste an. Ein junger Künstler kommt hierher voller Lebenskraft. Wenn er kein wirklich großer Mann ist, wird London alles aussaugen." ihn und mache ihn so giftig und fiebrig wie sie selbst.

„Ja, das stimmt", antwortete sie. „Ich wünschte, wir könnten alle einfach und natürlich sein und Zeit zum Leben haben. Das Leben ist so interessant. Das einzig wirklich Interessante."

„Was für ein Leben möchtest du führen?"

„Ich möchte mein eigenes Leben leben. Ich möchte meine eigene Seele kennen. Leben. In London lebt man immer das Leben anderer Leute, geht essen, tut Dinge, weil andere sie tun. Aber wo sonst kann man interessante Leute treffen?"

„Menschen sind für das wahre Leben nicht wesentlich", sagte Roger. „Ich glaube, dass jedes vollkommene Leben die Gemeinschaft mit Gott ist, das heißt, Konversation mit Ideen, ‚göttliche Konversation'. Menschen sind in gewissem Maße wie Gedanken, wie lebendige Ideen; denn das innere und das äußere Leben entsprechen sich."

„Sie meinen, das Leben ist eine Art Kurve?", unterbrach die Dame. Die Frage war ein moralischer Bumerang. Sie benutzte sie oft zur Verteidigung; einmal hatte sie damit einen Wissenschaftler niedergestreckt.

„Das Leben ist, was immer du daraus machst."

„Ich denke darüber nach, in Irland zu leben", sagte die Dame. „Die Menschen müssen so unglaublich charmant sein. So ein schönes Leben, am Feuer sitzend und die alten Lieder singend. Und dann ihre Fantasie!"

„Ihr Charme ist oberflächlich", sagte Roger. „Wenn ich die Zeiten zusammennehme, lebe ich seit sieben Jahren in Irland. Ich habe dort ein Häuschen. Ich glaube nicht, dass Sie nach der ersten schönen, nachlässigen Verzückung, die einen Monat dauert, an vielen Feuern sitzen und alte Lieder singen werden . Ich bin natürlich ein Engländer. Wenn ich nur einer der englischen Garnisonen bin, behaupte ich, dass die Vorstellungskraft eine moralische Eigenschaft ist."

„Ich glaube nicht, dass ein Engländer die Iren verstehen kann", sagte die Dame.

„Wenn ein Ire groß genug ist, um der Kleinheit seiner Rasse zu entkommen, wird er eine großartige Person", antwortete Roger. „Aber bis das geschieht, scheint es ihm meiner Meinung nach an jeder wirklich grundlegenden Eigenschaft zu mangeln."

„Oh", sagte die Dame, „Sie sprechen so sehr wie ein Engländer. Ich sehe, Sie interessieren sich nicht für das Leben. Sie interessieren sich nur für Moral. Aber Sie können nicht behaupten, die Iren hätten keine Vorstellungskraft. Sie haben eine wunderbare Vorstellungskraft. Sehen Sie sich an, wie sie sprechen. Und ihre Schriftsteller: Swift, Goldsmith, Sheridan. Und ihre eigenen exquisiten irischen Dichter."

„Ich würde die ganze Truppe für einen Akt von Addisons *Cato geben* ", sagte Roger. „Swift hatte eine eingeschränkte Sehkraft und einen kranken Geist. Er diagnostizierte seine eigenen Krankheiten. Goldsmith schrieb einige hübsche Verse. Aber ich glaube nicht, dass Sie sie gelesen haben. Oder? Sheridan schrieb im Alter von vierundzwanzig Jahren eine Komödie, um das zu beweisen." Dass ein Trottel edler ist als ein Gelehrter, versuchte er, es in seiner eigenen Person zu beweisen. Ich habe Übersetzungen daraus gelesen, die für mich eine besondere Art von Unpersönlichkeit waren hört in ihrem Reden.

„Das ist so englisch von Ihnen", sagte die Dame lachend. „Ich denke, dass ich für mein keltisches Blut sehr dankbar sein sollte."

„Sind Sie ein Kelte?"

„Ja; aus Cornwall. Ich denke, es gibt mir eine instinktive Liebe zum Schönen."

„Wer Schönheit liebt, schafft sie. Auch ich war ein Kelte. Ich war ein Kelte von meinem zweiundzwanzigsten bis zu meinem fünfundzwanzigsten Lebensjahr. Dann entdeckte ich eine sehr merkwürdige Tatsache – zwei Tatsachen."

"Was waren Sie?"

„Erstens, dass die Liebe der Kelten zum Schönen völliger Blödsinn ist. Zweitens, dass die Menschen auf diesen Inseln Bastarde sind, die aus dem Abschaum Europas hervorgegangen sind. Sie können sich Angelsachse, Kelte, Arier, Normanne oder Paläolithiker aus Longbarrow nennen; aber wenn Sie von diesen Inseln stammen, sind Sie ein Bastard, ein Bastard der merkwürdigsten Art."

In diesem Augenblick öffnete sich plötzlich die Tür und das elektrische Licht ging an. In der Tür stand Templeton – ein großer, kahlköpfiger Mann mit schmalem Gesicht, einem Fuchsschnurrbart und schwachen Augen. Sein Gesicht zeigte erstaunten Zorn.

„Was ist das?", sagte er.

„Darf ich Sie vorstellen", sagte die Dame. „Mein Mann, Mr. Naldrett."

Roger, der unter Templetons wütendem Blick aufstand, war sich bewusst, dass er in seiner Robe aus grünen Seidendrachen wie ein Narr aussah.

„Ich verstehe nicht", sagte Templeton.

„Ich habe Herrn Naldrett hier gebeten, mit mir zu sprechen", sagte die Dame.

„Das nehme ich an", sagte Templeton.

„Hatten Sie eine interessante Sitzung?", fragte Roger.

Templeton antwortete nicht. Er starrte seine Frau wütend an. Sein Opernhut war nach hinten geneigt, sein Mantel war aufgeknöpft, eine unangezündete Zigarette hing aus seinem Mund.

„Archie", sagte die Dame höflich, „Mr. Naldrett ist mein Freund. Ich habe ihn hergebeten, um mit mir zu reden."

„Das sehe ich", sagte Templeton.

„Um mit mir zu reden", wiederholte die Frau aufbrausend, „während Sie bei Mrs. Liancourt in ihrer Wohnung in St. Anne's Mansions waren. Ich weiß, wann das Haus entstand und wohin Sie danach gingen. Wenn Sie gehen Um deine Freunde zu haben, werde ich meine haben.

Templeton schien zu schlucken. Er wandte sich an Roger.

„Vielleicht gehst du", sagte er.

„Ja, ich glaube, ich hatte besseres", sagte Roger. „Es tut mir leid, dass ich gekommen bin."

Er stand auf, um zu gehen. Mrs. Templeton drehte sich zu ihm um.

„Viertel vor drei", sagte sie süß. „Du wirst dich daran erinnern?"

Roger sah Mrs. Templeton eindringlich an. Nie wieder würde er höflich mit einer Frau mit hohen Wangenknochen, stählernen Augen und offenem Mund sprechen. Er verneigte sich vor ihr.

„Ich habe es nicht verdient", sagte er leise. Er ging zur Fenstertür und fühlte sich wie ein entdeckter Liebhaber in einem Theaterstück. Als er den Balkon betrat, knallte Templeton mit einem knurrenden „Jetzt" die Tür hinter sich zu und eröffnete das Feuer auf seine Frau. Templetons Flanken wurden gedreht. Er sprengte seine Munitionswagen in die Luft, bevor er kapitulierte.

Einen Moment lang war Roger wütend auf Templeton. Dann gab er der Dame die Schuld. Sie hatte ihm einen Skorbutstreich gespielt. Als er schließlich begann, ihre Lage zu verstehen, vergab er ihr. Er gab sich selbst die Schuld. Er hatte das Gefühl, dass er sich in etwas unbeschreiblich Schmutziges eingemischt hatte.

Als er sich fürs Bett auszog, machte er die Welt für ihre Vulgarität, Tristesse und Wildheit verantwortlich. Die Welt war zu viel mit ihm. Es vereitelte, vernichtete und zerstörte ihn. Er sehnte sich danach, der Welt zu entfliehen. Überall. Zu diesen irischen Hügeln über dem Meer, zu seiner schönen Freundin, zu einem friedlichen, sanften Leben, in dem der Elend seiner nächtlichen Abenteuer unbekannt und unvergessen sein würde. Er fühlte sich kontaminiert. Er sehnte sich danach, sich im Meer unter dem Zuhause seiner Liebe zu reinigen. Er dachte an dieses Wasser. Er sah es von der Sonne beleuchtet, mit zitternden braunen Meeresblättern, die sich falteten. Der Sand am Boden, sechs Fuß tief, bildete einen faltigen, blassen Fleck, über den ein Hummer krabbelte. Er würde dorthin gehen. In fünfzehn Stunden würde er durch die Nacht dorthin rasen, vorbei an den großen, grell leuchtenden Städten, weiter in die Hügel, bis zum Meer.

Der Gedanke an das Zittern des Zuges und an den unruhigen Schlaf der Menschen im Waggon verschmolz allmählich mit der Unschärfe, die der Bewusstlosigkeit vorausgeht. Bevor Big Ben vier Uhr läutete, schlief er in einem ruhelosen Albtraum, der den Willen fesselt, ohne die Intelligenz zu fesseln. In diesem Schlaf, der kein Schlaf ist, träumte er einen Traum von Ottalie, der ihn um sieben Uhr in plötzlichem Entsetzen aufweckte.

III

Ich bitte dich, Kummer, lasse
in meinem verwirrten und gequälten Geist einen kleinen Raum, um zu
verstehen, über die Ursache oder den Urheber dieses Unfalls
nachzudenken. *Die Tragödie des Atheisten* .

Während er sich aufsetzte, dachte er, dass sein wahres Selbst einen
Augenblick zuvor im spirituellen Königreich gewandelt war und die
Schönheit wahrgenommen hatte. Jetzt, mit dem Schock des Aufwachens,
schwankte die Herrlichkeit, wie ein Feuer aus nassem Holz, unruhig im
Rauch des Alltags, der zurück in die Kanäle seines Gehirns strömte. Die
Erinnerung an die Schönheit kam in Schimmern und bewegte ihn bis auf die
Knochen, denn es schien ihm, als hätte sich der Geist seiner Liebe in den
Kammern seines Gehirns bewegt und ihm eine Botschaft überbracht,
während die Stumpfheit seines Körpers stillstand. Ein so schöner Traum
muss, dachte er, ein Zeichen aller Schönheit sein, vielleicht ein Zeichen dafür,
dass ihre Natur aus irgendeinem ekstatischen Grund durch die Macht
außerhalb des Lebens mit der seinen verbunden war. Ihre Schönheit, ihre
Süße, ihr intensiver, persönlicher Charme, all die Heiligkeit, die sie umgab,
hatte ihn in einem der Gärten der Seele begleitet. Das war Ruhm genug; aber
der Traum war intensiv und voller Geheimnisse; es hatte ihn etwas
Schrecklichem und Unsterblichem sehr nahe gebracht, so seltsam und
mächtig, dass ihn nur ein Herzschlag, etwas im Blut, von der Anwesenheit
des Symbolmachers und von der vollständigen Erkenntnis der Schönheit der
Bedeutung abgehalten hatte des Lebens.

Die Vision erschien bedeutungslos, wenn man sie zusammenfügte. Die
Worte darin waren wie Offenbarungen, die Taten darin wie Abenteuer,
Romanzen; aber vom wachen Geist beurteilt, war es unverständlich, wenn
auch heilig, wie eine Messe in einer unbekannten Sprache.

Er hatte sie im Garten ihres Hauses gefunden, zwischen Blumen, die schöner
waren als irdische Blumen, zwischen Blumen wie Flammen und Edelsteinen.
Das war der Anfang. Dann war ihm in der Süße ihres Gesprächs bewusst
geworden, was ihre Liebe für ihn bedeutete, was sie für die Macht bedeutete,
die das Leben lenkt, was sein Scheitern, sie zu gewinnen, hier und im Jenseits
bedeuten würde. Das Leben schien plötzlich schrecklich und herrlich, ein
Ringen zwischen Gott und Teufel um jede Seele. Mit diesem Bewusstsein
war eine Veränderung im Traum eingetreten. Sie war von ihm gegangen.

Das war die Mitte. Dann änderte sich auch das. Sie hatte ihn verlassen, um
in der Welt nach ihr zu suchen. Plötzlich hatte sie ihm eine Nachricht

geschickt. Er ging ihr entgegen. Entzücken erfüllte ihn wie Wein einen Becher. Er würde sie sehen, er würde ihre Hand berühren, ihre Augen würden in seine blicken. Noch nie war er so bewegt von ihrer Liebe gewesen. Sein Entzücken war nicht das alte selbstsüchtige Vergnügen, sondern ein hingerissenes Begreifen ihrer Schönheit und dessen, was ihre Schönheit symbolisierte. Während er ging, wusste er, dass das geliebte Leben in ihr sein eigenes feineres Selbst war, das sich danach sehnte, ihn in ihre Helligkeit zu verwandeln. Ein Wort, eine Berührung, ein Blick, und sie würden in Edelmut vereint sein; er würde die Schönheit ihres Charakters wie reine Luft atmen, er würde für immer ein Teil von ihr sein.

So war er die Straßen zu ihr entlanggegangen und hatte nichts bemerkt außer dem Glanz der Sonne auf den Häusern, bis er auf der Treppe stand und vergeblich an die Tür eines leeren Hauses klopfte. Dann überkam ihn mit einer Erschöpfung der Seele wie der Tod selbst das Gefühl, dass er zu spät gekommen war. Sie war enttäuscht, vielleicht wütend weggegangen. Die Tür würde sich ihm nie öffnen; er würde sie nie wiedersehen; nicht einmal die Halle betreten, die durch das Glas nur undeutlich zu sehen war, um Reliquien von ihr zu sammeln. Darin, wie er sehen konnte, lagen ein Taschentuch und eine verwelkte Blume, die sie einst getragen hatte, kleine Reliquien, bitter kostbar, die in seinem Herzen in einem Taumel der Qual gepflegt werden sollten, wenn er sie nur haben konnte. Aber er war zu spät gekommen; er hatte sie verloren; sein Herz, das sie begehrte, würde immer leer bleiben, ein totes Ding, das wie eine Maschine durchs Leben ging. In seiner Vision konnte er hinüber nach Irland sehen, zu ihrer Heimat. Er konnte sie dort sehen; traurig, dass sie ihn nicht gesehen hatte. Er hatte versucht, durch einen Kanal voller Dornen zu ihr zu waten, der ihn festhielt. Aus dem Dornengestrüpp konnte er einen jungen Mann mit ruhigem, starkem Gesicht sehen, der mit ihr sprach. Obwohl er von Kummer erschüttert war und auf alles Böse vorbereitet war, erkannte er, dass dieser junge Mann ihr Gefährte sein sollte, jetzt, da er sie verloren hatte.

Schließlich hatte er am Ende des Traums einen Brief von ihr erhalten, mit dem Poststempel Athen über der griechischen Briefmarke. Der Brief war der realste Teil des Traums gewesen. Es war ihre Handschrift, eine fesche, männliche Handschrift mit schwachen, ungewöhnlichen f's, weit rechts von den senkrechten Buchstaben gekreuzten t's und einer nachlässigen Schönheit in einigen der Rundungen der Großbuchstaben. Die Buchstaben waren klein, die Abstriche bestimmt, aber unregelmäßig, nie zweimal gleich. Es war die Handschrift einer lebhaften, charmanten, aber nicht sehr starken Persönlichkeit. Er konnte sich nicht erinnern, was in dem Brief stand. Nur ein Satz am Ende war übrig geblieben. „Ich habe Ihr letztes Buch gelesen", hieß es darin; „es liest sich wie das Tagebuch einer verlorenen Seele." Es gab keine Unterschrift; nichts als das Papier mit der äußerst lebhaften Schrift und diesem einen Satz, der deutlich zu erkennen war. Es war sogar eine fundierte Kritik. Das Skizzenbuch war ein selbstbewusstes Experimentieren mit Stil, eine distanzierte, bildliche Darstellung von Krisen, auf ihre Art kluge Dinge, aber sowohl in Farbe als auch Thema überraschend, das Ergebnis von Stimmungen, nicht einer vollendeten Persönlichkeit. Die Skizzen waren schlecht zusammengestellt; das war ein weiterer Fehler. Aber er hatte sie nicht für böse gehalten. Als er im Bett saß und das verurteilende Urteil noch lebendig vor Augen hatte, fühlte er, dass sie böse sein mussten, weil sie ihr nicht gefielen. Er hatte brutale, irrende, leidenschaftliche und böse Typen mit offener und natürlicher schöpferischer Kraft geschaffen. In diesem Moment fühlte er sich verurteilt. Er fühlte zum ersten Mal, dass die Kunsttheorien, die in der kleinen Gruppe seiner Freunde üblich waren, nicht so sehr Kunsttheorien waren, sondern vielmehr Erklärungen jugendlicher Unabhängigkeit, beschmutzt durch persönliche Wahrnehmungsfehler und persönliche Antipathien. Er hatte Unrecht; seine Kunst war ganz und gar falsch; seine Kunst war ganz und gar Selbstgefälligkeit, nicht Selbstvervollkommnung. Ein Künstler hatte kein Recht, nach Belieben unwürdige Typen und Situationen zu erschaffen und Fragmente des Untergangs an die Wände der Welt zu heften, wie ein Wächter Ungeziefer annagelt. Ottalies schöne Natur war nicht durch solche Arbeiten genährt. Große Kunst nannte solche Arbeiten „Sünde“, „Verleugnung des Heiligen Geistes“, „Kreuzigung unseres Herrn“. Er griff nach dem anstößigen Buch, aber die Worte schienen bedeutungslos; einige der komplizierten Prosarhythmen waren geschickt. Aber Mechanik und Transkribieren kann jeder. Stil und Vorstellungskraft sind die schwierigen Dinge. Er legte das Buch beiseite und fragte sich, ob er jemals gute Arbeit leisten würde.

Der Traum verfolgte ihn, bis er sich angezogen hatte. Dann kamen die Erinnerungen an die vergangene Nacht zurück, das Geschrei des Pöbels, der sein Seelenkind verhöhnte, das aufgedunsene Gesicht des Säufers, der Abschied seines Freundes, der weder Warnung noch Zuneigung geübt hatte, die Demütigung des Besuchs bei den Templetons, bis die Welt ihren formlosen Kopf gegen seine Fenster zu drücken schien und ihm durch das nachgebende Glas Beleidigungen entgegenschrie. Er begann zu begreifen, dass die konzentrierte Qual von Monaten plötzlich in einer Nacht auf ihn niedergedrückt worden war. Seine Arbeit, seine Person, seine Zuneigungen, seine soziale Natur waren alle mit Füßen getreten und besudelt worden. Er fragte sich, welche Qualen ihm der neue Tag noch bevorstanden. Eine gewisse Vorausahnung dessen, was kommen würde, kam ihm in den Sinn, als er seinen Frühstückstisch sah. Neben seiner Teetasse lagen drei oder vier Tageszeitungen, in denen in klarer Schrift die Meinungen der britischen Moralwächter über ihren unmoralischen Bruder niedergelegt waren.

Zuerst waren es Briefe, einige davon noch vom Vorabend. Eine unbekannte Bekannte, eine Dame aus Somersetshire, schickte einige Verse und bat um seine Kritik und um die Adresse „eines Verlegers, der sie bezahlen würde". Eines der Gedichte begann

„Hört, horcht, horcht!
Das ist das Lied der Lerche, taufrisch mit Morgenglanz."

Ein zweiter Brief derselben Dame enthielt ein „Gedicht über meine Katze Peter", das versehentlich im anderen Umschlag weggelassen worden war. Sein Agent schickte ihm einen sehr willkommenen Scheck über 108 Pfund für seinen gerade fertiggestellten Roman. Als nächstes kam ein Brief von einem Fremden, in dem er um Erlaubnis bat, einige Verse zu vertonen. Eine wohltätige Gräfin bat um Verse für ihr neues Basarbuch. Ein amerikanisches News Cutting Bureau schickte ein kleines Bündel Rezensionen zu seinem Skizzenbuch. Auf der Verpackung des Bündels stand in roter Tinte:

„Wir schicken Ihnen 45 Ausschnitte von *The Handful per Post* . Hat Ihre Agentur Ihnen so viele geschickt? Wenn Ihnen unsere Geschäftsart gefällt, schicken Sie uns 1,50 $ per Post, und wir werden weiterhin Ausschnitte unter Ihrem Namen sammeln."

Er mochte ihre Geschäftsart nicht. Er warf die Zeitungsausschnitte ungelesen in den Kamin. Im nächsten Brief wurde er aufgefordert, einen Vortrag vor der Fackelträgergilde zu halten, die offenbar „die männliche Männlichkeit" seines Stils bewunderte. Zuletzt kam ein Brief eines unbekannten Geistlichen, in dem er den verderblichen Einfluss der *Handful* in Worten anprangerte, die zwar nicht unhöflich, aber über alle Maßen beleidigend waren. Er nahm die Papiere entgegen.

Die erste Zeitung, *The Daily Dawn* , behandelte ihn *d'haut en bas* wie folgt:

"M. Falempins neuestes Theaterabenteuer, *Eine römische Matrone* , von Herrn Roger Naldrett (von dem wir aufgrund interner Beweise vermuten, dass es sich um eine nicht sehr alte Dame handelt), wurde gestern Abend im King's Theatre aufgeführt. Soweit das Publikum uns die Beurteilung erlaubte, bevor das Stück in einem Sturm von Stöhnen endete, denken wir, dass es für die moderne Bühne völlig ungeeignet ist. Die Figur des Petronius, hervorragend gespielt von Herrn Danvers, zeigte eine gewisse Fähigkeit zur psychologischen Analyse; aber Herr (oder Frau) Naldrett täte gut daran, sich daran zu erinnern, dass die aristotelische Definition der Tragödie nicht leichtfertig missachtet werden kann."

Die Kritik in der zweiten Zeitung, *The Dayspring* , war in stattlicherer Prosa verfasst als die in *The Dawn* .

"Das Gefolge sorgte für unverhältnismäßige Aufregung", hieß es, "aber das Stück, das langweilig und stellenweise abstoßend war, überzeugte uns davon, dass das Neue Drama, von dem wir in letzter Zeit so viel gehört haben, besser daran täte, ein Drama zu studieren, das mehr mit modernen Ideen zu tun hat, wie wir sie glücklicherweise besitzen, als die Institutionen zu diffamieren, denen unsere glorreiche Verfassung entstammt", was gewiss ein Seitenhieb auf *The Dayspring war* .

Die dritte Zeitung, *The Morning* , bezog sich in ihrer Nachrichtenspalte auf eine schändliche *Schlägerei* im King's Theatre. „Die Polizei", so *The Morning* , „war bald vor Ort und entfernte die lautesten Zuschauer. Weder M. Falempin, der Direktor des Theaters, noch Miss Hanlon, die eine Hauptrolle in dem anstößigen Stück spielte, wollten sich gestern Abend einem Interview mit einem Vertreter dieser Zeitung unterziehen."

Die vierte Zeitung, *The Day* , schrieb grimmig, *The Matron* hätte nie die Zensur passieren dürfen, und seine Veröffentlichung sei ein unauslöschlicher Schandfleck auf M. Falempins (bisher makellosem) künstlerischem Werdegang. Roger hatte gelegentlich Kritiken für *The Day geschrieben* , insgesamt etwa ein Dutzend. Auf derselben Seite und in der Spalte neben der mit den „Dramatischen Notizen" befand sich eine von ihm unterzeichnete Kritik. Roger blätterte durch diese Kritik, um zu sehen, wie sie sich las. Es war die Kritik eines wertlosen Gedichtbandes eines erfolgreichen Versdichters. Der Literaturredakteur von *The Day* hatte Roger gebeten, eine Kolumne über das Buch zu schreiben. Da das Buch höchstens drei vernichtende Worte in einem Dunciad verdiente, hatte Roger eine Kolumne über Poesie geschrieben, ein sehr schönes Stück kritischer Literatur, das fünftausend solcher Bücher fünfzig Mal wert war. Der einzige Fehler war, dass es, da es um Poesie ging, kaum Bezug auf den Gedichtband des erfolgreichen Dichters nahm. Der Literaturredakteur hatte den Artikel also „gestrichen", „hinzugefügt" und abgeändert, bis Roger, der ihn an diesem tragischen Morgen las, sich selbst der verabscheuungswürdigen Unterwürfigkeit gegenüber dem Mammon und der Beschönigung der Ungerechtigkeit bezichtigte, in Sätzen, deren Rhythmus missklang, und in Plattitüden, die ihn verletzten. Er warf die Zeitung hin. Er würde nie wieder für *The Day schreiben* . Er würde nie wieder ein Wort für irgendeine Tages- oder Wochenzeitung schreiben. Er erinnerte sich daran, was d'Arthez in *Les Illusions Perdues sagt* . Er machte sich Vorwürfe, dass er sich nicht früher daran erinnert hatte.

Er aß sehr eilig, um keine Zeit zu verlieren und zu der Wohnung in der Shaftesbury Avenue zu gelangen, um herauszufinden, ob Ottalie wirklich dort war. Ottalie; der Anblick von Ottalie; Selbst der Klang ihrer Stimme würde seine Sorgen für ihn beenden. Der Gedanke an sie beruhigte ihn. Der Gedanke an sie brachte den Traum mit einem Glanz der Freude zurück. Der

Traum kam und ging in seinem Kopf, mal seltsam, mal schön. Sein Eindruck davon war derjenige, den alle bewegenden Träume vermitteln. Er betrachtete es als eine Art göttliches Abenteuer, an dem er teilgenommen hatte. Er hatte das Gefühl, dass er das geheimnisvolle Leben jenseits des unseren spirituell begriffen hatte und schließlich für immer erfahren hatte, dass Ottalies Seele mit seiner Seele durch Bande verbunden war, die von Mächten geschmiedet wurden, die größer als der Mensch waren. Ein Taxi kam ratternd herangefahren. Es klopfte heftig an der Außentür. „Ottalie", dachte er. Selina, das Hausmädchen, trat ein.

„Eine Dame erwartet Sie, Sir", sagte sie.

Er stand auf und schluckte, da er Ottalie erwartete. Die Dame trat ein. Es war nicht Ottalie. Sie war eine völlig Fremde in einem Zustand höchster Aufregung.

„Sind Sie Mr. Naldrett, Sir?", sagte sie.

"Ja. Ja. Was ist es?"

„Mit freundlichen Grüßen von Mrs. Pollock, Sir. Kommen Sie bitte gleich vorbei?"

"Was ist los?"

"Es ist Mr. Pollock, Sir. Er hatte einen Anfall oder so etwas. Er liegt im Kamin und das ganze Blut ist in seinen Oberkiefer gelaufen."

„Gut", sagte Roger und stopfte seine Briefe in die Taschen. „Ich komme. Wann ist es passiert?"

"Gerade eben, Sir. Er war gerade ins Atelier gegangen, um mit dem Malen zu beginnen. Dann gab es einen Knall. Und die Frau und ich stürmten hinein, und da lag er im Kamin, Sir."

„Ja. Ja. Haben Sie einen Arzt holen lassen?"

„Nein, Sir. Die Frau hat gesagt, ich soll Sie holen."

Gemeinsam galoppierten sie im Taxi davon. Pollock mit dem blutigen Apalex war ein junger Künstler, dessen Atelier sich am Vincent Square befand. Roger mochte ihn. Mit ihm hatte er bis zu seiner Heirat ein gemeinsames Zimmer gehabt. Während er fuhr, fragte sich Roger, was mit seiner Frau passieren würde, wenn Pollock starb. Sie erwartete ein Kind. Pollock hatte nicht viel verdient, der arme Kerl.

„Sehr schöne Gemälde, Herr Pollock, Sir", sagte die Dame begeistert. „Oh, er macht sie wunderschön. Aber sie sind nicht wie gewöhnliche Bilder. Ich meine, sie sind nicht hübsch, wie gewöhnliche Bilder. Sie sind wie altmodische Bilder."

„Ja", sagte Roger. „Sag es mir. Ist sein großes Bild fertig? Das mit der Dame unter einem Buntglasfenster."

„Nein, Sir. Es gibt noch viel zu tun, Sir. Ich hoffe, dass ihm nichts passieren wird, Sir."

„Jetzt sind wir hier", sagte Roger, als das Taxi langsamer wurde. „Jetzt fahren Sie dort bis zur Ecke. Dort sehen Sie am Eckhaus ein Messingschild mit der Aufschrift DR. COLLINSON. Sagen Sie ihm, er soll mit Ihnen ins Taxi steigen und sofort vorbeikommen. Fahren Sie jetzt fort. Sehen Sie zu, dass er kommt sofort.

Die Wohnungstür stand offen. Roger trat hastig ein. Gleich drinnen rannte er gegen Pollock, der mit einem Krug Wasser aus dem Badezimmer herbeigeeilt kam.

„Was ist los, Pollock? Geht es dir besser?"

„Mir geht es gut", sagte Pollock und fühlte einen bandagierten Kopf. „Das ist Kitty. Nicht ich. Komm rein, schnell."

„Aber ich dachte, du hättest einen Schlaganfall."

„Der schwere Rahmen voller Dürers ist runtergefallen. Als ich am Kaminsims stand, traf mich die Ecke am Auge. Es hat mich umgehauen. Kommen Sie rein. Ich glaube, Kitty geht es nicht gut."

Kitty lag auf einem Sofa. Ihr Gesicht war nicht wie das eines Menschen. Pollock, sehr blass, tupfte ihre Stirn mit kaltem Wasser ab.

„Da, Liebling", sagte er immer wieder, „Oh Gott, oh Gott, oh Gott", diese Worte, immer und immer wieder.

Roger rannte ins Schlafzimmer, um Kissen zu holen. In der Küche brannte ein Feuer. Er schürte es an und brachte Wasser zum Kochen.

„Wo ist ihre Wärmflasche?", rief er. Da er keine Antwort bekam, suchte er in einem der Betten, die noch nicht gemacht waren. Er füllte die Flasche und machte das Bett. „Jetzt, Charles", sagte er, „müssen wir sie ins Bett bringen. Ich wünschte, Ihr Mädchen würde den Arzt mitbringen."

Charles sah ihn dumm an. „Ich glaube, sie liegt im Sterben, Roger", antwortete er. „O Gott, ich glaube, sie liegt im Sterben. Ich habe noch nie jemanden wie diesen gesehen. Sie war so hübsch, Roger, bevor das alles passierte."

„Sterben? Unsinn!" sagte Roger. Er wandte sich an den Patienten. „Kitty", sagte er, „wir bringen dich ins Bett. Stütz dich auf meinen Arm."

Das Lachen verstummte; aber die Gliedmaßen protestierten wie verrückt. So etwas hatte er noch nie gesehen. Es war, als wäre die bezaubernde, anmutige Frau plötzlich vom Geist eines wilden Tieres erfüllt worden, das sich an den Ecken des fremden Hauses zerschmetterte.

„Wir müssen sie tragen, Charles", sagte er.

„Nein, nein", sagte Charles. „Sie liegt im Sterben."

Der Arzt kam plötzlich herein und nahm ihm den Kampf ab. „Kommen Sie, kommen Sie", sagte er. „Kommen Sie, Mrs. Pollock. Ich hatte Angst, dass Sie krank sind. Wenn Sie ins Bett gehen, werden Sie sich viel besser fühlen. Ich möchte, dass Sie sich ausruhen."

Er wandte sich an Pollock. „Bring sie ins Bett", sagte er. „Haben Sie eine Krankenschwester?"

„Nein", sagte Pollock. „Sie kann erst im Juli kommen."

„Bessie hier wird für den Moment genügen", sagte Roger.

Bessie und Pollock halfen ihr ins Bett. Der Arzt und Roger unterhielten sich unzusammenhängend.

„Nein. Es ist nichts Ernstes. Also ist der Rahmen heruntergekommen und hat ihn betäubt? Ich verstehe. Und sie kam herein und fand ihn im Gitter? Ja. Ein schlimmer Schock. Ja. Ja. Natürlich kann es ernst sein. Das wird es Das kann ich nicht sagen, bis ich sie sehe. Wenn sie andere Kinder gehabt hätte, würde ich sagen: Nein. Aber – würden Sie sagen, dass sie eine aufgeregte Frau ist, die diesen Angriffen ausgesetzt ist?"

„Nein. Sie hat früher ein wenig geschrieben. Sie ist nervös, aber nicht erregbar. Finden Sie, dass der Beruf einen großen Einfluss auf die Fähigkeit hat, einem Schock zu widerstehen?"

„N-nein", sagte der Arzt. „Widerstand hängt vom Charakter ab. Der Beruf verändert den Charakter nur geringfügig. So wie das Leben ist, muss man anpassungsfähig sein, um zu überleben."

Pollock kam herein und sah geschlagen aus.

„Werden Sie kommen, Doktor?" er sagte.

Sie gingen.

Bald darauf kehrte Pollock allein zurück. Er setzte sich hin.

„Das ist es", sagte er niedergeschlagen. „Mein Bild ist noch nicht fertig. Ich werde bis Juli keinen Penny haben. Wir haben damit gerechnet, dass es bis Juli nicht passiert. Ich habe keine zehn Pfund."

"Darüber musst du dir keine Sorgen machen", sagte Roger. "Du musst dir Geld von mir leihen. Nimm diesen Scheck. Ich werde ihn indossieren. Gib mir deinen für die Hälfte. Sag nicht, dass du es nicht willst. Schau her. Du musst. Und jetzt wegen einer Krankenschwester. Schau her. Hör mir zu, Charles. Du kannst hier nicht weggehen. Ich werde mich um eine Krankenschwester kümmern. Ich weiß, welche Art von Frau Kitty gefallen würde. Ich werde das alles mit dem Arzt regeln. Ich werde die Beste schicken, die ich kann. Du kannst Kitty nicht allein lassen, so viel ist sicher."

Pollock riss sich zusammen. Der Arzt kam zurück. Roger nahm die Adressen mehrerer Frauen und eilte los, um sie zu interviewen. Kein Taxi war in Sicht. Er verschwendete zehn gute Minuten nervöser Anspannung damit, einen zu finden. Endlich hat er einen gefunden. Während der Fahrt ließ ihn der Wunsch, in Ottalies Wohnung zu sein, seinen Freund vergessen. Er dachte nur an die Chance, Ottalie zu sehen. Er darf keine Zeit verschwenden. Er fragte sich, ob er wie in seinem Traum zu spät kommen würde. Er würde früh, sehr früh dort sein müssen. Er betete, dass die erste Krankenschwester auf seiner Liste eine geeignete Frau sein möge. Das Bild der geeigneten Krankenschwester, einer großen, ruhigen, gelassenen Frau mit Ochsenaugen, formte sich in seinem Kopf. Wenn er sie sofort finden könnte, wäre er rechtzeitig da. Er sehnte sich danach, auf dem Weg zur Shaftesbury Avenue an Whitehall vorbeizurasen. Eine Uhr über einem Strumpfladen verriet ihm, dass es neun Uhr war. Nein. Die Uhr war stehen geblieben. Eine weitere Uhr weiter hinten über einem Gemischtwarenladen zeigte Viertel nach acht. Noch einmal, halb neun. Auf seiner Uhr stand acht Uhr fünfunddreißig; aber seine Uhr ging schnell.

Mrs. Perks aus der Denning Street 7 war nicht da. Würde er eine Nachricht hinterlassen? Nein, er würde keine Nachricht hinterlassen. War es Mrs. Ford? Nein, nicht Mrs. Ford, eine andere Dame. Vielleicht würde er zurückkommen. Er bat den Taxifahrer, sich zu beeilen. Mrs. Stanton, die Nächste auf der Liste, konnte nicht kommen. Sie erwartete einen Besuch von einer anderen Dame. Mrs. Sanders war nicht da und „würde den ganzen Tag nicht zurückkommen, sagte sie." Die vierte, eine lebhafte, besonnene Frau, die in einem ordentlichen Zimmer an einer Nähmaschine beschäftigt war, würde kommen; aber war er der Ehemann und konnte sie sicher sein, dass sie ihre Honorare bekam und welche Bediensteten sie beschäftigte?

Er sagte, die Gebühren seien sicher. Er gab ihr zwei Sovereigns als Anzahlung. Dann war sie verblüfft über die einzige Dienerin. Sie war nicht sehr stark. Sie war noch nie mit einer Dame zusammen gewesen, die nur eine Dienerin hatte. Sie war sich nicht sicher, wie sie damit klarkommen würde. Sie musste über sich selbst nachdenken.

„Es tut mir leid", sagte Roger. „Sie wären genau die richtige Frau gewesen. Ich gehe jetzt ins Krankenhaus."

„Vielleicht könnte ich es schaffen", sagte sie.

„Kommst du?", fragte er.

"Ist es in einem Haus oder einer Wohnung?"

"Es ist in einer Top-Wohnung."

„Ich glaube schon, dass ich es schaffen würde", sagte sie, immer noch zögernd.

Roger fiel plötzlich ein, dass Pollock eine verheiratete Schwester hatte, und schwor, dass tagsüber häufig eine andere Dame dort sein würde. Sie dachte darüber nach, als sie an der Schranktür stand und gerade ihren Hut nehmen wollte.

„Ich glaube nicht, dass ich Lust dazu hätte", sagte sie plötzlich. „Ich bin diese Art von Arbeit nicht gewohnt."

Als er sich an der Tür umdrehte, als er hinausging, sah er, dass sie ihn mit einem schwachen Lächeln beobachtete. Nur das Krankenhaus blieb übrig.

Es hat ihm einen langen Weg gekostet. Es war zwanzig nach neun, als er das Krankenhaus erreichte. Sehr bald würde es für Ottalie zu spät sein. Sein Herz sank. Er glaubte an Telepathie. Er dachte so fest an Ottalie, dass er glaubte, sie müsse seine Gedanken spüren. „Ottalie, Ottalie", sagte er immer wieder zu sich selbst. „Warte auf mich. Warte auf mich. Ich werde kommen. Ich komme so schnell ich kann. Spürst du nicht, wie ich zu dir eile? Warte auf mich. Lass mich dich nicht vermissen." Er entließ seine Pferdekutsche und setzte eine Motorkutsche ein. Zwei Minuten später hatte er eine Krankenschwester engagiert. Sie saß mit ihm im Taxi. Sie wirbelten nach Süden.

„Nein", sagte sie ihm. „Ich merke keinen großen Unterschied in meinen Fällen. Normalerweise sehe ich sie nicht hinterher. Manche sind interessanter als andere. Ich mag es, mit einem interessanten Fall zu arbeiten. Ich meine nicht, dass es ein ernster Fall ist und einer von beiden stirbt und so. Ich meine, wissen Sie, etwas Ungewöhnliches. Deshalb beschäftige ich mich gern mit einem Erstgeborenen."

Sie fragte, ob es möglich sei, dass sie zu spät käme. Roger, dessen Herz voller Ottalie war, konnte es ihr nicht sagen.

„Ich möchte nicht zu spät kommen", sagte sie. „Ich habe noch nie einen Fall verpasst. Nie. Ich wäre verärgert, wenn ich bei diesem zu spät käme. Es ist ein Maler, Herr, ich glaube, Sie sagten es?"

"Ja."

„Ich war schon einmal mit einer Malerin zusammen", sagte sie. „Er hat mir ein kleines Bild von mir geschenkt."

Sie erreichten die Wohnung. Pollocks Schwester war angekommen. Der Arzt hatte seinen Sohn nach ihr geschickt. Pollock zerbrach launisch die Kreide auf einer Zeichnung. Das Atelier war vom Zigarettenrauch erfüllt. „Ich kann nicht arbeiten", sagte er und zündete sich eine Zigarette am Ende der letzten an. „Setz dich." Er warf die Kreide weg und setzte sich. „Du warst furchtbar gut zu mir, Roger. Du hast mich aus einer Tragödie gerettet. Du weißt nicht, wie sich das anfühlt."

„Wie geht es Kitty?"

„Ziemlich gut", meint der Arzt. Gott weiß, was er schlimm nennen würde. Das ist alles neu für mich. Ich möchte das nicht noch einmal durchmachen. Gott weiß, ob sie das jemals übersteht. Ich werde mich erschießen, wenn Kitty etwas passiert."

Roger warf einen Blick auf seine Uhr. Es war achtzehn Minuten vor zehn. Er musste los, um Ottalie zu finden. Wenn sie überhaupt in der Stadt war, würde sie um zehn wieder weg sein. Dessen war er sich sicher. Sein Taxi wartete. Er hatte noch eine Viertelstunde. Aber wie konnte er Pollock in diesem Zustand zurücklassen?

„Charles", sagte er, „ich möchte, dass du mit mir rauskommst. Du hast Schuhe an, wie ich sehe. Nimm deinen Hut. Kitty ist mit drei fähigen Frauen und einem Arzt zusammen. Du bist nur im Weg und machst Aufhebens. Komm mit mir. Ich lasse dich in der National Gallery zurück, während ich einen Freund treffe. Dann gehen wir zu Bondini in der Suffolk Street." Er rief Pollocks Schwester sanft zu. „Mrs. Fane", sagte er, „ich bringe Charles zu Bondini in der Suffolk Street."

„Eine sehr gute Sache", sagte Mrs. Fane. „In Zeiten wie diesen ist es für einen Mann viel besser, aus dem Weg zu gehen."

Sie haben angefangen. Kurz vor Dean's Yard Gate hatte das Taxi eine Panne. Roger stieg aus. "Was ist los?" er hat gefragt.

„Nicht viel, Sir", sagte der Mann, der bereits unter der Motorhaube beschäftigt war. „Ich werde Sie keine Minute aufhalten. Steigen Sie wieder ein, Sir."

Eine Hand berührte Rogers Arm. Er hat sich gedreht. Ein völlig Fremder, unverkennbar ein Journalist, war an seiner Seite. Roger schauderte. Es war ein Interviewer von *The Meridian* .

„Herr Naldrett?" sagte der Interviewer aus der Ferne. „Ich habe Sie an Ihrem Porträt in *„Der Bibliophile" erkannt*. Ein glückliches Treffen. Vielleicht haben Sie mein Telegramm nicht bekommen. Ich habe gerade in Ihren Räumen vorbeigeschaut, aber Sie waren nicht da. Ich möchte Sie nach Ihrem Stück „*Die Matrone*" fragen Erregte große Aufmerksamkeit. Können Sie mir bitte sagen, ob Sie eine bestimmte Vorstellung von einer Tragödie haben?"

„Ja", sagte Roger; „Das habe ich. Und ich werde sie zum Ausdruck bringen. Ich habe es sehr eilig und muss mich weigern, interviewt zu werden. Bitte danken Sie Ihrem Redakteur für die Ehre, die er mir erwiesen hat; aber sagen Sie ihm, dass ich es nicht sein kann." interviewt."

„Bestimmt nicht, denn Sie wünschen es", sagte der Journalist. „Aber ich möchte Sie etwas fragen. Mir wurde gesagt, dass Ihr Spiel sehr morbide sei. Sind Sie morbide? Sie sehen nicht sehr morbide aus."

„Es tut mir leid", sagte Roger. „Aber ich bin nicht krankhaft."

„Mr. Naldrett", sagte der Journalist, „werden Sie noch weitere Tragödien wie *The Roman Matron schreiben* ?"

„Ich habe eines fertig und eines halb fertig", sagte Roger.

"Ich hoffe, Mr. Naldrett", sagte der Journalist, "dass Sie sie für normale Leute geschrieben haben und auch, um sich selbst zu gefallen. Zu schreiben, um sich selbst zu gefallen, ist sehr künstlerisch. Aber wollen Sie nicht Clapham, Balham und Tooting in Betracht ziehen? Wie wollen Sie ihnen mit Tragödien eine Freude machen? Eine gute Komödie ist das, was die Leute mögen. Sie wollen nach der Arbeit etwas zum Lachen haben. Und sie haben ganz recht. Eine gute Komödie ist das Wichtigste. Jeder kann eine Tragödie schreiben. Was nützt es, die Leute trübsinnig zu machen? Man will die schönen Dinge des Lebens auf der Bühne, Mr. Naldrett. Man geht ins Theater, um sich zu amüsieren. Es gibt im wirklichen Leben genug Tragödien, ohne dass man im Theater noch mehr davon bekommt. Ich nehme an, Sie haben Ibsen studiert, Mr. Naldrett?"

"Hast du nicht?"

„Ich glaube nicht an ihn. Er ist vielleicht ein Denker und so, aber seine Sicht auf das Leben ist sehr krankhaft Kanal."

„Ganz bereit, Sir", sagte der Chauffeur und schwang sich auf seinen Sitz.

„Ich muss Ihnen hier auf Wiedersehen wünschen", sagte Roger zum Interviewer. „Passen Sie auf Ihren Mantel auf. Er ist in der Tür hängengeblieben. Denken Sie daran, Ihrem Redakteur zu danken." Das Taxi schnaubte und hupte. Der Interviewer blickte hinterher. „Hm", sagte er mit dem kleinen zynischen Nicken, mit dem Unintelligente ihr Verständnis zum Ausdruck bringen. „Das ist also das neue Drama, oder?"

Das Auto erreichte den Trafalgar Square, ohne vom Verkehr angehalten zu werden. Die Uhr von St. Martin stand ein paar Minuten vor zehn. Roger war in der düsteren Stimmung eines Menschen, der die Hoffnung aufgegeben hat und dennoch nicht sicher ist. Er setzte Pollock an der Gallery ab und raste dann weiter, über den Leicester Square, eine kleine Straße voller Restaurants und französischer Buchläden hinauf. Am Ende dieser Straße wurde das Auto vom Verkehr angehalten. Roger sprang heraus, bezahlte den Mann hastig und rannte auf die Avenue. Innerhalb von dreißig Sekunden rannte er vier Treppen hinauf zu der Tür, an die er in seiner Vision geklopft hatte.

Er spähte durch das Glas in der Tür. Wie in seinem Traum lag etwas im Gang dahinter, ein Handschuh, ein Taschentuch oder ein zerknitterter Brief, auf den ein Sonnenstrahl aus einer offenen Tür fiel. Niemand kam, um ihm zu öffnen; aber Roger, der dort klopfte, war sich der Gegenwart Ottalies bei ihm und in ihm bewusst; Er spürte, wie sie an ihm vorbeistreifte, eine raschelnde, atmende Schönheit, mit einem großen Hut und diesen alten Perlenohrringen, die zitterten, als sie den Kopf drehte. Aber keine Ottalie kam zur Tür, keine Agatha, keine alte Mrs. Hicks, die Hausmeisterin. Die Wohnung war leer. Nach ein paar Minuten des Klopfens kam eine alte, unordentliche Frau mit rotem Gesicht aus der Wohnung darunter, nach Luft schnappend und mit der Hand an der Seite.

„Anklopfen hat keinen Zweck", sagte sie mürrisch. „Sie sind zerfetzt. Sie sind nicht hier. Sie sind zerfetzt."

„Wann sind sie gegangen?" fragte Roger, der plötzlich von aufspringendem Feuer erfüllt war.

„Sie sind zerfetzt", wiederholte die alte Frau. „Es hat keinen Zweck, anzuklopfen. Sie sind zerfetzt." Sie schnappte einen Moment nach Luft und musterte Roger misstrauisch und ablehnend. Dann wandte sie sich mit den langsamen, unsicheren und unruhigen Bewegungen einer Person, deren Herz betroffen ist, ihrem Zuhause zu.

Roger wurde allein auf der Treppe zurückgelassen, wohl wissend, dass er zu spät gekommen war.

Die Treppen waren mit einer Schicht Bleiblech bedeckt. Als die alte Frau ihre Tür geschlossen hatte, ging Roger auf sie zu und zündete Streichholz nach Streichholz an, in der Hoffnung, Fußspuren zu finden, die ihm mehr verraten könnten. Agatha hatte ziemlich lange Füße, Ottalies waren klein, aber sehr gut proportioniert. Mrs. Hicks' Füße waren durch die Stiefel, die sie trug, verdeckt. Ein Stück braunes Linoleum am Treppenkopf wies deutliche Spuren der Nagelstiefel eines Mannes auf, der dort vielleicht auf eine

Antwort gewartet hatte. Es gab noch andere, unverbindliche Noten, die jeder hätte machen können. Im Großen und Ganzen hatte Roger den Eindruck, dass eine Frau sie an diesem Morgen beim Ausgehen mit trockenen Schuhen gemacht hatte. Das Problem war nun: Hatte sie London nach Irland oder auf den Kontinent verlassen? Mit einigen Bedenken entschied er sich gegen Irland. Bei früheren Gelegenheiten hatte sie ihren Aufenthalt nach ihrem Besuch auf dem Kontinent immer in London verbracht. Wenn sie länger als eine Nacht in London geblieben wäre, hätte sie ihm geschrieben; er hätte sie gesehen. Da sie ihm nicht geschrieben hatte, ging sie offenbar für einen Monat oder sechs Wochen ins Ausland, nachdem sie sich unterwegs eine Nacht ausgeruht hatte. Er würde sie erst mitten im Sommer sehen. Dass sie mindestens eine Nacht in der Stadt gewesen war, ging aus dem, was die Frau gesagt hatte, klar hervor. Der Gedanke, dass sie erst vor ein paar Stunden dort vorbeigekommen war, wo er stand, wurde ihm bewusst wie ihre Berührung. Er setzte sich auf die Treppe, bis seine Enttäuschung überwunden war.

Er warf einen letzten Blick durch die Türscheibe auf das zerknitterte Ding, Handschuh, Brief oder Taschentuch, das im Flur lag. Dann ging er auf die Allee hinaus. Die Enttäuschung war für ihn sehr bitter. Es war eine so starke Betonung der prophetischen Qualität seines Traums. Ottalie war dort gewesen und hatte auf ihn gewartet. Er war zu spät gekommen. Er hatte sie vermisst. Der Gedanke, dass er sie vermisst hatte, deutete auf die Ursache hin. Er würde zu Pollock zurückkehren müssen. Er konnte seinen Freund in diesem wilden Geisteszustand nicht allein lassen. Ein kleinerer Mann hätte vielleicht einen Groll gegen die Sache verspürt. Roger hatte diese Kleinigkeit nicht. Er sah nur die tragische Ironie. Er sah, wie das Leben nach einem großen Plan gespielt wurde. Er fühlte sich als ein schönes Stück, das von seiner eigenen Kombination durch etwas Größeres, Stärkeres, Wundervolleres abgehoben wurde. Es schien wunderbar, dass er (so unerwartet) von Ottalie ferngehalten worden war, und zwar durch das Einzige auf der Welt, das stark genug war, ihn zurückzuhalten. Nur eine Frage von Leben und Tod hätte ihn von ihr fernhalten können.

Ein lebhaftes Verlangen erwachte in ihm, zu erfahren, wohin sie gegangen war. Dies (dachte er) könnte er ohne Schwierigkeiten von einem Bradshaw herausfinden. Wenn sie nach Griechenland gehen würde, würde sie einen von zwei Wegen wählen. Ein paar Minuten hegte er die Hoffnung, dass sie London vielleicht noch nicht verlassen hatte, dass er sie vielleicht am Bahnhof erwischen würde. Ein Bradshaw zeigte ihm, dass dies möglich sei, da sie auf einer Route erst nach sieben Uhr abends aufbrechen müsste. Aber wenn sie diesen Weg gewählt hätte, warum hätte sie die Wohnung dann so früh schließen sollen? Er sah keine Antwort auf die Frage. Dennoch lastete die Unsicherheit auf ihm und schmeichelte ihm zugleich. Sie könnte um sieben da sein. Er würde auf jeden Fall zum Bahnhof gehen. Wären es sieben! Er hatte noch neun Stunden zu überleben.

Er ging eilig zur National Gallery. Als er eintrat, fiel ihm ein, dass er sich nicht mit Pollock verabredet hatte. Er hatte erwartet, ihn vor der *Ariadne zu finden* . Er war nicht da. Er war nicht vor seinem anderen Lieblingswerk, *Die Rückkehr des Odysseus* . Er war in keinem der kleinen Räume, die von den italienischen Räumen abgingen. Ein eiliger Rundgang durch alle ausländischen Schulen zeigte, dass Pollock sich überhaupt nicht in diesem Teil der Galerie befand. Zu dieser Stunde waren nur sehr wenige Leute in der Galerie. Es konnte kein Irrtum sein. Er versuchte es in den englischen Räumen, ohne Erfolg. Er beschrieb Pollock den Wächtern der unteren Treppe. „Nein, Sir. Niemand ist so hinuntergegangen." Eine Suche im Keller, in den kleinen Räumen, in denen die Aquarelle von Turner und die Drucke von Arundel aufbewahrt werden, zeigte ihm, dass Pollock nicht in der Galerie war. Er wollte ganz sicher sein. Er ging schnell durch die französischen und spanischen Räume und von dort über die niederländischen und flämischen Schulen zu den italienischen Räumen. Hier kehrte er um, um jede Möglichkeit eines Irrtums auszuschließen. Er war nun sicher, dass Pollock nicht in der Galerie war. Höchstwahrscheinlich hatte er sie nie betreten. Was war aus ihm geworden?

Er konnte kaum in die Portrait Gallery gegangen sein, dachte er. Aber es war möglich. Pollock war in einem aufgeregten Gemütszustand. Er war kaum in der Verfassung, allein auszugehen. Roger war beunruhigt. Er eilte zur Portrait Gallery. Nach langem Suchen, treppauf und treppab, in diesen Alleen aus bemalten Augen, kam er zu dem Schluss, dass Pollock auch dort nicht war. Er musste zu Bondini gegangen sein. Suffolk Street war nur eine Viertelmeile entfernt. Roger eilte weiter, um ihn bei Bondini zu suchen. Aber nein. Er war nicht bei Bondini. Wo konnte er dann sein?

Roger machte sich inzwischen Sorgen um seinen Freund. Er dachte, Kitty müsse etwas zugestoßen sein. Um sicherzugehen, nahm er ein Taxi zum Vincent Square. Pollock ließ ihn einsteigen. Er rauchte eine Zigarette. Sein Verband verlieh ihm ein einäugiges Aussehen, unendlich deprimierend.

„Es tut mir leid, Roger", sagte er; „Ich konnte mich nicht von Kitty fernhalten. Sie ist ruhiger, aber nicht besser. Oh Gott, Roger, ich weiß nicht, wie Männer Frauen gegenüber unfreundlich sein können. Ich weiß nicht, was ich ohne sie tun soll, wenn etwas passiert zu ihr."

„Du darfst so nicht den Mut verlieren", sagte Roger. „Ich verstehe sehr gut, was Sie fühlen. Aber Sie sollten auf diese Weise nicht mit Bösem rechnen. Sehr, sehr wenige Fälle gehen jetzt schief eine Partie Schach? Dann könnten wir zusammen zu Mittag essen und vielleicht zu Henderson gehen. Er hat den Film, an dem er gearbeitet hat, fertiggestellt.

Pollock ließ sich nicht in Versuchung führen. Er würde Kitty nicht verlassen. Nachdem er fast eine Stunde mit ihm gesprochen hatte, verließ Roger ihn und versprach, bald wiederzukommen, um sich zu erkundigen.

Als er nach draußen auf die Straße kam, ohne konkretes, unmittelbares Objekt, das ihn beschäftigen könnte, überfielen ihn die Erinnerungen an eine Reihe von Missgeschicken. Er konnte nicht sagen, dass einer von ihnen mehr weh tat als der andere. Der Verlust von Ottalie, der so schnell auf den Traum folgte, machte ihn unglücklich. Die Zerstörung seines Stückes durch die Kritiker löste bei ihm nicht gerade ein Schuldgefühl, sondern ein Unreinheitsgefühl aus, als ob der Pöbel ihn angespuckt hätte. Er fühlte sich im levitischen Sinne „unrein". Er zögerte etwas, sich unter seine Kameraden zu mischen.

Er sagte sich immer wieder, dass, wenn er nicht sehr vorsichtig wäre, die Welt in seinen Geist einfallen und seinen Garten zu Schlamm zertrampeln würde. Es war seine Pflicht, die Welt zurückzuschlagen, bevor sie seine innere Sicht verunreinigte. Wenn er nicht sehr vorsichtig wäre, würde er feststellen, dass sein nächstes Werk von fieberhafter Feindseligkeit, persönlicher Bitterkeit oder schwacher Verachtung befleckt sein würde. Es war seine Pflicht als Mensch und als Künstler, dies zu verhindern, damit sein Geist wie ein umzäunter Garten voller Blumen oder wie ein klarer, makelloser Spiegel sein konnte, der nur perfekte Bilder reflektierte. Die Ereignisse der vergangenen Nacht hatten seine Barrieren durchbrochen. Er fühlte, dass seine alte Theorie, die er lange zuvor beiseite gelegt hatte, als er zum ersten Mal die Faszination moderner künstlerischer Methoden spürte, doch wahr war; dass das richtige Streben des Künstlers die Ausübung des Christentums war. Er fand in der National Gallery, im Schlachtenbild von Uccello, in der Vornehmheit dieses jungen Ritters, der ruhig zwischen den Speeren reitet, ein heilendes Bild des Künstlers. Er blieb bis ein Uhr bei diesem göttlichen jungen Mann mit dem blonden Haar. Den Nachmittag verbrachte er an einem Tisch im Britischen Museum und las alles, was er über Ottalie finden konnte. Ihr vollständiger Name war in der Irish Landed Gentry verzeichnet. Da waren die Namen all ihrer Verwandten und die Namen ihrer Häuser. Es war absurd, diese Einträge zu lesen, aber die Namen waren allesamt Anreger für das Gedächtnis. Er kannte diese Leute und Orte. Sie nahmen in seinem Gedächtnis lebendige Gestalt an, während er sie las. Er hatte sie schon früher gelesen, mehr als einmal, als das Verlangen nach ihr in der Vergangenheit bitter gewesen war. Er kannte die Namen ihrer Vorfahren bis in die dritte und vierte Generation. Ein Band des *Who's Who gab ihm Einzelheiten über ihre lebenden Verwandten. Die Freizeitbeschäftigungen eines verheirateten Onkels waren „Schießen und Jagen". Eine unverheiratete Tante hatte* 1902 *Songs of Quiet Life* veröffentlicht. Ihr älterer Bruder, Leslie Fawcett, hatte 1891 einen Roman veröffentlicht, *One Summer.* Beide Bände lagen neben ihm. Er las sie zum zehnten Mal. Beide waren sehr kurze Werke, und beide halfen ihm, Ottalie zu verstehen. Keines der Werke war tiefgründig, aber beide entsprangen einer süßen und edlen Natur, waren zugleich bezaubernd und fest. Es gab Passagen in den Liedern, die wie Ottalies innere Natur klangen. Im Roman, im Kapitel über ein Mädchen, glaubte er Ottalie so wiederzuerkennen, wie sie vor langer Zeit gewesen sein musste.

Das Buch „Landed Gentry" weckte in ihm Mitleid mit dem Historiker, der in einem Jahrhundert kommen würde, um Fakten für seine Geschichte auszugraben. Ottalie, die liebe, atmende, schöne Frau, geistreich und mit schönem Haar und edel wie eine Dame in einem Gedicht, wäre für so jemanden eine „dritte Tochter" oder vielleicht nur ein „Nachkomme".

Um fünf Uhr legte er seine Bücher weg. Er ging in eine Molkerei in High Holborn, um Tee zu trinken. Er betrat den Ort mit einigen Bedenken, denn seine beiden Gefühle machten ihm die Welt zuwider. Die Erinnerung an die Nacht zuvor gab ihm das Gefühl, öffentlich ausgepeitscht worden zu sein. Der Gedanke an Ottalie gab ihm das Gefühl, dass sich die reale Welt in seinem Gehirn befand. Er schreckte davor zurück, jemanden zu treffen, den er kannte. Das alte Gefühl der „Unreinheit" überkam ihn stark. Die stickige Unruhe des Museums war zumindest von gedankenverlorenen, selbstsüchtigen Menschen erfüllt worden. Hier im Teeladen starrten alle. Alle kleinen, unbequemen Tische waren mit Augenpaaren besetzt. Er spürte, wie eine Frau kicherte, wie ein junger Mann seinen Kollegen anstieß. Er trat zurück, um eine Kellnerin passieren zu lassen, stieß dabei einen Stuhl um. Der Ort war eng; er fühlte sich dumm und unbehaglich. Er errötete, als er den Stuhl aufhob. Alle starrten. Es schien ihm, als sagten sie: „Das ist Mr. Naldrett, der Autor des Stücks, das gestern Abend ausgebuht wurde. Sie sagen, es sei sehr unmoralisch. Millie war dort. Sie sagte, es sei eine alberne Menge altmodischer Sachen." . Was für komische Augen er hat.

Er setzte sich in eine Ecke, von der aus er den Raum überblicken konnte. Auf dem Tisch lag ein Papier; er nahm es geistesabwesend auf. Es war eine Kopie von *The Post Meridian* . Jemand hatte Butter auf den oberen Teil gestrichen. Er warf einen kurzen Blick darauf, gerade lange genug, um einen Leitartikel unter der Fettmarkierung zu erkennen. „Drama und Anstand", hieß es in der Panikmache. Weiter hieß es, dass das Londoner Publikum mit Mr. Naldretts Stück wieder einmal sein untrügliches Gespür für die Passgenauigkeit der Dinge bewiesen habe. Er ließ das Papier zur Seite fallen und wischte sich die Hand ab, die es berührt hatte. Er fühlte sich geschlagen. Er starrte so heftig auf das Haus, dass sich eine schüchterne Dame mittleren Alters und schlechter Gesundheit, möglicherweise genauso angeschlagen wie er, vom Stuhl gegenüber umdrehte, bevor sie sich setzte. Es waren keine Freunde von ihm dort, außer einem rothaarigen, wilden kleinen Dichter, der in der Nähe saß, las und Kuchen aß. Die gelbe Rückseite von *Les Fleurs du*

Mal lehnte an seiner Teekanne. Er biss so heftig, dass sein Bart bei jedem Biss wedelte. Etwas von der Wildheit und Leidenschaft der *Femmes Damnées* oder des *Vin de l'Assassin* war auf dem Kuchen zu spüren. Zwischen den Bissen ertönte ein Gemurmel. Der Mann las fast laut vor. Eine Erinnerung an Baudelaire kam Roger in den Sinn, ein paar große melancholische Zeilen:

„Der Diener des großen Herzens lässt dich nicht jammern. Er, der hier ohne Nacht
unter einer bescheidenen Decke liegt, wir bitten darum, dass er ein paar Blumen trägt. Die Toten, die Armen, die Toten, haben große Schmerzen. Und wenn der Oktober hereinbricht, erhellen die alten Bäume. Sein Wind weht schwermütig um ihren Marmor. Gewiss, er muss die Lebenden finden, danke."

Er fragte sich, ob es so sein würde. Eine Kellnerin brachte ihm Tee und Toast. Er goss ein wenig Tee in seine Tasse und dachte an einen inzwischen verstorbenen Mann, der vor einem Jahr mit ihm dort Tee getrunken hatte. Man war sehr gefühllos gegenüber den Toten. Er fragte sich, ob die Toten gefühllos gegenüber den Lebenden waren oder ob sie, wie der Dichter dachte, „*große Schmerzen*" hatten. Er hatte das Gefühl, dass es ihm nichts ausmachen würde, tot zu sein, wenn Ottalie nicht wäre. Er fragte sich, ob Ottalie die Zeitung gelesen hatte. Er butterte etwas Toast und legte es auf eine Seite seines Tellers, eine Art Brandopfer für die Toten. Eine Zeile auf der Speisekarte fiel ihm ins Auge. „Pan-Bos. Unser neues Gesundheitsbrot. Pro Portion 2d." Sein müder Verstand drehte sich um, „.d2 ‚noitroP reP daerB." „Ich werde verrückt", sagte er sich. „Soll ich heute Abend nach Irland fahren?"

Etwas warnte ihn, dass Ottalie nicht dort sein würde, wenn er nach Irland ginge. Ohne Ottalie wäre es unerträglich. Da wäre ihr Haus, oben auf den Hügeln, und all diese Platanen, wie Geister in der Dämmerung, Geister alter Männer, die über ihrer Schönheit brüten, wie die alten Männer in Troja, als Helen vorbeikam. Nein. Er konnte Irland nicht mitnehmen. Er dachte voller Bedauern über die alten lustigen Ausflüge an den Bootszug. Der Wachmann mit schottischem Akzent, die Kutsche vorne, die weiter nach Dundee fuhr, der Klang der schönen irischen Stimme („voce assai più che la nostra viva") und dann das Mieten von Teppich und Kissen, wohlwissend, dass man aufwachen würde in Schottland, zwischen Hügeln, fließendem Wasser, einer „herrlichen Rede" und reiner Luft. Es wäre nicht klug, nach Irland zu gehen. Wenn er jetzt ging, während Ottalie weg war, könnte er vielleicht später nicht gehen, wenn sie da wäre. Ohne sie wäre es nichts. Nichts als einsames Lesen, Schreiben, Spazierengehen und Schwimmen. Es wäre besser, nicht zu gehen. Hier schluckte der Dichter seinen Kuchen, stand auf und ging auf Roger zu.

„Wie geht es dir?" sagte er und sprach schnell, als ob seine Worte Fangen spielen würden. „Ich habe gerade mit Collins über Sie gesprochen. Er hat mir von Ihrem Stück erzählt. Ich habe gehört, Sie hatten einen Streit oder so etwas."

„Ja. Es gab einen Streit."

The Daystar für Sie eingesetzt . Er sagt, Sie hätten Aristoteles oder so etwas nicht gelesen. Haben Sie seinen Artikel gesehen?"

„Nein. Ich habe es nicht gesehen."

„Oh, du solltest es lesen. Teile davon sind sehr witzig. Es würde dich aufmuntern."

"Was sagt er?"

„Er sagt das – Oh, Sie wissen, was Collins sagt. Er sagt, dass Sie – ich glaube, ich habe es bei mir. Ich habe es herausgeschnitten. Wo habe ich es hingelegt?"

„Macht nichts. Ich interessiere mich nicht für Collins."

„Nicht wahr? Er ist sehr gut. Ich nehme an, Ihr Stück wird später noch einmal aufgeführt?"

"Ich denke nicht."

Er entledigte sich des Dichters, bezahlte seine Rechnung und ging hinaus. Draußen begegnete er Hollins, dem Kritiker von *The Week* . Er hätte Hollins aus dem Weg gehen wollen, aber Hollins hielt ihn davon ab.

The Week auf dich gestürzt . Was meinst du mit diesem dritten Akt? Wirklich. Es war wirklich –"

Der Gedanke, dass dieser Mann schon vor seiner Geburt die Taten anderer Menschen verurteilt hatte, erfüllte Roger mit Ehrfurcht.

„Was war falsch am dritten Akt? Das hast du nicht gehört."

„Sie müssen M. Capus lesen", sagte Hollins im Vorbeigehen. „Ich werde Sie unterstützen, bis Sie es tun."

Ein Zeitungsjunge mit einer Stimme wie ein Unheilsvogel flog durch die Nacht und hielt einen farbigen Geldschein in der Hand. „Drama und Anstand", hieß es in großen Buchstaben. Ein anderer, der eine Kopie anbot, zeigte als Verlockung „ *,eifriger Fracas* '." Die ganze Stadt schien wütend auf ihn zu sein. Er überquerte die Straße Seven Dials und ging weiter zur St. Martin's Lane, wo er einen ruhigen Lesesaal kannte. Hier versteckte er sich.

IV

Es gibt noch Hoffnung.
Die Jungfrau Märtyrerin .

Um sieben Uhr ging er zum Bahnhof und hoffte (wider besseres Wissen), Ottalie am Zug zu sehen. Der Zug war sehr voll. Die Reisenden trugen den erfreuten, erwartungsvollen Blick, mit dem man eine englische Stadt verlässt. Ottalie war nicht darunter. Er fuhr den Zug zweimal in entgegengesetzter Richtung hinunter, ohne Erfolg. Sie war nicht da. Sie muss an diesem Morgen angefangen haben. Er hatte sie vermisst.

Er setzte sich auf eine der Bahnhofsbänke. Seine Welt schien ihm zu entgleiten. Er sagte sich, dass er morgen arbeiten müsste, sonst würden ihn all diese Sorgen zerstören. Er fühlte sich einsamer als jemals zuvor in seinem Leben. Eine Woche zuvor hätte er O'Neill, Pollock und einen anderen Freund gehabt, jetzt im Ausland. O'Neill war weg, ohne sich zu verabschieden. Pollock kämpfte seine eigenen Schlachten, allerdings mit geringem Erfolg. Ottalie donnerte durch Frankreich oder näherte sich vielleicht gerade Paris.

Der Wunsch, jemanden zu sehen, trieb ihn aus dem Bahnhof. Er ging zu Fuß nach Soho, in ein spanisches Restaurant, wo einige seiner Freunde manchmal speisten.

Hier können die Neugierigen nachts Spanien besuchen und die kehlige, lispelnde Sprache hören, Chuletas mampfen und allerlei Merkwürdigkeiten in Cazuelas schlucken. Sehr mutige junge Männer rufen dort laut nach „Mozo" und lispeln das „z". Die weniger Mutigen geben mit der Hand ein Zeichen. Die Schüchternen zeigen und essen später, was ihnen vorgesetzt wird, stellen keine Fragen und befolgen die Heilige Schrift, wenn auch ohne spirituellen Nutzen.

Als er den Raum betrat, verbeugte er sich vor der schottisch aussehenden, mit vielen Ohrringen behangenen Spanierin, die am Schreibtisch saß und *Blanco y Negro las* . Sie rief ihm „Buenas tardes", ohne den Blick zu heben. Dann ertönte von rechts ein Ruf „Naldrett!"

Zwei Maler, ein Dichter und eine sympathische Frau speisten dort zusammen und lasen die Abendzeitungen.

"Wie geht es dir?" sagte einer der Maler.

„Wir haben gerade von dir gelesen", sagte der andere.

„Die schrecklichsten Dinge lesen", sagte der Dichter.

„Zeigen Sie ihm *den Orb* . *Der Orb ist* der Beste.“

„Nein. Zeigen Sie ihm *den Planeten* . Derjenige, der sagt, er sollte strafrechtlich verfolgt werden.“

Roger lehnte *Orb* und *Planet ab* und schüttelte einer der Damen die Hand. Sie war eine kleine Schauspielerin, zart, zerbrechlich, fast unmenschlich, mit Charme in allem, was sie tat. Sie sagte, dass sie sein Buch „ *The Handful*“ gelesen habe und es sehr „interessant“ gefunden habe. Sie wollte, dass Roger zum Tee kam, um über einen Plan von ihr zu sprechen. Roger dämmerte, dass sie ihn vor seinen Freunden retten wollte.

„Du bist der Mann des Augenblicks“, sagte der Dichter.

"Achten Sie auf keinen von ihnen", sagte der Maler, der zuerst gesprochen hatte. "Sie können ganz sicher sein, dass man, wenn man etwas in Eile sagen muss, wie diese Kritiker, das Einfachste sagt und das, was einem am ehesten einfällt. Wenn ich auf alles achten würde, was sie über mich sagen, käme ich in die Irrenanstalt. Außerdem, was macht es schon aus, was sie sagen? Wer sind sie, wenn alles gesagt ist?"

Das Gespräch mündete in einem Witzkampf, in dem sich die sieben daran machten, einen Kritiker mit größtmöglicher Schärfe und Präzision zu definieren. Nachdem sie dies zu ihrer eigenen Zufriedenheit getan hatten, machten sie sich daran, auf der Grundlage von Speisezetteln ein zusammengesetztes Sonett über den Kritiker zu verfassen. Einer der Maler zeichnete einen idealen Kritiker in den Manieren mal von Tintoret, mal von Velasquez, mal von Watteau. Der andere, der sich darüber beschwerte, dass alte Meister mit Kritikern gleichgesetzt werden sollten, weil sie den Markt für lebende Maler verdorben hätten, zeichnete ihn in der Art von Rops.

Nach dem Abendessen ging Roger über einen Umweg nach Hause, der ihn an seinem Theater vorbeiführte. Ein paar Leute hingen draußen herum und starrten träge auf ein paar andere, die eintraten. Sein Stück schien trotz der Schwierigkeiten immer noch zu laufen. Falempin war mutig.

Er ging zurück zu seinen Zimmern und fragte sich, warum er an diesem Abend nicht nach Irland gefahren war. London unterdrückte und schmerzte ihn. Er hielt es für eine hässliche Stadt voller hässlichem Leben. Er hatte keinerlei Wunsch, Bürger einer solchen Stadt zu sein. Er mochte den Ort und seine Leute nicht; aber heute Abend, vielleicht ein wenig demütigend über sein Unglück, fragte er sich, ob der ganze Elend der Stadt, ihre scheußlichen Kneipen, ihre Horden hirnloser, neugieriger Schreier sich nicht plötzlich in Schönheit und Noblesse verwandeln würden Leben durch eine plötzliche allgemeine Inspiration, wie sie Nationen in seltenen Zeiten im Leid erlebt. Er hat sich dagegen entschieden. Geduld im Leid gehörte kaum zu unseren Eigenschaften.

Auf seinem Wohnzimmertisch lag ein Brief von Ottalie, der den Londoner Poststempel über den griechischen Briefmarken trug und darunter die Legende „2d. zu zahlen". Bis zum Datum auf dem Brief war er zehn Tage lang bei ihm angekommen. Er öffnete ihn eifrig, halb in der Erwartung, darin genau den Brief aus dem Traum zu finden, obwohl ihm etwas sagte, dass die Traumbriefe ihre wesentlichen Gedanken enthalten hatten, und der Brief in seiner Hand die weltliche Hülle dieser Gedanken, übersetzt in irdische Sprache mit ihren Vorbehalten und ihrer Halbherzigkeit. Aus diesem Brief erfuhr er, dass sie einen Monat in Griechenland gewesen war und nun nach Hause kam. Sie würde vier Tage, vom 7. bis zum 11., in ihrer Wohnung in London bleiben. Sie hoffte, ihn dort zu sehen, bevor sie nach Irland zurückkehrte. Zu seinem Erstaunen lautete das Postskriptum: „Ich habe Ihr letztes Buch gelesen. Es liest sich wie das Tagebuch einer verlorenen Seele", genau die Worte, die er im Traum gesehen hatte. Im Moment bewegte ihn das nicht so tief wie der Gedanke, dass dies der 11. des Monats war. Sie war die letzten drei oder vier Tage mit ihm in London gewesen, und er hatte es nicht gewusst. Er hatte gesehen, wie am Abend zuvor ihr Licht ausgeblasen worden war. Wenn er ein bisschen Verstand gehabt hätte, hätte er sie am frühen Morgen vor dem Frühstück besucht. Hätte er das getan, hätte er sie gesehen, wäre mit ihr zum Bahnhof gefahren, hätte vielleicht mit ihr nach Irland reisen können. Die Bitterkeit seiner Enttäuschung ließ ihn einen Moment lang gemein an Agatha denken, die sie in seiner Vorstellung voneinander getrennt hatte. Er vermutete, dass Agatha den Brief zurückgehalten hatte. Wie sonst hätte er in London mit griechischen Briefmarken darauf abgeschickt werden können?

Dann kam ihm der Gedanke, dass sie an diesem Morgen nicht nach Irland gefahren war. Er hatte sie nie mit den Tagesbooten nach Irland zurückfahren sehen. Sie schlief gern im Zug und sparte sich das Tageslicht fürs Leben auf. Seine Bekanntschaft mit ihr verriet ihm, was geschehen war. Sie hatte ihr Gepäck gleich nach dem Frühstück zum Bahnhof gebracht. Danach hatte sie den Tag amüsant verbracht, im Bahnhofshotel zu Abend gegessen und jetzt …

Er setzte sich, niedergeschlagen von dieser letzten Enttäuschung. Jetzt dampfte sie im Nachtexpress nach Norden nach Port Patrick. Sie war gerade erst losgefahren. Sie war nur noch ein Dutzend Meilen von ihm entfernt. Der Zug fuhr erst um acht ab. Es war jetzt erst vierzehn Minuten nach. Wenn er nicht so ein Narr gewesen wäre; wenn er nur nach Hause gekommen wäre, anstatt zum Bahnhof zu gehen!

„Selina", rief er in den Keller hinunter, „wann ist dieser Brief gekommen? Dieser Brief mit der ausländischen Briefmarke."

„Kurz nachdem Sie heute Morgen ausgegangen waren, Sir."

Fünf Minuten Geduld hätten sein Leben verändert.

„Eine Dame kommt, um Sie zu besuchen, Sir."

"Wie war Ihr Name?"

„Sie hat keinen Namen hinterlassen, Sir."

„Wie war sie? Wann ist sie gekommen?"

„Sie kam ungefähr ein paar Minuten vor neun, Sir. Sie schien sehr verärgert darüber zu sein, Sie nicht gefunden zu haben."

„War sie schon einmal hier?"

„Ich glaube, sie war die Dame, die einmal mit einer anderen Dame, einer dunklen Dame, hierher kam, als Sie die Suite oben betraten, Sir. Ich glaube, sie kam eines Abends herein, wenn Sie ihnen vorlasen."

Ottalie war dort gewesen. Es muss Ottalie gewesen sein.

„Ich habe ihr gesagt, dass Sie verschwunden sind, Sir. Sie haben nicht gesagt, wohin."

Er dankte Selina. Er biss sich auf die Lippen, damit er nicht fragte, ob der Besucher Ohrringe getragen habe. Er ging zurück in sein Zimmer und setzte sich. Bis dahin war ihm nicht klar geworden, wie viel ihm Ottalie bedeutete. Eine Stimme hallte in seinem Gehirn wider, dass er sie vermisst hatte, nur um ein paar Minuten, aufgrund seiner eigenen Ungeduld, aufgrund eines Zufalls, weil er mit den Mächten außerhalb des Lebens gegen ihn jongliert hatte. Sein ganzes Elend schien zu einer bleiernen Kugel zusammengerollt zu sein, die durch sein Gehirn schoss. Das Stück war eine Kleinigkeit. Der Verlust von John war eine Kleinigkeit. Templeton war eine Farce, die Kritiker waren kleine Mücken, aber Ottalie verpasst zu haben, Ottalie verloren zu haben! Er erlebte einen Moment der Verzweiflung.

Verzweiflung währt nicht lange. Sie tötet oder spornt zum Handeln an. Bei Roger dauerte sie ein paar Sekunden und verwandelte sich dann in die Leidenschaft, auf dem Weg zu ihr zu sein. Aber er musste warten, er musste warten. Er musste all diese endlosen Stunden warten. Eine ganze Nacht Fegefeuer. Was konnte er in der Zwischenzeit tun? Wie konnte er diese Nacht verbringen? Was konnte er tun? Arbeiten war unmöglich. Reden war unmöglich. Dann fiel ihm noch etwas ein.

Er öffnete fieberhaft seinen Bradshaw. Ja. Es gab noch einen weiteren Schiffszug nach Holyhead. Er konnte am nächsten Tag kurz nach Sonnenaufgang in Dublin sein: „8.45 Uhr von Euston." Er konnte es gerade noch schaffen. Er würde den zweiten Schiffszug erwischen. Es war zwar nur eine geringe Chance, aber es war möglich. Am nächsten Tag konnte er am

Nachmittag bei Ottalie sein. Aber Geld; er hatte nicht genug Geld. Fünf Minuten zum Packen. Die konnte er sich erübrigen; aber wie war es mit Geld? Zu wem konnte er gehen, um Geld zu holen? Wer hätte sofort Geld zu leihen? Es müsste jemand in der Nähe sein. Jede Sekunde machte seine Aufgabe schwieriger. Wo würde es ein Taxi geben? Welcher seiner Freunde wohnte auf dem Weg nach Euston? Wer wohnt zwischen Westminster und Euston? Alles ist Park, Elendsviertel und Pension. Big Ben erhob seine Stimme und intonierte die Vierteldollarmünze.

Er nahm ein Taxi vor Dean's Yard. Er fuhr zu einem Freund nach Thames Chambers. Der Freund lieh ihm einen Souverän und etwas loses Silber. Er hatte jetzt genug, um ihn nach Irland zu bringen. Er forderte den Taxifahrer auf, sich zu beeilen. Die Zeitungsjungen waren im Strand beschäftigt. Sie riefen etwas über Sieger und Katastrophe. Er sah, wie ein Zeitungsbericht aus der Hand eines Mannes flatterte. „British Liner Lost", lautete die Überschrift. Er war erleichtert, dass der Affengeist nun etwas Neues hatte, das ihn beschäftigen konnte. Durch die Änderung der Überschrift fühlte er sich sauberer.

Bis zur Kreuzung Holborn glaubte er, den Zug noch zu erreichen. In Holborn war der Weg durch den Verkehr versperrt. Auch die Euston Road war für ihn gesperrt. Er verpasste den Zug um mehr als eine Minute. Er war zu müde, um noch mehr Enttäuschung zu empfinden. Das Beste, dachte er, wäre, zu Hause zu schlafen, morgens den Schiffszug zu nehmen und den ganzen Tag zu reisen. Mit diesem Plan würde er innerhalb von vierundzwanzig Stunden in Irland ankommen. Dann könnte er entweder eine Nacht im Hafen verbringen oder die vierzig Meilen zu seiner Hütte zurücklegen. In jedem Fall würde er innerhalb von vierzig Stunden bei Ottalie sein und tatsächlich in ihrer unmittelbaren Gegenwart. Wenn er die vierzig Meilen zurücklegte, konnte er die nächste Nacht vor ihrem Fenster in der tiefen Ruhe des irischen Landes beobachten, fast in Hörweite des Meeres. Der Gedanke an die großen Sterne, die über Ottalies Haus hinwegfegten, und an den Mond, der aufging und das Tal erfüllte, und an den leichten Wind, der die Blätter zitterte und sozusagen der Schönheit der Nacht eine Stimme gab, bewegte ihn sehr. In seiner überreizten Stimmung waren diese Dinge die einzigen realen Dinge. Der Rest war ein Albtraum.

Auf der Rückfahrt von Euston bemerkte er ein weiteres Plakat mit den Worten „Dampfer gesunken. Menschenleben verloren." Er schenkte ihm keine Beachtung. Er fragte sich vage, wie er es sich schon oft in der Vergangenheit gefragt hatte, was für ein Geist sich diese Dinge vorstellte. Eine Katastrophe, ein Angriff auf die Regierung und eine Kolumne mit Wettnachrichten. Darüber grübelte Gottes Ebenbild Nacht für Nacht. Darüber schrieb Gottes Ebenbild nach einer teuren Ausbildung jede Nacht.

Er war sehr müde, aber er konnte sich nicht ausruhen, bis er sich nach Mrs. Pollock erkundigt hatte. Sie hatte ein kleines Mädchen zur Welt gebracht, das wahrscheinlich überleben würde. Sie selbst war sehr schwach, aber nicht in ernster Gefahr. Pollock fasste in einer Wolke aus Zigarettenrauch gute Vorsätze. Roger war dort nicht erwünscht. Er ging erschöpft nach Hause und ins Bett. Er schlief tief und fest.

Am nächsten Morgen war er frisch und fröhlich. Er packte in aller Ruhe seine Sachen, frühstückte gemütlich und fuhr zum Bahnhof, wobei er sich wie ein Junge im Urlaub fühlte. Er verließ diese schmutzige, düstere Wildnis. Er würde alles vergessen. In ein paar Stunden würde er über der Grenze sein, in einem neuen Land. In dieser Nacht würde er über dem Meer sein, so verändert und in einem so anderen Land, dass ihm das alles wie ein schrecklicher, weit entfernter Traum vorkommen würde, unbeschreiblich schmutzig und nutzlos. London war eine starke, giftige Droge, die in winzigen Dosen eingenommen werden musste. Er würde ein starkes Korrektiv nehmen.

Die Zugfahrt war lang und langsam, aber nachdem er Carlisle passiert hatte, begann er, die Aufregung zu spüren. In ein paar Stunden würde er in einem Dampfer sitzen, weit vorne stehen und darauf warten, dass die Doppellichter aufblinken und das dritte Licht weiter südlich blinkt und leuchtet. Die öde, niedrige schottische Landschaft, in der Burns lebte und Keats wanderte, wich unregelmäßigen niedrigen Hügeln, unbeschreiblich einsam, mit sumpfigem Tiefland darunter und verlassenen Teichen. Er hielt nach einem solchen Teich Ausschau. Er war ihm auf seinen Reisen dorthin schon oft aufgefallen. Er war ein vertrautes Wahrzeichen für ihn. Wie der ganze Rest dieses schottischen Landes war er in seinem Kopf mit Ottalie verbunden. Die ganze Reise war mit ihr verbunden. Er war so oft an diesen Hügeln und Teichen vorbeigefahren, nur um sie zu sehen, dass sie für ihn zu einer Art Ritual geworden waren, ein Teil des Sehens von ihr, etwas, das unweigerlich zu ihr führte. Nach dem Hügel mit dem Steinhaufen sah er sein Wahrzeichen. Dort glitzerte der Teich im letzten Sonnenlicht. Die kleine einsame Insel, nicht groß genug für eine Scheune, aber vor Jahren groß genug für eine Pfahlbehausung, leuchtete in einem Schimmer von verdorrtem Gras. Ein paar Spieße, die im seichten Wasser strotzten, neigten sich im Wind. Ein Riff aus schwarzen Felsen glitt am Ende des Teichs hervor wie ein schwimmender Aal. Roger hatte wieder die Vorstellung, die ihm schon ein Dutzend Mal gekommen war, als er am Teich vorbeikam, dass er dort gerne ein Junge mit einem Spielzeugboot wäre. Ein weiteres Wahrzeichen, nach dem er zärtlich Ausschau hielt, war ein kleines weißes Haus ziemlich weit von der Linie entfernt, hoch oben im Moor. Er hatte einmal (im Vorbeigehen) gedacht, dass dies ein angenehmer Ort für einen einwöchigen Aufenthalt wäre, wenn er und Ottalie verheiratet wären. Die Zärtlichkeit der ursprünglichen Vorstellung blieb noch immer bestehen. Es war ein unvermeidlicher Teil der Reise geworden. Nach ein paar Minuten des Schauens kam es in Sicht, frisch weißgekalkt oder vielleicht auch nur sehr hell im Sonnenuntergang. Eine Frau stand an einem kleinen Gartentor. Er hatte sie schon einmal dort gesehen. Vielleicht hielt sie nach diesem Abendzug Ausschau. Es könnte ein Ereignis in ihrem Leben sein. Sie musste dort sehr einsam sein, so viele Meilen von allem entfernt. Danach sah er nur noch ein weiteres Wahrzeichen, ein Fichtenwäldchen neben der Bahnlinie. Ein leichter Nebel zog auf. Es würde Nebel geben. Das Boot würde nur langsam weiterfahren.

Als der Zug anhielt, lag der Nebel über allem. Er stieg auf einen nebelfeuchten Bahnsteig. Nasse Milchkannen glänzten. Unter seinen Füßen glänzten Schienen. Ein großer Postzug erhob sich, leer und düster. Leute riefen und gingen vorbei. Es war ein heißer Hauch von Schiffsmotoren zu hören. Ein Mann ging in nervöser Eile vorbei und trug zwei Teetassen aus dem Erfrischungsraum. Jemand rief, er solle mit der Post kommen. Eine irische Stimme antwortete aufgeregt, mit einer witzigen Bitterkeit, die Roger den Besitzer in lebhaften Umrissen vor Augen führte. Nebel kam unter dem Schuppen heruntergedrängt. Ein paar feuchte Schritte brachten ihn zu einem Kettengeländer, hinter dem sich ein regloses Meer befand, ein düsteres Graubraun unter dem Nebel, auf dem eine oder zwei Möwen trieben und fielen. Eine Reihe von Lichtern, die dahinter düster erloschen, zeigte ihm den Dampfer. Die Gangway neigte sich nach unten, tropfte nass vom Handlauf. Ein Mann sagte im knappen, bezaubernden Ton der Berge: „Das war es tatsächlich.“

Er erkannte den Dampfer nicht. Sein Name, den er auf einem Rettungsring gesehen hatte, war ihm neu. Er erinnerte sich nicht an eine *Lady of Lyons* auf dieser Linie. Er legte seine Tasche in eine Ecke des Salons, wo sich bereits schüchterne Damen auf das Schlimmste vorbereiteten, indem sie sich unter Decken hinlegten und Salzflaschen bereithielten. Der Geruch des Salons, der Geruch von Desinfektionsmittel, Öl, Gummi und Essen, vermischt mit der Übelkeit eines halb gelüfteten und überhitzten Raums, trieb ihn wieder an Deck. Ein älterer Mann erzählte seiner Frau, dass es eine schreckliche Sache gewesen sei. Die Dame antwortete mit der Hoffnung, dass ihnen nichts passieren würde, denn was würde der arme Eddie tun?

Jemand in der Nähe der Gangway, ein Bergbewohner, wahrscheinlich der Fahrkartenkontrolleur oder Maat, redete in den Arbeitspausen. Er kontrollierte das Einladen der Kisten und unterhielt sich mit einem Bekannten. Roger wollte ihm nicht zuhören. Er wartete ungeduldig darauf, dass das Schiff ablegte. Aber als er da unten saß, in seinen Regenmantel gehüllt, konnte er nicht umhin, zwischen dem Klappern der Winden ein paar Geschichten zu belauschen. Etwas Schreckliches war passiert, und Tom musste davon wissen, und es war tatsächlich eine traurige Sache für die Witwe O'Hara; aber es war sowieso ein schneller Tod, und das konnte jeden treffen. Tatsächlich war es ein schneller Tod, und die Schuld lag bei diesem Nebel, der einem Mann nie eine Chance ließ, bis er direkt über einem war. Was nützten Seitenlichter, wenn ein Nebel einen Scheinwerfer blutrot machen konnte? Er war direkt hinter der Brücke in sie hineingefahren und hatte sie völlig niedergemäht. Sie sahen nicht einen Finger von ihr. Sie ließ nicht einmal ihr Horn ertönen. Ja. Einer dieser großen Fünfmast-Yankee-Schoner. Die *John P. Graves* . Gerade aus Glasgow. Sie hatten nicht einmal einen Ausguck aufgestellt. Sie nutzte ihre Chance. Ihre Leute waren betrunken. Und eine der Toten war eine englische Frau, die erst am Morgen geheiratet hatte. Nein. Der Mann wurde gerettet. Wie ein betäubter Mann. Die meisten Leichen lagen an Land, wo das Licht ausging. Es gab ein heftiges Knattern im Licht.

Irgendwo hatte es einen Zusammenstoß gegeben. Es gab immer Zusammenstöße. Roger hörte zu und hörte auf zuzuhören, während er an das Plakat mit der Aufschrift „Dampfer gesunken, Menschenleben verloren" auf London dachte. Er dachte, dass diese lebhaften, bildhaften Redner, Berufsleute, aber voller Gefühl, einem solchen Ereignis eine Art Poesie verliehen und es zu einem Teil ihres Lebens machten, während der Zeitungsleser, weit weg in der Stadt, einen Blick darauf warf, unter einem Dutzend ähnlicher Ereignisse, von denen ihm keines nahe kam oder die er auch nur verstand, und die Sache mit einem gleichgültigen „Wirklich. Wie grauenhaft!" abtat. Er tadelte sich selbst dafür, so gedacht zu haben. Dieser Zusammenstoß hatte die Männer in seiner Nähe in ihrem täglichen Geschäft betroffen. Londoner wurden von Katastrophen betroffen, die sie selbst berührten. Diese Katastrophe, was auch immer es war, berührte ihn nicht. Er war in einer widerspenstigen, verbitterten Stimmung, zu sehr mit sich selbst beschäftigt, um Mitgefühl für andere zu haben. Er dachte, dass die Männer, die am meisten taten, egozentrische Männer waren, die sich von der Außenwelt abschotteten. Ähnlich könnte eine Schnecke denken, die plötzlich am zarten Horn gestochen wird.

Es war dunkle Nacht, aber klar genug, als sie Irland erreichten. Die Lichter in der Bucht leuchteten wie zuvor. Die Lichter auf der Insel hatten sich nicht verändert. Einer ganz oben, den er schon oft bemerkt hatte, glich einem Stern wie eh und je. Kleine Lichtschimmer tanzten vor ihm, als er im Hotel zu Abend aß, begleitet von einem ernsten alten Kellner. Das Hotel war zu dieser Jahreszeit voller als sonst. Es war voller unruhiger, ängstlicher, traurig aussehender Menschen, von denen einige mit ihm im Boot gewesen waren. Sie vermittelten ihm den Eindruck, sie seien alle zu einer Beerdigung gekommen. Nach dem Abendessen ging er hastig zu Bett.

Am Morgen, beim Frühstück, waren dieselben traurig aussehenden Leute da. Sie saßen am Nebentisch, unterhielten sich mit gedämpfter Stimme und tranken Tee. Sie frühstückten Tee. Eine alte Frau mit diesem harten, geschäftstüchtigen Gesicht, das energielose Raubtiernaturen annahmen, war die Mutter der Gesellschaft. Ihre roten, vom Weinen geschwollenen Augen betonten das Fuchsartige in ihr. Eine Nachzüglerin kam raschelnd herein. „Alice wird nicht herunterkommen", sagte sie. „Sie wird oben Tee trinken."

Die alte Frau rief ein Dienstmädchen und schickte Alice Tee. Ein blasses Mädchen, die Tochter der Matrone in allem, außer im Geiste, schniefte am Rande der Gefahr, erschöpft von Kummer und Müdigkeit. Die alte Frau tadelte sie. „Wir müssen in einer Minute aufbrechen." Sie hatte diese eisernen Wesenszüge auf sich beschränkt. Roger fragte sich, ob im alten Rom oder im puritanischen England diese Art von Charakter bewusst in die Rasse hineingeboren worden war. Er wechselte den Tisch.

Der Kellner brachte ihm eine Zeitung. Er befingerte es und ließ es unberührt. Er würde keine Zeitung öffnen, bis er sicher sein konnte, dass der Aufruhr um ihn vergessen war. Er war ein ängstlicher, gejagter Hirsch. Die Hunde sollten ihm nicht in diesen Rückzugsort folgen. Während er aß, überlegte er, ob er Fahrrad fahren, das „lange Auto" nehmen, eine vierzig Meilen lange Autofahrt zurücklegen oder den Zug nehmen sollte. Als er schließlich sah, dass die Straßen trocken waren und der Wind nicht schlecht war, beschloss er zu fahren und schickte sein Gepäck mit dem Auto. Er fuhr gern nach Ottalie. Es war eine schwierige Fahrt, dachte er, wegen der Windböen, die von den Hügeln herabprallten, aber es kam, wie er sich gut erinnerte, kurz vor dem Ende der Reise ein Moment, in dem die Hügel den Bergen wichen. Hier fiel die Straße, die auf einem Hügelkamm endete, ab und gab den Blick auf ein Tal und ein Stück Meer frei. Hügel und Landzungen rollten in Reihen nach Norden und bildeten einen bläulichen Dunst. Der Felsen dahinter ragte steil aus der Brandung empor, eine aufrechte, definierte Linie im Blau. Von Ottalies Haus aus konnte er diesen großen Felsen sehen. Mit einem Opernglas konnte er sehen, wie die Brandung darunter brach. Mittlerweile war es acht Uhr. Das Morgenboot kam herein. Er würde starten. Zur Mittagszeit würde er in seinem kleinen Häuschen über dem Meer sein. Er würde vor dem Mittagessen schwimmen. Nach dem Mittagessen kletterte er durch die lange graue Buchenallee zu Ottalies Haus. Die alte Aufregung überkam ihn und weckte in seiner Begeisterung die Erinnerung an viele andere Fahrten zu ihr.

Als er durch die heruntergekommene Stadt ritt, fielen ihm kleine seltsame Einzelheiten über Dinge ein, die er auf ähnlichen Reisen in der Vergangenheit gesehen hatte. Das Rattern des „langen Autos" hinter ihm ließ ihn vorwärts spurten. Für ihn war es eine Eitelkeit, das Auto auf der 40-

Meilen-Strecke zu schlagen. Das Letzte, was ihm beim Verlassen der Stadt auffiel, war ein gelbes Plakat mit der Aufschrift:

„VERLUST DES ‚LORD ULLIN‘
“ URTEIL DES RICHTERS.

V

Eine Nachricht drängte sich direkt über die andere:
Vom Tod und vom Tod und vom Tod. *Das gebrochene Herz*.

Die Sonne schien golden über all dem Wunder Irlands. Von Zeit zu Zeit kam das Meer in Sicht. Hinter einer Felsenburg fiel ein Basstölpel herab, weiß und schnell, mit einem Platschen, das ihn eine Viertelmeile entfernt schwach erreichte. Er wandte sich landeinwärts und ritt in die Berge. Vor ihm lagen kleine, niedrige, grüne Hügel, bewaldet und sonnig. Auf beiden Seiten lagen unsagbar grüne Weiden, die schläfrig von Rindern abgegrast wurden. Er nahm sich vor, schnell durch dieses helle Land zu reiten. Er raste die kleinen Hügel hinauf, tauchte ab und stieg wieder auf. Er wollte unbedingt ein Tor auf einem Hügel erreichen, von dem aus er die Landzunge sehen konnte, die ihn vom Land seiner Sehnsucht trennte. Während er ritt, dachte er brennend daran, was dieser Nachmittag für ihn bedeuten würde. Ottalie könnte nicht da sein. Sie könnte weg sein. Sie könnte draußen sein; aber etwas sagte ihm, dass sie da sein würde. Solange Ottalie in der Welt war, spielte die Welt keine große Rolle. Der Gedanke an Ottalie gab ihm ein feines Gefühl seiner eigenen Überlegenheit über die Welt, das er nur in der Jugend richtig genießen konnte. Mit klopfendem Herzen, nicht wegen der Erregung, sondern wegen des Bergauffahrens, kletterte er das Tor hinauf und blickte über die schönen Felder auf die entfernte Landzunge. Dort lag sie, glänzend, fünfzehn Meilen entfernt. Dahinter lag Ottalie. Protestierende hatten in alten, unglücklichen, fernen Zeiten einen Totenkopf mit gekreuzten Knochen auf das Tor gemalt, so wie sie in anderen Gegenden Gräber vor Haustüren aushoben oder mit Glücksgeschossen aus der Deckung schossen. Die Knochen waren jetzt mit Flechten bedeckt, aber der Totenkopf grinste Roger freundlich an, wie er es oft getan hatte. Er ritt weiter und blickte über die Schulter zurück, in Gefahr, in den Graben zu fallen, und sah, wie die Augen des Totenkopfs auf ihn gerichtet waren.

Der letzte Teil der Fahrt ging bergab. Er hob sein Fahrrad über eine niedrige Steinmauer und sprang hinterher. Das Meer war nur noch fünfzig Meter von ihm entfernt und hatte strömende Fluten. Norah Kennedy, die alte Frau, die für ihn den Haushalt führte, stand an der Tür und schaute hinaus.

„In der Tat, Herr Naldrett", begann sie; „Der Segen Gottes sei mit dir. Ich hatte Angst, dass das Boot untergegangen wäre. Es ist eine traurige Zeit für dich, hierher zu kommen. Tatsächlich habe ich dich nie besser gesehen. Du bist deiner Mutter ähnlicher als deinem Vater." Er war ein großartiger Mann, Ihr Vater, von allen Menschen, an die ich mich erinnern kann, ist Ihr Abendessen gerade für Sie bereit, Sir?

Die alte Frau redete von Thema zu Thema und warf dabei so flüchtige Blicke auf jedes Thema, dass jemand, der weniger an ihre Art gewöhnt war, nicht vermutet hätte, dass sich unter dem Charme der oberflächlichen Natur ein sehr scharfsinniger und bitterer Kritiker verbarg. Roger spürte irgendwie, dass der Kritiker in ihr wachsam war, dass sie etwas an seinem Benehmen oder seiner Kleidung übel nahm. Er schloss daraus, dass er zu spät kam oder dass sie, vielleicht in ihrem Eifer für ihn, zu früh angefangen hatte. Wie üblich servierte sie das Abendessen, wenn sie nicht zufrieden war, und murmelte dabei persönliche Bemerkungen, ohne zu wissen (wie das bei einsamen alten Leuten so ist, die mit sich selbst reden), dass sie manchmal hörbar waren. „Ich mache Ihnen keine Erbsen zum Abendessen, mein Mann", war eine ihrer Bemerkungen beiseite, als er sich sparsam Erbsen nahm. „Man sieht leicht, dass Sie nur ein Engländer sind", war eine andere Bemerkung über seine nationale Zurückhaltung gegenüber Kartoffeln. Roger fragte sich, was los war und wie bald er wieder „der beste junge Mann sein würde, an den ich mich erinnern kann, außer vielleicht Ihr Vater. Tatsächlich, Mr. Roger, wenn man Ihren Vater sieht, und ihn so in einem roten Mantel reitend, könnte man meinen, es sei der Mann der Königin* oder einer der Heiligen Gottes. Ich habe noch nie jemanden gesehen, der so glorreich war wie Ihr Vater, außer Sie selbst." Rogers Vater war dort an Alkohol gestorben, nachdem er sein Leben lang für die Erhaltung der Jagdgesetze gekämpft hatte.

* Der verstorbene Prinzgemahl.

Als sein Gepäck ankam, zog er sich sorgfältig an und machte sich auf den Weg den Hügel hinauf zu Ottalies Haus, das er sogar von seiner Hütte aus als weiße, unbestimmte Masse sehen konnte, die von Bäumen vor dem Seewind abgeschirmt wurde. Die Straße zweigte in eine Lichtung ab, die auf beiden Seiten mit Steinen eingezäunt war. Als er die Lichtung hinaufstieg, spähten die schelmischen irischen Bullen, die auf das Geräusch seiner Schritte im Galopp herankamen, durch die Hecken, die entweder von der Vorsehung zusammengehalten oder der Fantasie der Bullen überlassen wurden, auf ihn herab. Ein kräftiger weißer Bulle folgte ihm eine Zeit lang, nur durch einen 30 cm hohen Draht zurückgehalten.

„In der Tat", sagte ein alter Arbeiter, der sich am Weg ausruhte und sein Mitgefühl sowohl für Roger als auch für den Bullen ausdrückte, „er ist nur ein junger Bulle. Er würde niemandem wehtun, außer vielleicht, wenn er das so empfindet. Lassen Sie sich nicht belästigen, Sir."

Oben über Ottalies Haus befand sich der Garten. Die Gartenmauer stützte die Leihgabe. Eine kleine blaue Tür mit abblätternder, blasiger Farbe führte ihn in den Garten, in einen langen, geraden Rosengang, in dem die Rosen noch nicht zu blühen begonnen hatten. An der Tür wuchs ein duftendes Kraut. Er zerknüllte ein Blatt davon zwischen seinen Fingern und dachte darüber nach, wie wunderbar die Erde sei, auf der aus Schimmel und Regen dieser Duft wachsen könnte. Die Bienen waren zwischen den Blumen beschäftigt. Der Lorbeer verströmte Süße. In der Sonne dieses windstillen Nachmittags verdichtete der Geruch die Luft über dem Weg und ließ sie zu einem warmen Duftklumpen werden, der das beginnende Leben einatmen sollte. Schmetterlinge schwankten und hielten sich tief unten, wie Schmetterlinge in Küstennähe. Vögel machten musikalische Rufe, plötzliche entzückende Ausrufe, überraschendes Gelächter, als ob der Gott Pan zwischen den Lorbeerbüschen vor sich hin lachte.

Er empfand die Schönheit der späten irischen Jahreszeit wie nie zuvor. Sie versetzte ihn in eine Erregung, die über Poesie hinausgeht, in jene entzückte Empfindsamkeit, bei der der zitternd offene, zitternd lebendige Geist weder auswählen noch kombinieren kann. Er sehnte sich danach, Gedichte zu schreiben, aber im Freien ist die Vorstellungskraft den Sinnen untergeordnet. Die Zeilen, die sich in seinem Kopf bildeten, waren bedeutungslose Ausrufe. Die Natur ist bloß eine Kulisse. Die Seele des Menschen, die als einziges von allen geschaffenen Dingen sie betrachtet, ist das Wichtige.

Die Jalousien der sonnigen Südfront waren heruntergelassen; aber die Spuren der Kutschenräder auf der Auffahrt zeigten ihm, dass sie zurückgekehrt war. Nachdem er geklingelt hatte, lauschte er auf das Knistern weit weg in der Küche, und als er sich umdrehte, sah er ein Eichhörnchen von einer Buche zur anderen springen, gefolgt von drei oder vier Spatzen. Schritte schlurften näher. Irgendwo draußen, hinten, erklang eine alte Frauenstimme, die weinerlich um ein Stück Brot bat, aus Liebe zum allmächtigen Gott, da sie beim Gehen umkam und einen Husten hatte, der bei einem kriegerischen Mann Mitleid hervorrufen würde. Eine jüngere Stimme, hoch, klar und hart, die ihr befahl, ihr zu erlauben, da rauszukommen, verstummte plötzlich in ihrem Verbot. Die Tür öffnete sich. Da war die alte Mary Laverty, die Haushälterin.

„Wie geht es dir, Mary? Geht es dir ganz gut?"

„Das bin ich, Sir. Ich danke Ihnen."

„Ist Miss Fawcett da?"

„Haben Sie nicht gehört, Sir?"

„Was gehört?"

„Miss Ottalah ist tot, Sir."

"Was?"

„Sie ist in dem Boot ertrunken, das vor zwei Tagen auf der Überfahrt übers Meer angefahren wurde. Es herrschte Nebel, Sir. Hat Ihnen niemand davon erzählt, Sir?“

"NEIN."

„Elf von ihnen sind ertrunken, Sir.“

"Lag sie... liegt sie hier?"

„Ja, Sir. Sie ist drinnen. Die Beerdigung findet erst am Samstag statt. Sie ist noch nicht tot.“

„War Miss Agatha bei ihr?“

„Miss Agatha war nicht im Taxi. Sie war tatsächlich nicht nass. Sie hatte nicht einmal einen nassen Rock, Sir. Sie ist drinnen, Sir.“

„Glaubst du, sie würde mich sehen?“

„Kommen Sie herein, Sir. Ich werde fragen.“

Er trat ein und war sprachlos. In seinem Kopf tauchte ein Bild von etwas auf, das an Land gezogen wurde. Ein Bild von einem tropfenden Ding, das von Männern die Auffahrt hinaufgetragen wurde, der Kies knirschte unter ihren Stiefeln – knirsch – knirsch in langsamem Tempo, dann eine Pause an der Tür, und dann, langsam, in den Flur und tropf, tropf, die Treppe hinauf ins dunkle Schlafzimmer. Dann wieder hinaus, ehrfürchtig, an ihren Hüten herumfummelnd, um mit der Köchin darüber zu sprechen. Er begriff nicht, was geschehen war. Hier war er im Zimmer. Da war sein Foto. Da war die orientalische Schale voller Potpourri. Ottalie war ertränkt worden. Ottalie lag oben, ein totes Ding, ohne Stimme oder Bewegung. Ottalie war tot. Sie hatte mit ihm in genau diesem Zimmer gesessen. Das alte, akkurate Sofa war ihr Lieblingsplatz. Wie konnte sie tot sein? Sie war erst zwei Tage zuvor in London gewesen und hatte nach ihm gefragt. Ihr Brief war in seiner Tasche. Da waren ihre Noten. Da war ihre Geige. Warum kam sie nicht wie früher mit ihrer lächelnden Anmut herein und hielt mit ihren Händen in großen Gärtnerhandschuhen Tulpen für die Töpfe fest? Diese Schönheit war für die Welt vorbei.

Er war davon verblüfft. Er wusste nicht, was geschah; aber da war Agatha und bedeutete ihm, nicht aufzustehen. Er sagte etwas über Mitleid. "Ich habe Mitleid mit dir." Nach einer Minute fügte er hinzu: „Mein Gott!“ Er versuchte etwas zu sagen, um sie zu trösten. Die Veränderung in ihr sagte ihm, dass alles wahr war. Es hat es in ihn eingebrannt. Ottalie war tot, und das bedeutete es für die Welt. Das war der Tod, dieser Horror.

Sein Geist suchte wie ein ohnmächtiger Mensch nach etwas, das er festhalten konnte. Baudelaires Zeilen tauchten vor ihm auf. Das Gefühl der französischen Dekadenz mit ihrer Vorstellung von Undankbarkeit ließ ihn erschaudern. Ein Aufruhr von Zitaten brodelte und erstarb in ihm. „Und ist der alte Double tot?" „Komm weg, Tod", mit einem Satz aus Arnes Vertonung. Ein wandernder, seltsamer Satz von Grieg.

Er ging auf Agatha zu und nahm ihre Hände.

„Du armes Ding, du armes Ding", wiederholte er. „Mein Gott, ihr armen Frauen leidet!" Die Uhr tickte die ganze Zeit. Jemand brachte Tee ins Nebenzimmer. Die Linien im Perserteppich hatten eine schreckliche Regelmäßigkeit. „Agatha", sagte er. Danach glaubte er, dass er sie geküsst hatte und dass sie ihm gedankt hatte.

„Ich weiß es nicht. Ich weiß es nicht", sagte sie. „Oh, ich bin so elend. So elend. So elend. Und ich kann nicht sterben." Sie zitterte vor Tränen.

„Sie war wunderbar", sagte er würgend. „Sie war so schön. Alles, was sie getan hat."

„Sie war vor einer Minute noch bei mir", sagte Agatha. „Wir waren an Deck. Sie ging hinunter, um sich einen Wickel zu holen. Es war so kalt im Nebel. Ich hatte ihre Wickel im Speisesaal gelassen. Es war meine Schuld."

„Sag das nicht, Agatha. Das ist Unsinn."

"Ich habe sie nie wieder gesehen. Es passierte alles auf einmal. Im nächsten Augenblick wurden wir angefahren. Ich konnte nichts sehen. Es gab einen Knall, der uns zur Seite kippen ließ, und dann brach Panik aus. Ich wusste nicht, was passiert war. Ich versuchte, zu ihr hinunterzukommen, aber eine Menge halb betrunkener Touristen kamen tobend und kämpften darum, zu den Booten zu gelangen. Ich konnte nicht an ihnen vorbei zu den Türen gelangen. Einer von ihnen schlug mich mit der Faust und beschimpfte mich. Das Schiff sank. Ich war fast an der Tür, als eine Stewardess von unten rief, dass alle aufgestanden seien, und dann schleuderte mich ein großer, brutaler Mann in ein Boot. Ich schlug mir den Kopf an. Als ich wieder zu mir kam, fühlte ich deutlich, wie jemand meine Ringe abzog, und da, wo das Schiff gesunken war, war ein dröhnendes Geräusch zu hören. Einer der Touristen rief: ‚Wow! Ein Schiffbruch; oh, Polly.' Alle um uns herum schrien, und da war ein armes kleines Kind, das weinte. Ich griff nach der Hand, die meine Ringe nahm." Hier hielt sie inne. Das war eine letzte Demütigung gewesen. Nach einem Moment fuhr sie fort: „Die Männer sagten, dass alle gerettet worden waren. Ich wusste es nicht, bis wir alle an Land gingen. Und auch nicht erst danach. Es war so neblig. Dann wusste ich es.

„Es gab eine sehr nette schottische Dame, die mich zum Hotel brachte. Sie war sehr nett. Ich weiß nicht, wer sie war. Die Taucher kamen nachts aus Belfast. Ottalie war im Saloon. Sie trug ihre Umhänge." Sie musste sie gerade angezogen haben. Es waren noch fünf andere im Salon. Einer der Zeugen war betrunken, und die Geschworenen lachten. Er telegrafierte mich ein Motor und kam herüber. Colonel Fawcett liegt mit Ischias im Bett.

„Ist Leslie hier?"

„Nein. Maggie hat Bronchitis. Er musste zurück. Er wird heute Abend spät hier sein."

„Ich hätte bei dir sein können, Agatha. Wenn ich am Dienstagmorgen noch eine Minute geblieben wäre, hätte ich sie sehen sollen. Ich hätte mit dir reisen sollen. Das wäre nicht passiert. Ich hätte mich umwickeln sollen." "

„Wir haben Sie am Montag bei Ihrem Theaterstück gesehen."

„Ich wusste nicht, dass Sie in der Stadt sind. Oh, wenn ich das nur gewusst hätte!"

„Es war meine Schuld, dass du es nicht wusstest. Ich habe ihren Brief an dich zurückgehalten. Ich war eifersüchtig. Ich war böse. Ich glaube, der Teufel steckte in mir."

„Denk jetzt nicht daran", sagte Roger sanft. Er hatte es von Anfang an gewusst. „Gibt es irgendetwas, was ich tun kann, Agatha? Briefe zu schreiben?"

„Da sind Stapel von Briefen. Sie sagen alle dasselbe. Oh, ich bin so elend, so elend!" Ein Schauder überkam sie. Sie weinte in einem zitternden Zittern, das sie in Stücke zu reißen schien.

„Agatha", sagte Roger, „kommst du mit mir nach Belfast? Ich werde das Auto im Dorf mieten. Ich muss ein paar Blumen besorgen. Es würde dir gut tun, mitzukommen."

„Nein. Ich muss bleiben. Ich werde sie nur noch zwei Tage haben."

Er hätte darum gebeten, Ottalie anzusehen; aber angesichts dieser Leidenschaft hielt er davon zurück. Agatha hatte genug zu ertragen. Er würde ihre Eifersüchteleien nicht zur Schau stellen. Ottalie lag direkt über ihm, nur knapp drei Meter von ihm entfernt. Vor zehn Minuten hatte er an sie gedacht, wie ein Liebhaber an seine Geliebte denkt. Sein Herz hatte bei dem Gedanken an sie einen Sprung gemacht. Da war sie, in diesem ruhigen Raum, hinter den Jalousien, regungslos und ausdruckslos auf dem Bett liegend. Und wo war das, was sie so wunderbar gemacht hatte? Wo war der Geist, der sie als Unterkunft benutzt hatte? Sie war alles, was eine Frau wunderbar macht. Schön mit Schönheit des Geistes; ein vollkommener, vollkommener Geist. Und sie war tot. Sie lag tot oben. Und hier waren ihre beiden Liebhaber, die auf die Uhr lauschten und auf die Spatenschläge im Garten lauschten, wo der alte John arbeitete. Der Geruch des Potpourri, das sie im Sommer zuvor zubereitet hatte, schien so stark wie Weihrauch. Das Porträt ihres Urgroßvaters von Raeburn blickte leidenschaftslos herab, mit Augen, die ihren Augen sehr ähnlich waren. Die Uhr hatte dem alten Soldaten die Zeit angezeigt, als er sich bemalen ließ. Seitdem tickte es weiter. Es hatte gefunkt, als der alte Soldat starb, als sein Sohn starb, als sein Enkel starb. Jetzt war sie tot, und sie tickte immer noch, eine feierliche alte Uhr von Frodsham, Sackville Street, Dublin, 1797, im Jahr vor dem Aufstand. Es würde vielleicht noch ticken, wenn alle Herzen, die damals lebten, aufgehört hätten zu ticken. In diesem stetigen Takt lag etwas Unbarmherziges. Drei oder vier Generationen von Fawcetts hatten ihr Leben daran gemessen, all diese schönen Frauen und edlen Soldaten. All das „Problem", das in Burke erwähnt wird.

Er ging hinaus ins Licht. Die ganze Welt schien in Emotionen zu zerfließen und über ihn zu strömen. Er war geschlagen. Es strömte über ihn. Er sog es mit seinem Atem ein. Alles in Sichtweite war eine Qual mit Erinnerungen an sie. „Ich muss etwas tun", sagte er laut. „Ich muss Blumen holen. Ich werde gleich aufwachen." Er drehte sich am Tor um, seine Gedanken rasten. „Kann Agatha sicher sein, dass sie tot ist? Vielleicht bin ich tot. Oder es ist ein Traum." Es war kein Traum.

Am Ende der Leihe traf er einen rothaarigen Mann, von dem er früher ein Boot gekauft hatte.

„Es ist ein schöner Tag, Sir", sagte der Mann.

„John", sagte Roger, „sag Pat Deloney, dass ich das Auto brauche, um sofort nach Belfast zu fahren. Ich möchte, dass er fährt. Sag ihm, er soll mich hier abholen."

„In der Tat, Sir", sagte John und sah ihn eindringlich an. „Viele empfinden so. Da war ein Licht auf ihr, man hätte meinen können, es sei eine Heilige, und sie kam strahlend nach Osten."

Nachdem John ins Dorf hinuntergegangen war, kam dort ein alter, alter, schwachsinniger, betrunkener Dichter angehumpelt, der bei Regatten Geige spielte. Er grüßte Roger, der an einem Tor lehnte und den Hügel hinauf zum Haus starrte.

„In der Tat, Herr Roger", sagte der alte Mann; „An diesem Tag herrscht große Trauer auf dem Platz. Es gab ein Licht, das Beyant brannte. Ich habe das Gleiche für ihren Vater und für den Vater ihres Vaters gesehen. Da waren sie, Beyant wollte sie." Er wartete darauf, dass Roger etwas sagte, aber als er keine Antwort erhielt, fing er an, auf Irisch zu schwafeln, und sehnte sich dann nach vielleicht einem Sixpence, denn „in der Tat, ich kannte Ihren Vater, Mr. Roger. Ah, Ihr Vater war ein großartiger Mann, er würde ihn umdrehen." Häupter aller Frauen, und sie selbst sind große Königinnen, die

die Wahl zwischen Professoren und Premierministern und jedem haben, der ihnen gefällt.

Nach einer Weile humpelte er, während er auf Irisch vor sich hin sang, den Kredit zum Haus hinauf, um vielleicht ein bisschen Brot zu erbetteln, als Gegenleistung dafür, dass er ein Licht für sie brennen sah, genau wie er es gesehen hatte ihr Vater, der Vater ihres Vaters und (als der Küchenschnaps in ihm aufgetaucht war) der Vater ihres Vaters vor Jahren.

Das Auto kam schnaubend den Hügel hinauf und bog auf der breiten Fläche ab, wo die Straße auf die Autobahn mündete. John öffnete Roger die Tür. „Wenn ich ein junger Gentleman wäre und das Recht dazu hätte", sagte er, „würde ich in einem Cyar wie diesem Cyar alle schroffen Abgründe der Welt hinunterfahren." Das Auto schüttelte, spuckte und schoss. „Willst du bei Torneymoney vorbeifahren?", fragte Pat. „Dort gibt es keine Pferde."

„Bei Torneymoney", sagte Roger. „Fahr schnell."

"In der Tat", sagte Pat, "wir werden heute Großes leisten. Mit Gottes Segen werden wir eine starke Geschichte schreiben. Bleiben Sie dran, Euer Ehren. Es gibt Schlaglöcher auf dieser Straße, die selbst einem Seeadmiral eine merkwürdige Wendung geben würden."

Die Beerdigung war am Samstag. Ungefähr ein Dutzend Männer kamen. Es waren fünf oder sechs Fawcetts und der alte Mr. Laramie, der Maisie Fawcett, Ottalies Tante, eine der Schönheiten ihrer Zeit, geheiratet hatte. Der Rest waren Freunde vom Land, Engländer in Glauben, Bildung und Gefühl. Sie standen mit entblößten Köpfen auf dem kleinen einsamen protestantischen Friedhof, wie römische Soldaten vielleicht neben den Scheiterhaufen ihrer Kameraden in Britannien gestanden haben. Sie waren dort Fremde. Sie waren Teil der Garnison. Sie versteckten unter der Erde etwas, das zu gut und schön war, um zu diesem ausgestoßenen Land zu gehören. Roger hatte die Vorstellung, dass Gott sehr stark sein müsste, um diesen Außenposten zu halten. Er hatte zwei Nächte nicht geschlafen. Gefühle und Einfälle überwältigten ihn. Es war einer jener irischen Tage, an denen eine Eigenschaft oder Seltenheit in der Luft jedem Busch, jedem Bach und jedem Hügel einen Zauber verleiht, der entweder verlockend oder schrecklich ist. Er hatte oft gedacht, dass Irland ein verwunschenes Land sei. Das dachte er jetzt, als er an Ottalies Grab stand. Gleich hinter dem Friedhof war der Fluss, der „schlecht" war, und dahinter wieder ein Hügel. Der Hügel war so „schlecht", dass die Bettlerinnen, die auf der Straße vorbeigingen und „die modrigen alten Prots, die mit ihrer Religion spielen, Gott schütze uns" murmelten, sich bekreuzigten, als sie daran vorbeigingen. Roger betete, dass dieser schöne Geist inmitten all dieses unsichtbaren Übels Frieden finden möge. Von Zeit zu Zeit griff seine Hand in seine Brusttasche, um ihren Brief an ihn zu berühren. Er beobachtete Leslie Fawcett, deren Gesicht ihrem so ähnlich war, und den alten Mr. Laramie, der die Schönheit ihrer Zeit gewonnen hatte, und einen alten Onkel Fawcett, der vor sechzig Jahren in Afrika gekämpft hatte. Die Gräber anderer Fawcetts lagen in dieser Ecke des Friedhofs. Er las ihre Namen, da er sich an sie aus Burke erinnerte. Er las die Texte auf den Steinen. Die Texte waren von den Männern und Frauen, die in Ottalies Wohnzimmer in einer alten Daguerreotypie Krocket spielten, in Qualen der Reue, Liebe und Erinnerung dort eingefügt worden. „Er gibt seinem Geliebten Schlaf", und „Dem Kind geht es gut", und einer, ein seltsamer, „Herr, habe Geduld mit mir, und ich werde Dir alles bezahlen." Sie waren schön und edel gewesen, diese Fawcetts. Nicht stark, nicht klug, aber wunderbar. Sie hatten einen Geist, eine spirituelle Qualität, als hätten sich ihre Frauen viele, viele Jahrhunderte lang von nichts Unedlem unbefleckt gehalten. Ein Instinkt für Stil, der den Fawcetts jahrhundertelang innewohnte, hatte sie zu dem gemacht, was sie waren.

Eine Hoffnung brannte in Roger wie Inspiration. All dieser Instinkt für Feinheit, diese sorgfältige Auswahl des Richtigen und Guten, die Ottalie schon lange vor ihrer Geburt hervorgebracht und in ihr erblüht hatte, war sicherlich ewig. Sie hatte das Leben genutzt, um ihren Charakter schön und sanft zu machen, so wie er das Leben genutzt hatte, um seinen Geist zum Ausdruck seiner Fantasie zu disziplinieren. „Was kommt" war noch ungewiss; Aber er war sich sicher, dass diese Hingabe stärker war als der Tod, selbst als der zitternde alte Amtsinhaber sie daran erinnerte, dass der heilige Paulus ihnen geboten hatte, sich nicht zu trauern. Ihr Geist könnte in der Nacht draußen sein, dachte er, wie es auch mit der Zeit sein würde; aber was könnte dieser Hingabe etwas entgegensetzen? Es war eine starke Sache, es war eine heilige Sache. Er war sich sehr sicher, dass nichts es überwinden würde. Wie viele junge Männer, die nichts vom Tod wussten, hatte er an Metempsychose geglaubt. Dieser Todesstoß hatte diese Fantasie mit allen anderen Kartenhäusern seines Geistes zunichte gemacht. Sein Wesen war jetzt sozusagen in die Knie gezwungen, verwundert, betroffen und entsetzt über die Möglichkeit eines Todes, von dem er nicht einmal geträumt hätte. Er konnte nicht glauben, dass Ottalie noch einmal leben würde, in einem neuen Körper, neu beginnend, in einer neuen Lebensmaschine, mit all dem erworbenen Charakter des vergangenen Lebens als Kraftreserve. Er konnte nur spüren, dass irgendwo in dieser großen, leeren Luft, außerhalb der genauen Definition lebender Formen, Ottalie, das kleine, eroberte Königreich der Schönheit und Güte, immer noch existierte. Es war etwas. Newmans Hymne mit ihrem schönen Schlussreim berührte ihn und tröstete ihn. Einer der Fawcetts weinte, schnüffelte mit festem Mund, wie Männer normalerweise weinen. Er selbst war den Tränen nahe. Er wurde von dem Gedanken zerrissen, dass Ottalie einsam war, sehr einsam und verängstigt, dort draußen jenseits des Lebens, jenseits der Ordnung definierter Lebewesen.

Er ging mit Leslie Fawcett zurück. Agathas Mutter war im Haus; Leslie übernachtete mit ihm in der Hütte.

„Armer kleiner Ollie“, sagte Leslie sanft.

„Sie war sehr schön“, sagte Roger. Als er das sagte, dachte er, dass es seltsam war, wenn ein Engländer so etwas zum Bruder einer toten Frau sagte. „Sie war sehr schön. Für Sie muss das schrecklich sein. Sie kannten sie ja aus einer intimen Beziehung.“

„Ja“, sagte Leslie und sah Roger mit ernsten Augen eindringlich an. „Sie war ein vollkommener Charakter.“

Sie kletterten die Klippenstraße zur Hütte hinauf. Das Meer lag direkt unter ihnen. Das Wasser war weiß gekräuselt. Sullivans Brandung erstreckte sich in der Brandung von Cam Point über die Bucht. Tölpel, die in die Brandung eintauchten, warfen weiße Fontänen in die Luft, als ob Schüsse einschlugen.

„Ihr wart wirklich gute Freunde“, sagte Roger. „Ich meine, sogar für Bruder und Schwester.“

"Johnny war als Kind ihr Lieblingsbruder", sagte Leslie. "Man hat Johnny nicht oft gesehen. Er ist im Krieg gefallen. Und dann war er lange Zeit in Indien. Erst nach Johnnys Tod begannen Ottalie und ich, uns so viel zu bedeuten. Wissen Sie, Agatha war nur etwa fünf Monate im Jahr bei ihr. Sie war fast genauso lange jedes Jahr bei uns. Sie war wunderbar mit Kindern."

„Ja“, sagte Roger und hielt das Tor des kleinen Gartens auf, damit sein Gast passieren konnte, „Ich weiß.“ Er würde wahrscheinlich nicht vergessen, wie wunderbar sie mit Kindern umgegangen war. Sie gingen in das kleine Wohnzimmer, wo Norah ihnen in einer ihrer düsteren Stimmungen Tee gab. Nach dem Tee saßen sie im Garten und blickten über die niedrige Hecke auf die Bucht. Bei Sonnenuntergang gingen sie die Küste entlang zu einem Ort, den sie „die Bucht“ genannt hatten. Sie hatten dort früher gebadet. Ein kleiner Bach stürzte in einem Fall aus zwölf Metern Höhe über einen Felsen. Unterhalb des Wasserfalls befand sich ein Teich, der später im Jahr mit Mädesüß und Geißblatt bewachsen war, jetzt aber bis auf Binsen und Brombeersträucher klar war. Der Bach floss aus dem Becken über einen rötlichen Felsen, der durch jahrhundertelanges Fließen sogar in seinen Adern und Knöcheln glattgeschliffen war. Stürme hatten auf dieser Seite des Wassers Kies aufgetürmt. Der Bach tröpfelte unmerklich ins Meer und gab ein gurgelndes, klingelndes Geräusch von sich. Oben, an der Stelle, wo der Herbst zum ersten Mal sprang, standen zwischen einigen Eschen, windig und grau, die Überreste eines Nonnenklosters, aus rötlichem, feuergeschwärztem Stein, inmitten einer Schar umgestürzter Grabsteine.

Von allen Orten, die Ottalie in Rogers Augen heilig waren, war dies der heiligste. Sie waren dort glücklich gewesen. Sie hatten sich dort intensiv unterhalten und waren von der Schönheit des Ortes bewegt. Seine lebhaftesten Erinnerungen an sie hatten diesen wunderschönen Ort als Schauplatz.

„Roger", sagte Leslie, „hast du sie in der Stadt gesehen, bevor das passiert ist?"

"NEIN."

„Du hast sie nicht gesehen?"

„Nein. Diesmal nicht."

„Sie wollte dich sehen."

„Ich glaube, sie kam kurz bevor sie angefangen hat. Ich war gerade ausgegangen. Wir haben uns vermisst."

Leslie hob seinen Zwicker. Er sah Roger mit dem ernsten, festen Blick an, an den sich die Leute an ihn erinnerten. Roger dachte später, dass er den Zwicker mit viel Zärtlichkeit aufgesetzt hatte, als hätte er gesagt: „Ich sehe, dass du leidest. Mit dieser Brille werde ich sehen, wie ich dir helfen kann."

„Sie waren in sie verliebt?", fragte er leise.

„Ja. Wer war das nicht?"

„Dazu muss ich Ihnen etwas sagen. Haben Sie schon einmal darüber nachgedacht, was Ehe bedeutet? Ich spreche nicht von der leidenschaftlichen Seite. Das ist nichts. Ich spreche vom alltäglichen Aspekt des Ehelebens. Haben Sie darüber überhaupt nachgedacht?"

„Alle Menschen haben daran gedacht."

"Ja, das gebe ich zu. Alle Männer haben daran gedacht. Aber denken viele von ihnen auch daran? Und Sie? Ich stelle mir vor, dass die meisten Männer diesen Gedanken nie weiter verfolgen, sondern ihn in Tagträumen und Bildern der Selbstsucht belassen. Ich glaube nicht, dass viele Männer erkennen, wie viel feiner der Geist einer Frau ist. Und auch nicht, wie viel feinfühliger und schneller er ist. Und auch nicht, was der Zusammenprall dieser Schnelligkeit und Feinheit mit etwas Langweiligerem und Gröberem im normalen Alltagsleben für die Frau bedeuten kann."

„Ich glaube, ich merke es."

„Ja, vielleicht. Vielleicht erkennen Sie es als eine intellektuelle Frage. Aber würden Sie, erkennen es die meisten Männer, so, wie es das Leben erkennt? Es ist eine Sache, sich seine Pflicht gegenüber seiner Frau vorzustellen, wenn man als Junggeselle, der an alle Arten der Selbstgefälligkeit gewöhnt ist, rauchend über dem Feuer sitzt. Aber diese Pflicht im Leben zu erfüllen, ist eine Herausforderung für den Charakter. Reaktionsschnelligkeit, Taktgefühl, sind seltener als Genie. Ich kann mir vorstellen, dass bei Ihnen vorübergehende Empfindungen mehr zählen als eine geordnete und möglicherweise starre Einstellung zum Leben als Ganzes."

„Beides zählt sehr viel; oder zumindest zählte es. Im Moment scheint nichts besonders wichtig."

"Ottalie liebte dich", sagte Leslie schlicht. "Aber sie spürte, dass du das Bedürfnis hattest, Dinge so zu begreifen, dass sie Charakter werden. Sie dachte, du seist zu bereit, dich spontanen und vielleicht unberechenbaren Gefühlen hinzugeben. Sie war sich nicht sicher, ob du ihr helfen könntest, das Beste für sie zu sein, und ob sie dir dabei helfen könnte."

"Woher weißt du das?"

„Sie hat mit mir darüber gesprochen. Sie wollte meine Hilfe. Ich sagte, ich solle mich nicht einmischen, aber im Großen und Ganzen glaube ich, dass sie recht hat. Dass Ihre Liebe tatsächlich nicht tief in Ihrer Natur liege. Das sagte ich, aber ich fügte hinzu, Sie seien zu empfindlich gegenüber Eindrücken, um nicht zu wachsen, und dass es (unter dem richtigen Einfluss) kaum etwas gibt, was Sie nicht werden könnten. Die Gefahr, die Ihnen droht, scheint mir allen Künstlern zu drohen. Die Kunst ist eine große Belastung. Sie zwingt zur Selbstsucht. Ich habe mich gefragt, ob Sie, wenn die Dinge anders gelaufen wären, wenn Sie Ottalie geheiratet hätten, von der Schaffung von Heldinnen hätten kommen können, um die Kopfschmerzen einer Frau zu lindern, oder ob Sie, wenn Sie selbst Kopfschmerzen hätten, die Heldin in ihr hätten sehen können. Wir haben das Leben vor uns. Sie sind jetzt ganz Zärtlichkeit und Adel. Es ist traurig, dass wir das nicht immer im Sinn haben."

„Ja", sagte Roger. „Wir haben das Leben; und mein ganzes altes Leben ist ein Kartenhaus. Vorher schien es eine edle Sache zu sein, mit meiner ganzen Kraft danach zu streben, bestimmte Prinzipien zum Ausdruck zu bringen und dem vorgestellten Charakter Realität und Schönheit zu verleihen. Ich habe daran gearbeitet, ihr zu gefallen." Und oft verstand ich sie nicht und kannte sie nicht, und die Häuser waren alle verschlossen, ich konnte nur an die Türen klopfen und das werde ich nie erfahren Sie war ein sehr schönes Ding, und ich liebte sie und versuchte, meine Arbeit ihrer würdig zu machen.

„Sie hat dich auch geliebt", sagte Leslie. „Was auch immer der Tod sein mag, wir sollten ihn als einen Teil des Lebens betrachten. Versuchen Sie, so zu sein, wie Sie bei ihr hätten sein können. Kümmern Sie sich nicht um Ihre Arbeit. Sie haben die emotionale Selbstgefälligkeit zu sehr gemocht. Lassen

Sie das beiseite.", und machen Sie weiter. Versuchen Sie zu erkennen, dass
Ihr ganzer Charakter von ihr geprüft und verfeinert worden wäre was wirst
du machen."

„Es gibt nicht viel zu tun. Ich muss versuchen, mein Leben neu zu ordnen.
Aber eines sehe ich, denke ich, dass Kunst sehr schrecklich ist, wenn sie nicht
den Ernst von Leben und Tod in sich trägt."

„Ja", sagte Leslie. „Maggie und ich haben uns gemeinsam damit befasst. Wir
haben die Theorie aufgestellt, dass das Kunstleben seltsamerweise dem
Leben des religiösen Kontemplativen ähnelt. Beide ziehen Männer durch die
Befriedigung von Emotionen sowie durch die Möglichkeit der Perfektion an.
Einer der großen Spanier." Heilige, ich glaube, es ist der heilige Johannes von
Avila, sagt, dass viele Novizen sich bewusst religiösen Emotionen hingeben,
um der Emotion willen, und nicht aus Liebe zu Gott, aber dass die
Erkenntnis Gottes nur denen offenbart wird, die es tun über dieses Stadium
hinausgehen und Stadien der „Blutsamkeit und Trockenheit" mit der
gleichen Leidenschaft ertragen können. Es scheint uns (natürlich sind wir
beide Philister), dass die moderne Kunst denen, die sie hervorbringen, nicht
genug abverlangt Ich vermute, dass es im Gegenzug Schmeicheleien von
Seiten der Welt gibt.

„Nicht vom Besten."

Leslie schüttelte nicht überzeugt den Kopf. „Sie bringen keine Märtyrer
hervor", sagte er. „Du greifst schlechte Dinge nicht an. Du lacht über sie
oder fotografierst sie und nennst es Satire. Du gehörst zur Welt, mein Freund
Roger. Du bist ein Teil der Eitelkeit der Welt, des Fleisches und des Teufels."
Sie haben den Gedanken der Frau noch nicht einmal in den Vordergrund
gerückt, sonst hätten sie Stimmen und Macht im Repräsentantenhaus. Alle
Generationen haben ein gewisses Maß an Wahrheit ans Licht gebracht Für
sie ist es sehr gefährlich, die Wahrheit herauszufinden, wenn man bedenkt,
welche Art von Menschen früher einmal Bischöfe waren.

Leslie redete weiter und gestaltete das Gespräch so, wie er es vorher geplant
hatte, aber er brachte es so sanft zum Ausdruck, dass Roger, der seine
Beweggründe erkannte, ihm erst hinterher für seine Selbstlosigkeit dankte.
Sie hielten auf dem grasbewachsenen Hügel unterhalb von Ottalies Haus an,
gerade als die Sonne, die jetzt unterging, flammend auf ihr Fenster schien,
bis sie brannte wie die Sonne selbst. Für Roger schien es eine brennende Tür
zu sein. Sie hatte von diesem Fenster aus dorthin geschaut. Ihr kleiner
Schreibtisch mit dem Glas mit den Erbsen und dem anderen Glas mit
Herbstbeeren und dem silbernen Pergament der Ehrlichkeit stand direkt
darunter, auf beiden Seiten der Schreibunterlage, eingebunden in
gesprenkelten Chintz. Leslies Rede ging ihm heftig in den Sinn. Die Klauen
der Reue kamen. Er kannte den Raum. Er hatte den Insassen nie gekannt.

Sie war gegangen. Er hatte seine Chance vertan. Er könnte sie gekannt haben; aber er hatte es vorgezogen, sich jenen Gefühlen und Gefühlen hinzugeben, die die Seele vom Wissen abhalten. Jetzt war sie weg. Die ganze Qual der Reue schrie in ihm auf für einen kleinen Moment im Zimmer mit ihr, um ihr zu sagen, dass er sie liebte, für ein kleines Abschiedswort, einen einzigen Blick auf das geliebte Gesicht, damit er sich für immer daran erinnern konnte. Erinnerungen kamen hoch und erstickten ihn. Sie war gegangen. Da war nur die brennende Tür.

„Roger", sagte Leslie mit seiner gleichmäßigen, sanften Stimme, die so anziehend wirkte, „Maggie hat mich gebeten, dich für ein paar Wochen mitzunehmen."

In seinem wirren Schlaf in dieser Nacht träumte er, dass Ottalie krank in ihrem Zimmer lag, hinter einer verriegelten Kupfertür, die glänzte. Der Gang vor dem Zimmer war beleuchtet. Die Leute kamen zur Tür und klopften. Eine lange Prozession von Leuten kam. Er sah, wie sie dort aufmerksam lauschten und ihre Ohren zum Schlüsselloch neigten. Es waren alles Leute, die in sie verliebt gewesen waren. Manche waren Verwandte, manche Männer, die sie beim Tanzen gesehen hatten, manche Frauen, manche alte Freunde wie er selbst. Als letzte kam eine ältere Dame mit einem Licht. Sie trug ein Gewand aus dunklem Purpur. Auch sie klopfte heftig an die Tür. Sie verweilte dort, lange genug, damit er ihr feines, intellektuelles Gesicht studieren konnte. Es war das Gesicht der gealterten Ottalie. Die Frau war die vollendete Ottalie.

Einen Augenblick stand sie da und lauschte, wie man an der Tür eines Krankenzimmers lauscht. Dann klopfte sie ein zweites Mal heftig und rief „Ottalie!" Da sah er, dass es keine Tür, sondern eine Flamme war. Er hörte von innen eine erstickte Antwort, als ob jemand, halb tot, auferstanden wäre, um zu öffnen. Jemand kam zur Tür. Sogar in seinem Traum stieg sein Blut in der Erwartung seiner Liebe.

Aber es war nicht seine Liebe. Es war er selbst, der in den Flammen erwürgte, um an sie heranzukommen. Sie reichte ihm die Hand. Obwohl die Flammen erstickten, berührte er sie. Es war, als hätte sich die Qual vieler Jahre plötzlich in Ekstase verwandelt. „Roger", sagte sie. Ihre Hand packte ihn, sie zog ihn durch das Feuer zu sich. Er sah, wie sie die Kerze hob, um ihm ins Gesicht zu schauen. Einen Moment lang sahen sie sich dort im Flur an. Die Qual war vorbei. Sie waren zusammen und sahen einander in die Augen. Er spürte, wie ihr Leben durch ihre Berührung in ihn einströmte.

Stimmen sprachen draußen. Norah stand an der Tür und feilschte. „Ist das die ganze Milch, die du mitgebracht hast, Kitty O'Hara?"

Der Traum verschwand, als das Leben über ihn hereinbrach. Es gab ein Wort, ein Lied. Jemand mit einer schönen Stimme sang draußen, sang im Traum, sang über Fieber. Ottalie hielt ihn fest, aber ihre Berührung verschwand aus seinen Sinnen und Freude strömte aus ihm heraus. Draußen, auf der Spitze der Schlehe, trillerte eine Goldammer: „Ein bisschen Brot und nein – che-eee-se" und sagte ihm damit, dass die Welt im Gange sei.

Die vierzehn Tage vergingen. Roger ging zurück nach London. Am Tag vor seiner Abreise fuhr er mit Leslie hinüber, um einen letzten Blick auf Ottalies Haus zu werfen. Er ließ Leslie in der Hütte zurück, damit er alleine dorthin gehen konnte. Er ging alleine den Kredit hinauf. Im Garten blieb er stehen und schaute auf das Haus hinunter. Der Geruch des süßen Eisenkrauts war sehr stark in dieser milden, feuchten Luft, voller Aussicht auf Regen. Auf dem Weg wehte eine Zeitung herum. Ein weißes Kätzchen, das aus dem Stall tobte, stürzte sich darauf, zerrte es mit schnellen Ausstechen der Hinterklauen und rannte dann spuckend, mit angelegten Ohren und gesträubtem Schwanz davon, um schnell einen Birnbaum hinaufzuklettern. Roger hob die Zeitung auf. Es wäre ein Relikt des Ortes. Er fühlte sich geneigt, alles dort zu schätzen, das Haus zu nehmen, es nie wieder zu verlassen oder, wenn das nicht gelang, viele ihrer Lieblingsblumen mitzunehmen. Er richtete das Papier gerade, damit er es lesen konnte.

Es war eine Doppelseite aus einer ein Jahr alten Londoner Zeitung mit dem Titel *Top-Knots* . Es bestand aus Klatschfetzen, Nachrichtenfetzen, Informationsfetzen, gewürzt mit imperialem Gefühl. Es war von jemandem herausgegeben worden, der ein Gespür für die Reinheit des Hauses hatte. Es war harmloses Zeug. Die Weisheit des Lesers wurde geschmeichelt; Die Weisheit des Fremden wurde nicht offen verurteilt. Obwohl eine gewisse Angst vor einer Invasion angedeutet wurde, wurde ihre Möglichkeit missachtet. „Es war eine Maxime unseres Nelson, dass ein Engländer mehr wert war als drei Ausländer." Die Witze waren schwach. Die Zeitung richtete sich an eine Klasse armer, halbgebildeter Menschen, die nicht mehr Freizeit hatten als die morgendliche Fahrt zur Arbeit und die Stunde der Erschöpfung zwischen Abendessen und Schlafengehen. Auf seine Art war es gut genug. Eines Tages, wenn das Leben weniger anstrengend ist, werden Männer Dinge mit mehr Leben verlangen. Etwas erregte Rogers Aufmerksamkeit. Er las es durch. Es war das erste, was er seit seiner Ankunft dort las.

"SCHLAFKRANKHEIT.

„Es ist nicht allgemein bekannt, dass diese verheerende Krankheit durch das Vorhandensein eines winzigen Mikroorganismus im menschlichen Körper verursacht wird. Der Mikroorganismus kann viele Jahre lang in ungeahnter

Harmlosigkeit im Blut des Opfers existieren. Erst wenn er in etwas gelangt." ist den Wissenschaftlern als Gehirn-Rückenmarks-Flüssigkeit oder, wie wir es nennen sollten, als Mark bekannt, dass es die besonderen Symptome der schrecklichen Krankheit hervorruft, die bisher den Einfallsreichtum unserer *soi-disanten* Gelehrten verblüfft hat. Dieses schreckliche Leiden. Das ist keineswegs auf die minderwertigen Mitglieder der Menschheit, die düsteren Bewohner Ugandas, beschränkt und besteht in einer Lethargie, die mit großen Temperaturschwankungen einhergeht. Möge der Arzt diese Worte noch nicht beheben des Prinzen von Dänemark:

„Es gibt mehr Dinge im Himmel und auf Erden, Horatio,
als in deiner Philosophie geträumt wird."

Mehr gab es nicht über die Krankheit. Die Seite endete mit einem Witz über eine Schwiegermutter. Der Absatz erinnerte Roger an einen Artikel, den er einmal über den plötzlichen Anstieg der Krankheit in einem Bezirk Afrikas gelesen hatte. Er erinnerte sich an das Foto eines jungen Afrikaners, der an einen Baum gelehnt vor sich hindöste. Der Gedanke verging. Einen Augenblick später war er wieder von seinem eigenen Elend erfüllt. Aber anstatt das Papier wegzuwerfen, faltete er es und steckte es in seine Tasche. Es würde ihn an den letzten Besuch in Ottalies Garten erinnern. Er würde es für immer behalten.

Sein Elend weckte in ihm das Verlangen, etwas Zärtliches zu tun. Er versuchte, das Kätzchen anzulocken, aber das Kätzchen, das des Herumtollens müde war, huschte zur Gartenmauer, um Spatzen zu verfolgen. Er zupfte ein oder zwei Blätter von der Eisenkrautpflanze. Er ging ins Haus.

Agatha hieß ihn willkommen. Sie schrieb Antworten auf Beileidsbriefe. Der Tod hatte ihr ihre Härte genommen.

„Setz dich und rede", sagte sie. „Was wirst du tun?"

„Das ist wie eine Frau", sagte er. „Frauen sind wunderbar. Sie nutzen die Eitelkeit eines Mannes, um sich vor seinem Egoismus zu schützen. Ich bin hergekommen, um Sie das zu fragen. Was werden Sie tun?"

„Ich werde mit meiner Arbeit weitermachen", sagte sie. „Ich werde bestimmt nicht heiraten. Ich werde eine kleine Schule für arme Mädchen gründen."

„Bei Great Harley? Aber das haben Sie schon vorher gemacht."

„Nur auf eine sehr oberflächliche Art und Weise. Aber jetzt ist alles anders. Das Leben ist so viel größer geworden."

„Willst du mir davon erzählen? Ich würde gerne davon hören."

„Oh, es würde dich nur langweilen. Ich werde ihnen nur die einfachsten Dinge beibringen. Wie man Kleidung stopft, wie man kocht und vielleicht ein bisschen singen. Es ist nicht so, als wäre ich ein gelehrter Mensch.“

"Wie nett von dir."

„Das ist überhaupt nicht freundlich.“

„Sie nehmen Mädchen im Alter von dreizehn bis sechzehn auf?“

„Ja. Ich habe kein Gespür für ganz kleine Kinder. Außerdem gibt es nichts, was ich ihnen beibringen könnte. Ich möchte sie in einem Alter erreichen, in dem ich ihnen wirklich von Nutzen sein kann.“

Sie trommelte ein wenig mit einem Fuß.

„Ich wünschte, Sie würden sich von mir helfen lassen“, fuhr er fort.

„Vielen Dank. Das ist sehr nett von Ihnen. Aber ich muss das ganz alleine machen.“

„Was willst du mit der Wohnung in der Stadt machen?“, fragte er. „Ich würde sie gern nehmen, wenn du sie aufgibst.“

„Oh, ich werde es anbehalten“, sagte sie. „Ich werde an den Wochenenden ziemlich viel aufbleiben, jedenfalls bis ich meinen Unterricht wieder in Ordnung gebracht habe.“

„Du wirst es mich wissen lassen, wenn du es jemals aufgeben willst?“

„Ja, das werde ich bestimmt. Wirst du zurückgehen? Ich nehme an, du wirst zu deiner Arbeit zurückkehren. Was sind deine Pläne? Du hast meine Frage nie beantwortet. Du bist in Apophthegmen verfallen.“

„Ich habe Ottalie auch geliebt“, antwortete er. „Ich werde nicht so viel sagen wie Sie, denn Sie kannten sie sehr gut. Ich war nie so eng mit ihr verbunden wie Sie, aber ich habe sie geliebt. Ich möchte jetzt mein Leben so gestalten, wie Sie es tun. Aber das wird nicht in meiner Arbeit sein. Ich weiß nicht, in welcher. Sie Frauen haben Glück. Sie können Leute wie sie kennenlernen.“

„Ja. Darüber werde ich immer froh sein“, sagte Agatha. „Selbst der Verlust ist erträglich, wenn ich daran denke, dass ich sie wirklich kannte. Vielleicht besser als jeder andere.“

„Ja“, sagte er. Er hielt inne und dachte darüber nach. „Das Leben ist eine Verschwörung gegen die Frauen“, fügte er hinzu. „Deshalb sind sie so wunderbar und so seltsam. Ich tappe nur im Dunkeln, was sie betrifft.“

„Roger“, sagte Agatha langsam, „ich denke, ich sollte es dir sagen. Ich wusste, dass du in sie verliebt warst. Ich war eifersüchtig auf dich. Ich habe alles getan, was ich konnte, um dich auseinanderzuhalten. Sie war verliebt.“ Als sie dich im Theater sah, bevor der Aufruhr begann, wäre sie zu deiner Loge gegangen, wenn ich nicht gesagt hätte, dass du sicher lieber allein sein würdest. Am Morgen sah sie, was in einer der Zeitungen stand. Sie bestand darauf, Sie in Ihrem Zimmer zu besuchen, oder dass irgendetwas ihre Briefe von Ihnen fernhielt. Ich sagte ihr, dass dies nicht sehr üblich sei Darüber redete sie hinterher, als sie weg war und dich nicht sah, und sie war entsetzt darüber, was du von ihr denken würdest.

Es war sehr schön, mehr von ihr zu hören, schließlich war alles vorbei. Es war etwas Neues an ihr. Er hatte diese Seite von ihr noch nie gesehen. Er fragte sich, wie viel Agatha ihm in den kommenden Jahren noch erzählen oder ihm erlauben würde, es zu lernen. Er sah, dass sie den Tränen nahe war. Er würde sie nicht länger auf der Folterbank belassen.

„Agatha", sagte er, „wir sind schon seit langer Zeit uneins. Wir waren nicht gerecht zueinander. Lass es jetzt enden. Wir haben sie beide geliebt. Lass es jetzt nicht so weitergehen." Sie ist tot. Ich möchte das Gefühl haben, dass derjenige, der sie am besten kannte, mein Freund ist. Ich möchte, dass ich dir wie ein Bruder helfen kann, wann immer du Hilfe brauchst.

Sie sagte: „Danke, Roger." Sie schüttelten sich die Hände. Später erinnerte er sich daran, wie der Glanz der Ehrlichkeit hinter ihrem Kopf zu sehen war. Ein abgenutztes altes Pantherfell, das Relikt eines Tieres, das Ottalies Vater vor so vielen Jahren in Indien geschossen hatte, dass die haarlose Haut sich wie Pergament unter den Füßen anfühlte, knisterte, als sie den Raum verließ. Roger pflückte zur Erinnerung einige der silbrigen Samenbehälter.

Er stand einen Moment im Flur und versuchte, sich alles einzuprägen. Da war das Barometer von Dakins aus der South Castle Street in Liverpool, ein altes, schönes Stück, aber seit langem unbrauchbar. Da waren die Türen, an die man sich gut erinnerte. Die Tür zum Esszimmer, die Tür zur Bibliothek, die Tür, die in das nette Südzimmer führte, das Zimmer, das süß war von einem vagen Duft, fast die Erinnerung an einen Duft, als ob die Geister der Blumen dorthin gewandert wären. Die Tür dieses Zimmers stand offen. Durch die offenen Fenster konnte er das Blau der Bucht sehen, das im Wind glitzerte. Neben dem Fenster stand das Klavier, voll von Musik. Auf dem Klavier lag ein Walzer: der Myosotis-Walzer. Niemand soll Tanzmusik verachten. Es ist die Musik, die das Herz bricht. Sie ist voller Lichter und Düfte, dem Lachen hübscher Frauen und dem Triumph der Jugend. Für den Mann oder die Frau, die im Leben gescheitert sind, ist der Klang solcher Musik bitter. Es ist Jugend, die dem Alter Vorwürfe macht. Es zeigt den Antiklimax an.

Er ging mit Leslie durch das Dorf. Als die zerlumpten Männer auf der Brücke sie kommen hörten, drehten sie sich um und berührten das, was einst ihre Hüte gewesen waren. Sie sind nicht für den Tod geschaffen, diese alten

Männer. Es waren die einzigen irischen Dinge, die der englische Tourist nicht verdorben hatte. Sie lehnten den ganzen Tag an der Brüstung. Vormittags betrachteten sie die Straße und die vorbeikommenden Menschen. Nachmittags, wenn die Sonne ihre alten Augen zum Blinzeln brachte, drehten sie sich um und schauten ins Wasser, wo es über rostigen Dosen gurgelte, ein klarer brauner Torfbach. Eine Viertelmeile flussaufwärts befand sich der Friedhof, auf dem sich die Erde inzwischen nicht mehr über Ottalies Gesicht gelegt hatte. Auf dem Grab lag, locker mit Binsen zusammengebunden, ein Strauß Heckenrosen.

Sie erklommen den steilen Anstieg hinter der Brücke. Hier begannen sie zu reiten. Sie wollten dreißig Meilen bis zum Hotel fahren. Dort würden sie schlafen. Am nächsten Morgen würde Roger den Dampfer nehmen und nach London zurückkehren, wo er, so gut er konnte, seine Verrückten an seiner Gasse trösten würde.

Die Männer am Kai luden wie einst Erz in einen schmutzigen Glasgower Küstenmotorschiff. Einer von ihnen fragte Roger, welches Team beim Hurling gewonnen habe.

Sie pflügten durch den roten Schlamm, den die Erzkarren aufgewühlt hatten. Der Schoner lag wie in alten Zeiten mit einem wackligen Seil auf dem Sand. Ein oder zwei Golfspieler trieben mit ihren dazugehörigen Schuhen auf dem Golfplatz herum. Sie ritten an ihnen vorbei. Dann begannen sie, auf der langen, geraden, nach Osten führenden Straße, die Cam Point umrundet, schneller zu fahren, da sie den Wind aus den Tälern im Rücken hatten. Bald hatten sie den letzten düsteren Winkel erreicht, von dem aus man die vertrauten Hügel sehen konnte. Sie umrundeten ihn. Sie passierten die kleine Mautstraße. Eine Kutterjacht, die dicht an der Küste lag, bog langsam unter vollen Segeln vor ihnen ab. Sie hob sich und balancierte, als das Ruder nach unten ging. Ihre Segel zitterten und wackelten heftig, dann beruhigten sie sich plötzlich, als das Segel gecheckt wurde. Ein Mann an Bord winkte ihnen zu und rief etwas. Sie trudelten den Kutter bergab. Jetzt kamen sie an einem Ufer vorbei, wo das Wasser an algenbedeckten Felsbrocken brach. Von da an wurde die Straße mit jeder Kurve hässlicher. Es war die Straße nach England.

Während sie beim Tee saßen, hielten sie am Posthaus an, damit ein Reifenschaden repariert werden konnte. Der Tee wurde in einem langen, feuchten, heruntergekommenen Raum serviert, der mit schäbigen Vorhängen ausgestattet war. An den Wänden hingen farbenprächtige Porträts von Königin Victoria und Robert Emmet. Auf der Anrichte standen viele Teekannen aus Metall. Auf dem Tisch lagen Exemplare von *Commerce* , auf denen jeweils ein Stundenplan in einem harten roten Einband lag, und ein Tablett mit rosafarbenen Weingläsern, die um eine Aspodesta gruppiert waren. Auf einem Klavier lag ein Stapel Zeitschriften, einige davon zehn Jahre alt, alle ohne Einband und mit Eselsohren. Roger griff zu einem der neuesten Exemplare, nicht weil er es lesen wollte, sondern weil er, wie viele Literaten, nicht in der Lage war, die Finger von Drucksachen zu lassen. Er antwortete Leslie wahllos, während er es durchsah. Dort gab es nicht viel, was ihn interessierte. Gegen Ende war ein Foto einer afrikanischen Hütte zu sehen, vor der ein Mann und eine Frau zusammenkauerten und offenbar schliefen. Ein weißer Mann in tropischer Kleidung stand neben ihnen und betrachtete etwas in einer Art Reagenzglas.

"EINE GEWÖHNLICHE SZENE IM SCHLAFKRANKHEITSGÜRTEL", lautete die Legende. Darunter stand in kleinerer Schrift: "Dieses Foto zeigt zwei Eingeborene im Endstadium der gefürchteten Krankheit, die derzeit als unheilbar gilt. Der Mann in Weiß links im Bild (rechts vom Leser) ist Dr. Wanklyn von der Un. Kgdm. Med. Assn. Das Foto wurde von Herrn AS Smallpiece, Dr. Wanklyns Assistent, aufgenommen. Copyright."

„Was wissen Sie über die Schlafkrankheit, Leslie?", fragte er.

„Schlafkrankheit?", sagte Leslie. „Da gab es einen Artikel darüber im *Fortnightly* oder in einer der Rezensionen. Es gab die Theorie, dass sie irgendwie durch den Stich einer Tsetsefliege verursacht wird."

„Ja", sagte Roger, „daran erinnere ich mich."

„Als Maggie und ich dann in Drumnalorry wohnten, trafen wir den alten Dr. MacKenzie. Er war vor fünfzig oder sechzig Jahren viel in Afrika unterwegs. Er war ein guter Freund meiner Mutter. Eines Abends erzählte er uns beim Abendessen, dass er schlief Krankheit ist überhaupt keine neue Sache, aber eine sehr alte Sache. Die Eingeborenen sagten, dass die Tsetse-Fliegen-Theorie wirklich Unsinn sei, basierend auf der Entdeckung Seine eigene Theorie war, dass Gelbfieber durch eine Maniokvergiftung verursacht wurde.

„Das scheint mir das Vorurteil eines alten Mannes zu sein. Was ist Maniok?"

„Eine Art Wurzel, wie Maniok, nicht wahr?"

„Wahrscheinlich. Was ist Maniok?"

„Daraus machen sie Brot, Maniokbrot. Es ist giftig, bis man es backt. Ist das nicht das Zeug? Interessieren Sie sich für die Schlafkrankheit?"

„Ja. Es geht mir den ganzen Tag durch den Kopf. Schauen Sie hier. Hier ist ein Bild von zwei Afrikanern, die darunter leiden. Schlafen sie einfach so weg?"

„Das nehme ich an. Wahrscheinlich werden sie immer lethargischer, bis sie sich schließlich nicht mehr wecken lassen."

„Wie lange sind sie in diesem Zustand?"

„Ich glaube schon seit Wochen. Arme Kerle; es muss grässlich sein, das anzusehen."

„Es gibt keine Heilung. Es gibt für viele Dinge keine Heilung. Tetanus, Lepra, Krebs. Ich frage mich, wie es beginnt. Man wacht auf und fühlt sich schläfrig. Und dann spürt man, wie es kommt; und hat andere daran erkrankt gesehen. Und am Anfang weiß man, was man durchmachen und werden muss. Es muss grauenhaft sein."

„Hier ist Tee", sagte Leslie. „Übrigens, die Schlafkrankheit muss schlimmer werden. Manchmal befällt sie Europäer. MacKenzie sagte, zu seiner Zeit sei das nie passiert."

„Nun", sagte Roger, „die Europäer haben den Afrikanern schon genug Krankheiten übertragen. Es ist nur fair, dass wir im Gegenzug auch einige davon abbekommen."

Sie ritten langsam in der hellen irischen Dämmerung weiter. Als sie sich dem Ende ihrer Reise näherten, kamen sie zu einer Villa, deren Garten durch eine niedrige Hecke von der Straße abgeschirmt war. Der Garten war voller Menschen. Einige von ihnen spielten immer noch Krocket. Chinesische Laternen, bereits angezündet, spendeten sanfte Farben in der Dämmerung. Ein schwarzhaariger Mann mit Schnurrbart und Banjo saß singend in einem Liegestuhl. Die Stimme war eine feine Bassstimme, die Roger irgendwie bekannt vorkam. Es war das Ende eines sentimentalen Liedchens:

„O, der Mond, der Mond, der Mond"

in dem der Ausdruck den Mangel an Intensität in der Schrift ausgleichen musste. Kaum hatte der Sänger seinen letzten Ton gejammert, schwang er dreimal munter sein Banjo. Gerade als die Radfahrer vorbeikamen, stimmte er ein weiteres Liedchen an.

„Oh, ich bin so schäbig,
so sehr schäbig, ich weiß nicht, was ich tun soll. Ich habe Leberverfall und eine Dosis Gelbfieber und auch Schlafkrankheit. Oh, mein Kopf schmerzt und mein Herz ... "

Das Banjo landete klirrend auf dem Boden: Das Lied verstummte.

„Fawcett!" schrie der Sänger; „Fawcett! Komm rein. Wohin gehst du?"

„Ich kann nicht aufhören", rief Leslie über seine Schulter. Er wandte sich an Roger. „Lass uns verschwinden", sagte er.

Sie fuhren ein paar Minuten lang hart. "Wer war das?" fragte Roger. „Ich schien seine Stimme zu kennen.“

„Es ist ein Mann namens Maynwaring“, sagte Leslie. „Ich glaube nicht, dass du ihn getroffen hast, oder? Er ist bei der Marine. Er hat uns bei einem Tanz kennengelernt. Er hat Ottalie vor etwa einem Jahr einen Heiratsantrag gemacht. Jetzt hat er eine dieser hübschen, albernen Puppenfrauen geheiratet, Die Frau eines normalen Offiziers ist hier nicht sehr beliebt.

„Neuartig“, sagte Roger; „Er sang über die Schlafkrankheit. Irgendwie glaube ich, dass ich ihn kennengelernt habe. Seine Stimme kommt mir so bekannt vor.“ Er hielt plötzlich inne und dachte, die Stimme sei die Stimme des Sängers in seinem Traum. „Ja“, sagte er zu sich selbst. "Ja, war es."

Ein paar Minuten später rutschten sie den langen Hügel hinunter zum Hotel.

VI

Für eine solche Frau ist der Mensch ein Klumpen Erde, der beste Mann hat
keinen Mut .
John Fletcher .

London war zu voller Erinnerungen. Er konnte ihnen nicht entkommen. Er
konnte seinen Geist nicht ausreichend leeren, um neue Arbeiten zu planen
oder auszuführen. Er war seinem Elend zu nahe. Er war jetzt seit einem
Monat in der Stadt; aber er hatte nichts getan. Er war täglich damit
beschäftigt, zu erkennen, dass sein altes Leben aufgehört hatte. Wenn er
überhaupt nachdachte, dann dachte er, wie es diejenigen, die von Trauer
betäubt sind, immer tun werden, in Passagen ergreifender Gefühle. Seine
Nächte waren oft schlaflos. Wenn er schlief, träumte er oft, dass er allein in
der Nacht war und in einen erleuchteten Raum blickte, in dem Ottalie halb
erschöpft unter schweren Roben stand. Dann wachte er plötzlich auf und
erkannte, dass er nie wieder eine Spur von ihr sehen würde, abgesehen von
den wenigen Relikten, die er besaß.

Nur ein kleiner Lichtblick gab ihm Hoffnung. Er wollte sein Leben für sie
neu aufbauen. Er wollte alles werden, was sie sich von ihm gewünscht hätte.
Wie auch immer, was auch immer geschehen mochte, er würde sich bei
allem, was er tat, an die Erinnerung an sie orientieren. Aber ab und zu, wenn
er überhaupt Hoffnung aufbringen konnte, hatte er das Gefühl, dass sie
versuchte, ihm dabei zu helfen, das zu werden, was sie sich von ihm
gewünscht hatte. Er dachte, dass kleine zufällige Ereignisse im Leben Signale
von ihr in der anderen Welt seien, oder, wenn es keine Signale seien,
Versuche, ihn zu bewegen, Versuche, ihn dazu zu bringen, sich ihr
zuzuwenden; Dinge voller Bedeutung, wenn er sie nur interpretieren könnte.
Er hatte das Gefühl, dass sie irgendwie versuchte zu kommunizieren. Es war,
als ob das Telefon kaputt wäre. Es war, als ob die Sprecherin ihre Botschaft
nicht direkt sagen könnte; Aber ich musste es in Fragmenten vor irrenden,
vergesslichen und eigensinnigen Boten sagen, die die Reihenfolge vergaßen
und verloren. Sie konnten das Geheimnis, das ihnen offenbart wurde, nur
stotternd andeuten. Er glaubte, dass sie ihm eine Nachricht über die
Schlafkrankheit geschickt hatte, wobei sie die zerrissene Seite, die Zeitschrift
und den Marineoffizier als Boten benutzte. Da waren diese drei kleinen
Worte von ihr, romantisch, wie Worte, die man im Traum hört. Wenn sie
nicht von ihr stammten, dann waren sie dennoch heilig, sie waren eng mit
seinen letzten Erinnerungen an sie verbunden. Oft schrie er in seinem
Kummer, dass es ihr gestattet würde, im Traum zu ihm zu kommen, um ihre
Botschaft zu vervollständigen. Was wollte sie zur Schlafkrankheit sagen?

Er konnte es nicht erraten. Er konnte sich nur sagen, dass er aus irgendeinem verborgenen Grund zu einer Zeit auf diese Krankheit aufmerksam geworden war, als er krankhaft empfindlich auf Eindrücke reagierte. Er verbrachte viele Stunden im Britischen Museum und studierte diese Krankheit so gründlich, wie es jemand, der nicht in medizinischer Forschung ausgebildet war, nur hoffen konnte. Er las die Berichte der Kommission, verschiedene Artikel im *Lancet*, die Arbeiten von Professor Ronald Ross und Sir Patrick Manson, die Zusammenfassung von Low in Allbutt, die äußerst interessanten Artikel im *Journal of Tropical Medicine* und alle Artikel, die er in Zeitschriften und Enzyklopädien finden konnte.

Als Antwort auf ein Telegramm von Falempin rief er eines Tages im Theaterbüro an. Falempin hatte ihm etwas zu sagen. Er habe den „Pegs" den Kampf angesagt, sagte er, indem *er die römische Matrone* trotz der Presse und des öffentlichen Zorns für die üblichen acht wöchentlichen Vorstellungen aufführte . Drei Wochen lang hatte er es vor leeren oder beleidigten Häusern gespielt. Dann, am Ende der dritten Woche, hatte ein Mann in einer monatlichen Rezension geschrieben, dass „ *The Roman Matron*" das einzige Stück des Jahres sei und dass alle anderen englischen Stücke, die damals in London aufgeführt würden, so viele Symptome unserer nationalen Verkommenheit seien. Der Autor war von „ *Die römische Matrone*"*nicht wirklich berührt* . Er war ein Stadtwitz, der versuchte, die Öffentlichkeit zu irritieren, indem er lobte, was ihm nicht gefiel, und indem er in allem, was ihm zustimmte, einen moralischen Tod fand. Von solchen kann man sagen, dass sie Brot auf das Wasser warfen; aber das Genie findet es in der Regel erst nach vielen Tagen. Da in diesem Fall der Witz gerade in Mode war, war sein Artikel vom Tag seiner Veröffentlichung an wirksam. Eines Abends fanden die Schauspieler ein aufmerksames, nicht ganz leeres Haus vor. Drei Nächte später lief das Stück tatsächlich sehr gut. In der vierten Nacht wurden sie gerufen. Am Ende der Woche war *The Roman Matron* ein Erfolg und spielte vor vollem Haus.

"Naldrett", sagte Falempin, "ich habe zwölftausend Pfund bei Ihrem Spiel verloren. Was soll das? Ich werde vielleicht vierzigtausend verdienen. Setzen Sie immer auf Ihre Karten. Die Leute glauben, was man ihnen sagt. Manche Zeitungen glauben, was sie sagen. Sehen Sie? Hier, hier ist eins. Von denselben Leuten, glaube ich. Kritik? Neben den Leuten liebe ich die Kritiker. Diese komischen Leute mögen mich nicht. Wohin führt das englische Volk? Sie haben Kritiker, Sie haben sehr gute Kritiker. Aber sie haben keine Macht. Diese Leute in diesen Gossenlumpen – Pah. Wir werden Ihnen aus diesem Spiel viele Autos machen."

Eine Woche später brachte Leslie seine Frau in die Stadt. Sie wollte einen Augenarzt aufsuchen. Am Abend nach ihrer Ankunft aß Roger mit ihnen zu Abend.

„Roger", sagte Leslie, „ich möchte dir meine Cousine, Mrs. Heseltine, vorstellen. Sie möchte, dass du morgen Abend mit ihr zu Abend isst. Wir haben gesagt, dass wir dich mitbringen, wenn du Zeit hast. Ich hoffe, dass du kommst; sie ist so eine großartige Person."

Roger sagte, dass er gehen würde.

An diesem Abend ging er zu einem At Home, das zu Ehren eines großen französischen Dichters gegeben wurde, der sich in London aufhielt. Er hatte keine Lust, an der Veranstaltung teilzunehmen. Er ging aus Pflichtgefühl. Er ging aus dem Gefühl dessen, was man dem Hüter des Geistes schuldete. Das At Home fand in Kensington statt, in einem großen und abscheulichen Haus. Eine Reihe von Kutschen standen am Bordstein, jede mit ihren gequälten Pferden, die ihre Köpfe jämmerlich gegen die Zügel warfen. Lakaien mit weißen, sinnlichen Gesichtern standen an der Tür. Überall glitzerte Lack, von Stiefeln, Kutschen und poliertem Metall. Es gab nicht viel Lärm, außer dem Kauschen der Gebisse und dem Spritzen von Schaum. Von Zeit zu Zeit schlugen Kutschentüren zu. Faulenzer beschimpften diejenigen, die eintraten. Frauen und Kinder, die neben dem Streifen Filz auf dem Bürgersteig standen, murmelten in ehrfürchtigem Hass.

Roger ging in einen Raum voller Schwätzer. In der Mitte des Raumes befand sich eine Art Kreis, eine Art Faustkampfring, in dem der Dichter stand. Er war ein kleiner, stämmiger Mann mit kräftigem Körperbau. Er hatte einen großen Kopf, der auf seinen Schultern lag, so dass sein Kiefer aggressiv hervorstand. Es genügte ein Blick, um zu erkennen, dass er die einzige lebenswichtige Person im Raum war. Die großen, bulligen, erfolgreichen englischen Schriftsteller wirkten neben ihm wie Blasen. Er sprach mit einer Stimme, die dröhnte und klang. Die Leute drängten sich. Damen in wundervollen Kleidern stürzten sich sozusagen in Wellen auf ihn. Er verbeugte sich, ihm wurde die Hand geschüttelt, er wurde am Arm gezogen. Fragen, Komplimente und Plattitüden kamen ihm in allen bekannten Spielarten des gleichgültigen Französisch entgegen. Er hörte nie auf zu reden. Er hätte den Raum zum Stillstand bringen und zu einem Dutzend gleicher Art übergehen können. Er redete auch weise. Roger hörte die Hälfte eines dröhnenden Epigramms, als er den Blick seiner Gastgeberin auf sich zog. Sie brachte Plattitüden zur Sprache, um die bereits explodierten zu ersetzen. Sein Gastgeber, der mit einer Hand in die Luft blickte, erklärte etwas, das er nicht erklären konnte. Roger sah, wie er dem Dichter ein Kompliment machte, weil er seinen Standpunkt ohne Darlegung vertrat. Explodierte Plattitüden trafen Roger und entschuldigten sich. Roger stieß auf noch nicht geäußerte Plattitüden und entschuldigte sich. Überall erklang unintelligentes Gerede, das die große Stimme dominierte, aber nicht zum Schweigen brachte. Roger hörte, wie ein eleganter junger Mann über den Dichter als „einen Grenzgänger, einen schrecklichen Grenzgänger" sprach. Dann nahm ihn jemand am Arm. Jemand wollte mit ihm reden. Er sagte seine Worte zu dem großen Mann, während er zu jemandem geschleift wurde. Jemand in einem seltsamen Chiton unter einer seltsamen altgoldenen griechischen Halskette erzählte ihm von *der römischen Matrone* . Hat er es geschrieben?

„Ja", sagte er. „Ich habe es geschrieben."

Die Gastgeberin warf sich dazwischen. Der Chiton wurde einer Dame in frühviktorianischer Kleidung überreicht. Ein kleiner grauer Mann, sehr aufrecht und drahtig, wie ein Oberst auf der Bühne, stieß mit Roger zusammen.

„Ziemlich viel los, was?", sagte er und entschuldigte sich. „Haben Sie meine Frau irgendwo gesehen?"

„Nein", sagte Roger. „Ist sie hier?"

„Ja", sagte der andere. „Das glaube ich. Der alte Kerl sieht furchtbar gut aus, nicht wahr? Ich habe ihn 1890 in Paris kennengelernt."

Zehn Minuten lang unterhielten sie sich angeregt über die Aussichten der französischen Literatur im Vergleich zu unserer eigenen. Dann erblickte der kleine Mann seine Frau. Er nickte Roger zu und ging weiter. Roger konnte sich nicht erinnern, ihn jemals zuvor gesehen zu haben.

Er sah sich nach jemandem um, mit dem er reden konnte. Ein paar Romanautoren standen auf der gegenüberliegenden Seite des Raumes und unterhielten sich mit einem Mädchen. Es gab kaum eine Chance, sie zu erreichen. Er schaute zu seiner linken Hand, wohin die Flut einen Teil des Mülls der Gruppe gespült hatte. Er kannte keinen der Leute dort. Er war beeindruckt von der Erscheinung eines jungen Mannes, der an der Wand stand und die Szene mit einem Interesse, das halb verächtlich war, beobachtete. Der Mann war vielleicht dreißig Jahre alt. Was Roger an ihm auffiel, war die seltsame Gelbfärbung seines Gesichts. Das Gesicht sah aus, als wäre es mit klarem Bernsteinlack lackiert worden. Die Haut in der Nähe der Augen war wie Krähenfüße gerunzelt. Die Stirn war faltig und faltig. Der Rest des Gesichts hatte die Schlankheit und Straffheit eines Menschen, der viel in ungesunden Teilen der Tropen gelebt hat. Er war ein großer Mann, aber schlank wie ein Rechen. Roger schloss aus seiner Haltung, dass er Soldat gewesen war; Dennoch hatte er auch etwas von einem Arzt an sich. Seine Augen hatten den direkten, fragenden Blick eines Menschen, der immer darauf achtete, kleine Symptome zu bemerken und durch Ausflüchte und Täuschungen die Wahrheit der Tatsachen herauszufinden. Seine Hände waren große, fähige, klinische Hände mit langen, geschmeidigen, sensiblen Fingern und breiten Spitzen. Der Mund war gut gelaunt, aber an der linken Ecke war eine Schnittnarbe zu sehen.

Dann ging der Mann auf Roger zu, mit der unnachahmlichen Leichtigkeit, die den Bewegungen von Männern eigen ist, die viel im Freien leben.

„Entschuldigen Sie", sagte er; „Aber wer ist da der Dichter in der Mitte?"

„Jerome Mongeron", sagte Roger.

„Danke", sagte der Mann und zog sich zurück.

Roger bemerkte, dass die Augen des Mannes blutunterlaufener waren als alle Augen, die er jemals gesehen hatte. Bald darauf sah Roger, wie er eine ältere Dame, offenbar seine Mutter, aus dem Zimmer führte. Da er das Gefühl hatte, dass er sich mit der Hommage an den Mann des Geistes genug gelangweilt hatte, entschlüpfte auch er, sobald er konnte.

Am folgenden Abend speiste er bei Mrs. Heseltine. Sie war eine ältere Dame, zerbrechlich, aber sehr schön, mit jener herbstlichen Schönheit, die mit dem beginnenden Ergrauen ihrer Haare einhergeht. Ihr Gesicht hatte die Feinheit einer Rasse. Als man sie ansah, erkannte man, dass in vielen Fawcett-Generationen durch bewusste Auswahl alle unerwünschten, unschönen Elemente weggezüchtet worden waren. Ihr Gesicht hatte die einfache Verfeinerung der Gesichtszüge, die man in den Gesichtern der Frauen in Holbeins Zeichnung der Familie von Sir Thomas Morus sieht. Nur war bei Mrs. Heseltine das Streben nach Richtigkeit und Feinheit etwas zu weit auf Kosten der Körperstruktur getrieben worden. Die Mundwinkel hingen erbärmlich herab , und in den Augen lag ein wilder Vogelblick, der von körperlicher Schwäche zeugte, die er tapfer ertragen musste. Ihr Mann war Gehirnspezialist.

Für ihre Nichte trug sie Schwarz. Es gab nur wenige andere Gäste. Es war eine Familienfeier. Da waren die beiden Heseltines, ihre Cousins, die Luscombes, die beiden Fawcetts, Ethel Fawcett (eine weitere Cousine), eine Frau im Morgenmantel, die gerade bei einer Wahlrechtsversammlung gesprochen hatte, Roger und ein Lionel, der sehr spät dran war. Sie warteten auf Lionel. Sie waren sich sicher, dass Lionel nicht lange auf sich warten lassen würde. Die Wahlsprecherin, Miss Lenning, fragte, ob Lionel besser sei. Ja. Die neue Behandlung tat ihm gut. Sie hofften, dass er darüber hinwegkommen würde. Roger zuckte zusammen, als Mrs. Heseltines Stimme ernster wurde. Darin befanden sich Töne, die Ottalies Stimme seltsam ähnelten. Die Stimme offenbart den Charakter klarer als das Gesicht, klarer als sie den Charakter offenbart, offenbart sie spirituelle Kraft. Bis er diese ernsten Töne hörte, hatte er nicht viel von Ottalie in ihr gesehen, außer in der Art, wie sie saß, den Kopf ein wenig gesenkt, die Hände geballt, in einer Pose, die keine Kunst recht beschreiben könnte, sie war ihr so ähnlich . Die Worte erschütterten ihn, als wären die Toten verkleidet im Raum. Da war Leslie, der ihn mit ernster, freundlicher Überlegung ansah und mit Ottalies

Hand seine Brille an Ottalies Augen hielt. Ottalies Stimme sprach durch Mrs. Heseltine zu ihm. Sie waren jetzt in einer Ecke des Raumes und betrachteten eine Zeichnung.

„Ich habe so oft von Ihnen gehört", sagte sie. „Irgendwie habe ich Sie immer vermisst, als ich in Portobe war. Aber ich habe von Ihnen von Leslie und von der armen Ottalie gehört. Ich wollte Sie sehen. Ich habe den letzten Monat darauf gewartet, Sie zu sehen. Ich wollte Ihnen etwas erzählen, was Ottalie zu mir sagte, als mein Junge im Krieg getötet wurde. Sie sagte, wenn ein Leben so plötzlich und unvollständig endet, ist es unsere Aufgabe, es um der Welt willen in unserem eigenen Leben zu vervollständigen." Sie hielt einen Moment inne und fügte dann hinzu: „Ich habe versucht, mir vorzustellen, was mein Junge getan hätte. Ich hoffe, Sie kommen, um mit mir zu sprechen, wann immer Sie wollen. Ottalie war mir sehr lieb. Sie war in diesem Zimmer und hat diese Zeichnung betrachtet, erst vor sieben Wochen." Sie stockte einen Moment.

„Ja, Mrs. Heseltine?", sagte er.

„Ich rede über dich", fügte sie sanft hinzu.

„Mr. Heseltine", sagte das Dienstmädchen und öffnete die Tür. Der Mann mit dem gelben Gesicht und den spritzigen Augen trat ein.

„Ah, Lionel", sagte Frau Heseltine.

„Es tut mir furchtbar leid, dass ich so spät dran bin", sagte er. „Sie haben ein neues Heilmittel bei mir ausprobiert. Es soll dauerhaft sein, aber bisher haben sie es nur bei einem anderen Kerl ausprobiert. Ich wünschte, du hättest nicht auf mich gewartet." Er warf Roger einen lächelnden Blick zu.

„Kennen Sie Mr. Heseltine, Mr. Naldrett?"

„Wir haben uns letzte Nacht kennengelernt", sagte Roger. „Bei den MacElherans."

„Ja. Ich glaube, das haben wir", antwortete er.

Das Abendessen wurde angekündigt. Roger nahm Miss Lenning mit. Mrs. Heseltine saß zu seiner Linken. Miss Lenning war eine zielstrebige junge Frau, die keinen Blödsinn an sich hatte. Roger fragte, ob ihre Rede gut verlaufen sei.

"Ziemlich gut", sagte sie. "Ich war auf einem Wagen im Park. Ein- oder zweimal haben viele Faulenzer den Wagen gestürmt. Das ist die Art von Dingen, die Londoner Faulenzer gerne tun."

„Ja", sagte Roger. „Das liegt daran, dass der Teil Londons in der Nähe der Parks nicht ernst gemeint ist. Es ist ein Teil, der den Vergnügungssüchtigen und ihren Parasiten überlassen ist. Die Menschenmassen dort glauben an nichts, sie helfen nichts, sie können nichts verstehen. Im Osten Londons würde man wahrscheinlich Aufmerksamkeit erregen. Ich nehme an, die Polizei hat gekichert und weggeschaut?"

„Sie reden, als hätten Sie selbst dabei mitgewirkt", sagte Miss Lenning.

„War ich dabei? Ja. Natürlich habe ich das. Aber nicht sehr viel, fürchte ich. Früher habe ich ziemlich regelmäßig gesprochen. Dann bekam ich bei Ihrem großen Treffen im Park ein faules Ei im Kiefer, das mir Blut vergoss." Damals musste ich aufhören, weil ich mit meiner Arbeit im Rückstand war. Aber eine Menschenmenge in einer Stadt im Norden, in Manchester, Leeds oder Glasgow, ist eine Ganz anders. Sie sind Arbeiter, die sich für Dinge interessieren. Sie buhen und spotten, weil sie wissen, dass die Polizei gewonnen hat Haltet sie nicht auf. Ich finde, ihr Frauen seid großartig darin, das zu tun, was ihr tut und getan habt."

„Oh, es macht einem nichts aus, ins Gefängnis zu gehen", sagte Miss Lenning. „Ich war jetzt dreimal dort. Außerdem werden wir wissen, wie wir die Gefängnisse reformieren können, wenn wir die Abstimmung haben. Was mein Blut zum Kochen bringt, sind die Beleidigungen, die ich auf der Straße von Männern bekomme, deren Stimmen für solche Schande verantwortlich sind der Krieg." Sie stoppte. „Was ist deine Linie?" Sie fragte.

"Ich bin Schriftsteller."

„Warum schreibst du nicht ein Theaterstück oder einen Roman über uns?"

„Weil ich nicht daran glaube, Kunst mit Propaganda zu vermischen. Meine Aufgabe ist es, Emotionen hervorzurufen. Ich werde mein Talent nicht für die intellektuellen Rätsel unserer Zeit einsetzen. Dies ist die Arbeit eines Reformers oder eines Führers–" „Meine Aufgabe besteht darin, bestimmte allgemeine Wahrheiten in der Natur herauszufinden und sie in so hoher und lebendiger Weise wie möglich auszudrücken."

„Nicht unbedingt absurd", sagte sie, „aber egoistisch."

„Sie meinen also, dass ein Mensch, der sein Leben damit verbringt, das Denken der Welt edler und dadurch den Charakter der Welt feiner zu machen, notwendigerweise selbstsüchtig sein muss?"

„Ja, das tue ich", sagte sie fest. „Ihr alle seid Schriftsteller, die, wie Sie es nennen, versuchen, das Denken der Welt zu veredeln, und keiner von Ihnen – ich bitte um Entschuldigung, nur drei von Ihnen – rührt einen Finger, um uns zu helfen, das Wahlrecht zu bekommen. Sie kümmern sich wirklich nicht im Geringsten um das Denken der Welt. Sie kümmern sich nur um Ihr eigenes Denken."

„Und Ihr eigener Gedanke ist überhaupt kein Gedanke", sagte Major Luscombe über den Tisch. „Ich meine natürlich nicht Ihr Stück persönlich. Ich mag Ihr Stück sehr. Aber wenn man Schriftsteller auf der ganzen Welt betrachtet, welchen Beitrag trägt der literarische Geist jetzt zum Denken der Welt bei? Können Sie auf einen einzelnen Schriftsteller verweisen, irgendwo auf der Welt? der Welt, deren Gedanken über die Welt wirklich lesenswert sind?"

„Ja. In sehr vielen. In vielen Ländern", sagte Roger.

„Ich habe nichts gegen die Kunst", sagte Heseltine und griff zu den Knüppeln. „Es ist eine moralische Beschäftigung. Aber ich habe bei modernen Künstlern das Gefühl, dass sie bis auf wenige Ausnahmen keine Wurzeln schlagen, weder im nationalen noch im privaten Leben. Sie kümmern sich nicht mehr um den Staat im religiösen Sinne als um den Staat." (wie es beispielsweise einem Elisabethaner wichtig gewesen wäre) Sie scheinen mir eine Gruppe von Männern zu sein, die keine gemeinsamen Prinzipien oder gemeinsamen Enthusiasmus haben und eher blind und engstirnig nach dem Willen persönlicher Eigenheiten oder einer Verirrung arbeiten Einige von Ihnen, einige der Entschlossensten, interessieren sich für soziale Reformen. Der Rest von Ihnen fotografiert lediglich, was vor sich geht, zum Vergnügen derer, die nicht fotografieren können.

„Ja", sagte Roger. „Gegenwärtig verurteilen Sie die moderne Gesellschaft. Als Sie ein Junge waren, Dr. Heseltine, lebten Sie in einer geordneten Welt, die von übernatürlichen Religionen regiert, von vielen materiellen Entdeckungen angeregt und durch Wohlstand und Frieden vor äußeren Ängsten bewahrt wurde. Alles Diese Welt ist innerhalb einer Generation auf den Kopf gestellt worden. Wir sind keine geordnete Welt mehr, nicht wahr? , fliegt wild in alle Richtungen? Ein großer Teil der Engländer, die den Glauben an ihren alten Herrscher, die übernatürliche Religion, verloren haben, fliegen wild in Autos herum. Und leider hat der materielle Wohlstand enorm zugenommen während die moralische Disziplin zurückgegangen ist, so dass es jetzt, wo wir uns vielleicht auf dem Höhepunkt unseres nationalen Wohlstands befinden, praktisch keine gemeinsame Begeisterung gibt, die Mensch zu Mensch, Geist zu Geist bindet. Es ist für einen Künstler schwierig, viel mehr zu tun als das moralische Verhalten seiner Zeit widerzuspiegeln und sozusagen das Ewige im Verhalten von seinem vorübergehenden Zustand zu reinigen. Wenn die Welt, wie ich glaube, behauptet, dass es nichts Ewiges gibt und dass moralisches Verhalten darin besteht, viel, sehr schnell, in vielen sehr teuren Autos und mit so vielen untätigen Begleitern wie möglich zu fahren, dann ich Behaupten Sie, dass Sie den Künstler dafür respektieren müssen, dass er allein dasteht und, wie Sie es ausdrücken, „eher blind und engstirnig" arbeitet, egal zu welchem Protest ihn seine persönliche Eigenart drängt."

"Genau das habe ich gesagt", sagte Major Luscombe. "Ich habe gestern Abend mit Sir Herbert Chard in Aldershot zu Abend gegessen. Wir haben uns eher über militärische Dinge unterhalten. Über die Wehrpflicht. Ich sagte, ich fände es sehr schade, dass die alte moralische Disziplin, an die wir uns natürlich alle erinnern und die, wie ich vermute, als letzte eingeführt wurde, nicht durch eine allgemeine Disziplin ersetzt wurde. Ohne Disziplin kommt man nicht weiter."

„Ah, aber das heißt Militarismus predigen", sagte Mrs. Heseltine, „und zwar auf heimtückische Weise."

„Die militärischen Tugenden sind die Grundlage des Charakters", sagte der Major.

„Ich kann nicht glauben, dass Charakter von Drill-Sergeants und Subalternen gelehrt wird", sagte Frau Heseltine. „Wenn es überhaupt gelehrt wird, dann wird es (vielleicht unbewusst) von guten Männern und Frauen gelehrt, und in gewissem Maße auch durch die Bilder edler Charaktere in Kunstwerken. Ich sehe in der Wehrpflicht keine Chance auf moralische Erneuerung, sondern nur eine weitere Entschuldigung dafür." und für jene Art der Abwendung von Urteilsvermögen und Verantwortung, die unter dem Namen Patriotismus bekannt ist."

„Ich würde lieber ein obligatorisches Studium der Gerechtigkeit einführen", sagte Roger. „Dann könnten Nationen einen *Casus Belli* gerecht nach seinen Vorzügen beurteilen, anstatt wie derzeit die Worte von Zeitungen zu akzeptieren, die von skrupellosen Wucherern inspiriert wurden. Ein paar prinzipienlose Männer, zumeist aus der untersten Sorte kommerzieller Juden, sind in der Lage, dieses Land zu regieren." Und der Brite hält sich für einen besonnenen Geschäftsmann.

"Wenn das der Fall ist", sagte der Major triumphierend, "dann beweist das meinen Standpunkt. Wenn wir wahrscheinlich in den Krieg ziehen werden, sollten wir auf den Krieg vorbereitet sein. Und wir können nur vorbereitet sein, wenn wir die Wehrpflicht einführen. Und wenn wir nicht vorbereitet sind, werden wir als Nation untergehen. Es ist Ihre Pflicht als englischer Schriftsteller, das nationale Gewissen durch ein Theaterstück oder einen Roman zu wecken, damit wir vorbereitet sind, wenn die Zeit gekommen ist."

„Meine Pflicht ist nichts dergleichen", sagte Roger. „Ich glaube, dass Krieg ein verschwenderischer Fluch ist und dass die Vorbereitung auf den Krieg ein noch größerer Fluch und noch viel verschwenderischer ist. Denken Sie daran, ich bin kein Patriot. Mein Staat ist der Geist. Der menschliche Geist. Dem schulde ich in erster Linie Treue." Ich werde die Uhr der Zeit nicht zurückstellen, indem ich den Krieg predige, der den Wilden und veralteten Anachronismus gehört. Dass ich ein schwacher, geistloser Klein-Engländer

bin der erste „stille, starke Mann", der mit „einer gepanzerten Faust"
daherkommt. Sehr gut. Ich habe keinen Zweifel daran, dass rohe Gewalt die
meisten Dinge, die nicht so brutal sind, wegfegen kann. Aber ich werde mein
Jahrhundert nicht blamieren, indem ich die Methoden des paläolithischen
Menschen predige und Kampfverschwendung. Ich schätze, dass jedes Jahr
allein in diesem Land etwa 500 Pfund für die Erforschung der
Krankheitsursachen ausgegeben werden Der gleiche Betrag wird verschenkt,
um geistige Arbeit zu belohnen, die nicht mit der Verbesserung von Bier
oder Dynamit zusammenhängt. Solche Arbeiten wie edle Vorstellungen über
die Welt und das Leben. Er sah Miss Lenning an, deren Augen glühten.
Niemand, der sich in der Politik versucht hat, kann Rhetorik jeglicher Art
widerstehen.

„Sie schicken Frauen ins Gefängnis, weil sie solche Torheiten kontrollieren
wollen", fuhr er fort. „Tut er das nicht, Miss Lenning? Wenn ich
Propagandistin werden soll, werde ich das für die Sache der Freiheit oder des
Wissens tun. Ich würde für Miss Lenning oder dort für Dr. Heseltine
schreiben, aber für einen Militärmann, der …" Ich will nur Nahrung für
Pulver, weil es kein großes, kreatives Prinzip gibt. Ich würde nicht schreiben,
selbst wenn die Nicaraguaner St. Paul's zerschlagen würden.

„Eines Tages", sagte Frau Heseltine, „könnten wir groß genug werden, um
all diese Idee des Imperiums aufzugeben und uns wie die Franzosen auf den
Weg zu machen, die Welt in Gedanken und Manieren anzuführen. Dann
könnten wir etwas erreichen. Frankreich war es." Heute ist es das
wohlhabendste und zivilisierteste Land der Welt.

„Und das Unwichtigste", sagte die Frau des Majors.

„Aber was meinst du mit lebenswichtig?" sagte Roger und vermutete, dass
sie ein Schlagwort aus der Klasse wiederholte. „Vitalität zeigt sich in der
Denkfähigkeit."

Maggie Fawcett mischte sich ein. „Es ist ein sehr merkwürdiger Zustand",
sagte sie. „Der Intellekt der Welt handelt entweder, er kämpft für den Handel
oder bereitet sich darauf vor, für den Handel zu kämpfen. Er verfolgt auf
jeden Fall ein bestimmtes Ziel. Aber die Vorstellungskraft der Welt ist damit
beschäftigt, einen stabilen Glauben zu finden, der den alten ersetzen soll."
Erstens schwankt es zwischen Wissenschaft und Aberglaube, und keiner von
beiden lässt einen Kompromiss zu. Sie, Herr Naldrett, gehören zum Lager
des Aberglaubens Er erlebt eine Tragödie und kann eine Francesca von einer
Signorelli unterscheiden. Ich gehöre zum Lager der Wissenschaft, und ich
glaube, dass dieses Lager die bessere Sorte Menschen anzieht . Sie suchen
nach einem unbestimmten, seltenen emotionalen Zustand, in dem Sie die
moralischen Beziehungen der Dinge erfassen können. Wir suchen nach den
materiellen Beziehungen der Dinge, damit der seltene emotionale Zustand

erfasst werden kann, nicht durch seltene, eigenartige Menschen. wie zum Beispiel geniale Männer, sondern von jedem."

"Was Sie besser tun sollten", sagte Dr. Heseltine, "ist, all diesen 'veralteten Anachronismus' der Kunst aufzugeben. Die Wissenschaft ist die Kunst des zwanzigsten Jahrhunderts. Sie können nicht mehr im großen Stil malen oder schreiben. Das ist alles schon geschehen. Männer wie Sie sollten vermeidbare Krankheiten ausrotten. Stattdessen schreiben Sie darüber, was Tom zu James sagte, als Dick ins Wasser fiel. Mit einem Vierzigstel dessen, was jährlich allein für die Armee verschwendet wird, würde ich mich bemühen, die Schwindsucht auf diesen Inseln auszurotten. Mit einem weiteren Vierzigstel könnte zweifellos auch Krebs ausgerottet werden. Mit einem weiteren Vierzigstel, das weise und wissenschaftlich ohne krankhafte Sentimentalität verabreicht wird, könnten wir Kriminalität und andere Geisteskrankheiten ausrotten."

„Das Auto und Golf zum Beispiel?", sagte Ethel Fawcett.

„Ja. Und Wetten, ‚Sport', Krieg, Müßiggang, Alkohol, Laster, Tabak, Tee, alle Abscheulichkeiten des Lebens. Alle Rückfälle in unvollendete Typen. Sie sollten ein Theaterstück oder einen Roman über diese Dinge schreiben. Ich" Ich spreche nicht übertrieben, ich spreche von einer nachgewiesenen wissenschaftlichen Möglichkeit relativer menschlicher Vollkommenheit wie."

„Also", sagte Roger, „gibt es drei Wege zur Vollkommenheit, indem man Frauen zum Wahlrecht zulässt, indem man Männer in die Armee treibt und indem man die Regierung durch das College of Surgeons ersetzt. Jetzt geht es einem Künstler vor allem um Dinge." Mit moralischen Ideen ist er nicht auf bestimmte Wahrheiten beschränkt. Seine Welt ist durch strenges und leidenschaftliches Denken auf ihr phantasievolles Wesen reduziert Studieren, und wenn ich sie auf die Ideen des Fortschritts reduziert habe, die sie verkörpern, denke ich, dass Sie alle das Streben nach Perfektion zu sehr zu einer Frage des Berufs gemacht haben Frage des persönlichen Charakters. Nach einer kurzen Pause ging er weiter. „Gleichzeitig gibt es nichts, was der Mann des Denkens so sehr wünscht, als ein Mann der Tat zu sein. Englische Schriftsteller (ich nehme an, aufgrund ihrer Erziehungsweise) waren stark zum Handeln versucht. Byron ging auf die Befreiung Griechenlands, Chaucer war es." ein Botschafter, Spenser eine Art irischer RM, Shakespeare ein Schauspieler-Manager und Geldverleiher oder, wie manche meinen, der Schatzkanzler. Schreiben allein reicht für einen Mann nicht aus.

Leslie, die mit Ethel Fawcett geplaudert hatte, sah Roger schweigend an. Das Abendessen ging langsam zu Ende. Die Damen verließen den Raum. Die Männer ließen sich auf ihren Stühlen nieder. Dr. Heseltine reichte Lionel den Portwein und sagte: „Ich nehme an, das ist Ihnen nicht gestattet?"

Lionel lehnte den Portwein lächelnd ab. Er legte eine weiße Boulevardzeitung in ein wenig Sodawasser und ließ sich auf dem Stuhl neben Roger nieder. Er zog sein Zigarettenetui heraus. „Willst du rauchen?", fragte er. „Das hier ist eine ziemlich seltsame Sorte."

„Nein danke", sagte Roger. „Ich habe es aufgegeben."

„Ich glaube nicht, dass ich das könnte", sagte Lionel und nahm eine seltsam aussehende Zigarette in gelbem Papier mit verdrehten Enden. „Ich rauche viel. Wenn man allein ist, braucht man Tabak; man gewöhnt sich daran."

Mit zitternder brauner Hand zündete er sich eine Zigarette an. Als Roger das Zittern und die Rötung der Augen des Mannes bemerkte, fragte er sich, ob er ein heimlicher Trinker war. „Bist du viel allein?" er hat gefragt.

„Ein gutes Geschäft", antwortete Lionel. „Ich habe gerade ein Buch von Ihnen gelesen; es heißt *The Handful* . Ich glaube, Sie haben es geschrieben, nicht wahr? Sie waren also auch in den Tropen?"

„Vor fünf Jahren war ich bei einem Onkel in Belize", sagte Roger. „Ich blieb nur etwa einen Monat."

„Belize", sagte Lionel. „Mein Chef war in Belize. Gab es dort Gelbfieber, als Sie dort waren?"

„Es gab einen Fall", sagte Roger.

"Hast du es gesehen?"

„Nein", sagte Roger; „Das habe ich nicht."

„Ich würde gerne Gelbfieber sehen", sagte Lionel schlicht. „Ich nehme an, es gab eine Menge Aufregung, als sich dieser Fall ereignete?"

„Ja", sagte Roger. „Eine Bande kam sofort vorbei. Ich glaube, sie haben Paraffin in die Zisternen getan. Sie haben das infizierte Haus mit braunem Papier versiegelt und es begast."

„Und das hat es gestoppt?"

„Ja. Es gab keine weiteren Fälle."

„Das liegt alles an einer Art Mücke", sagte Lionel. „Die Weißrippenmücke. Er trägt den Organismus. Sie haben Paraffin auf alle stehenden Pfützen und Tümpel aufgetragen, um zu verhindern, dass die Larven der Mücke schlüpfen. Mein alter Häuptling hat in Havanna und auf den Westindischen Inseln viel gearbeitet und Gelb ausgerottet Fieber. Es hat den Panamakanal möglich gemacht.

„Sind Sie dann Arzt, darf ich fragen?" sagte Roger.

„Nein", sagte Lionel. „Ich bin in der medizinischen Forschung tätig, aber ich weiß nicht viel darüber. Ich habe nie die nötige Qualifikation dafür. Ich interessiere mich für solche Dinge."

„Welche medizinische Forschung betreiben Sie? Würde es Sie langweilen, wenn Sie mir davon erzählen würden?"

„Ich war in Uganda und habe mich mit der Schlafkrankheit beschäftigt."

„Hast du das?", sagte Roger. „Das ist sehr interessant. Ich habe viele Bücher über die Schlafkrankheit gelesen."

„Interessieren Sie sich für so etwas?", fragte Lionel.

"Ja."

„Wenn Sie einmal bei mir vorbeikommen möchten, würde ich Ihnen einige Reliquien zeigen. Ich wohne in Pump Court. Normalerweise bin ich den ganzen Vormittag da und zwischen vier und sechs Uhr abends. Ich könnte Ihnen einige Trypanosomen zeigen. Das sind die Organismen."

"Wie sind Sie?" fragte Roger.

„Sie ähneln kleinen, zappeligen, abgeflachten Membranen. Einige von ihnen haben Schwänze. Sie vermehren sich durch Längsteilung. Sie sind anders als alles andere. Sie haben einen ziemlich schlechten Ruf."

„Und sie verursachen die Krankheit?"

„Ja. Sie wissen natürlich, dass sie von der Tsetsefliege übertragen werden? Die Tsetsefliege saugt sie aus einem infizierten Fisch oder Säugetier und entwickelt sie wahrscheinlich für einige Zeit in ihrem Körper, während der sich der Organismus wahrscheinlich verändert Wenn die Tsetsefliege einen Mann beißt, gelangt das entwickelte Trypanosomen über den Rüssel ins Blut. Etwa eine Woche nach dem Biss, wenn der Biss selbst geheilt ist, bekommt der Mann das gewöhnliche Trypanosomenfieber, das einen ziemlich elend macht der Weg."

„Hast du es gehabt?"

„Ja; eher. Ich habe es jetzt. Es wiederholt sich in Abständen."

„Und wie wäre es mit der Schlafkrankheit?"

„Man bekommt die Schlafkrankheit, wenn das Trypanosom in die Gehirn-Rückenmarks-Flüssigkeit gelangt. Es kann sein, dass man sie erst sechs oder sieben Jahre nach dem Biss bekommt. Andererseits kann es sein, dass man sie fast sofort bekommt."

„Dann bekommst du es vielleicht?" sagte Roger erschrocken und blickte den Mann mit einem Respekt an, der halb Mitleid war.

„Ich habe es“, sagte Lionel.

„Verstanden? Du?“ sagte Roger. Er stolperte in seiner Rede. „Aber verzeihen Sie, dass ich so rede“, sagte er; „Gibt es dann eine Heilung?“

„Es ist nicht sicher, ob es eine dauerhafte Heilung ist“, sagte Lionel. „Ich habe gerade damit angefangen. Es heißt Atoxyl. Bevor ich Atoxyl ausprobiert habe, hatte ich ein anderes Ding namens Trypanroth, hergestellt aus Anilinfarbstoff. Es hat meine Augen rot gemacht, verstehen Sie? Ich habe sie gefärbt. Sie können sie blau färben lassen, Wenn es Ihnen lieber ist. Aber Rot war gut genug, dachte ich. Jetzt spreche ich eher von mir selbst.

„Nein, in der Tat; ich bin sehr interessiert“, sagte Roger. „Erzähl mir mehr. Erzähl mir von der Krankheit in Uganda. Ist sie wirklich schlimm?“

„Ganz schlimm“, sagte Lionel. „Ich nehme an, dass in den letzten sieben Jahren ein paar hunderttausend Männer und Frauen daran gestorben sind. Ich weiß nicht, wie viele Tiere es sonst noch gibt. Die Tsetsefliege beißt fast jedes Lebewesen, und alles, was sie beißt, erkrankt an manchen.“ Sehen Sie, Trypanosomiasis ist in Uganda wahrscheinlich eine neue Krankheit, die oft sehr tödlich ist.

„Wandert die Tsetsefliege also umher, oder kann die Krankheit durch Ansteckung übertragen werden?“

„Nein. Ich glaube nicht, dass es ansteckend ist. Ich würde sagen, dass das mit ziemlicher Sicherheit nicht der Fall ist. Es braucht eine direkte Impfung. Und soweit wir wissen, bleibt die Tsetsefliege ihr ganzes Leben lang ziemlich nahe an einem Ort.“

„Ich kenne einen Autor, der behauptet, dass wir es verbreiten. Ist das so?“

„Indirekt. Sehen Sie, Ostafrika ist nicht wie Amerika oder irgendein anderes Pferdeland. Außer Trägern gibt es kaum Transportmittel, es sei denn, Sie reisen auf dem Fluss, und selbst dann müssen Sie vielleicht Portagen machen. Wenn Sie mit Einheimischen von einem Bezirk in einen anderen reisen, verbreiten Sie die Infektion mit Sicherheit. Wenn infizierte Menschen in einen gesunden Bezirk kommen, werden ihre Keime mit Sicherheit von Zecken oder Käfern auf die Gesunden übertragen, selbst wenn es keine Tsetseviren gibt, die das tun können. Ich glaube, dass die Hüttenwanzen Trypanosomen enthalten. Ich weiß allerdings nicht, ob Hüttenwanzen schlimmer sind als andere Arten. Das ist unmöglich zu sagen. Von der Stunde, in der Sie an Land gehen, bis zu der Stunde, in der Sie ablegen, werden Sie ständig von etwas gebissen oder gestochen. Käfer, Zecken, Flöhe, Läuse, Moskitos, Tsetseviren, Ameisen, Sandflöhe, Schlangen, Nilpferde, Sandfliegen, Wespen. Sie tragen Lavendelöl auf, wenn Sie welches haben. Aber selbst damit werden Sie immer gebissen.“

„Und wie sieht der Tsetsebiss aus?"

„Du warst doch in Portobe, nicht wahr? Ich erinnere mich, dass Ottalie Fawcett vor Jahren, bevor ich weggegangen bin, von dir gesprochen hat. Du hattest dieses Cottage ganz am Ende der Darlehenslaufzeit, direkt über dem Meer? Naja. Hast du? Sind Sie von dort aus jemals an der Klippe entlang bis zu einer Stelle gegangen, an der Sie über einen sehr schwierigen Stacheldrahtzaun direkt unter einer Esche klettern müssen, kurz bevor Sie zu einer Nonnenklosterruine kommen, wo es einen kleinen Wasserfall gibt?"

„Ja", sagte Roger. „Ich kenne die genaue Stelle. In der Klippe direkt unter dem Stacheldraht befand sich früher ein Habichtsnest."

„Nun, genau dort gibt es eine Menge dieser rotgrauen Fliegen, die Clegs genannt werden. Sie kommen bis nach Essna-Lara. Das ist ein anderer Ort. Sie beißen die Pferde. Sie müssen schon einmal von ihnen gebissen worden sein. Nun, eine Tsetse hat optisch nicht viel Ähnlichkeit mit einer Cleg. Sie ist blasser und kleiner. Sie ähnelt am ehesten einer Stubenfliege, abgesehen von den Flügeln, die anders sind als die Flügel anderer Insekten. Sie kommt auf Sie zu, nicht unähnlich einer Cleg. Wissen Sie, wie wild eine Cleg ist? Sie stürzt sich ohne jede Hemmung auf Sie. Sie täuscht nur vor, wenn sie gerade landen will. Und sie folgt Ihnen, bis Sie sie töten. Eine Tsetse ist so. Sie folgt Ihnen eine halbe Meile weit und lässt Ihnen keine Ruhe. Wie eine Cleg lässt sie sich sehr sanft auf Ihnen nieder, so dass Sie sie nicht bemerken. Sie werden sich an die Moskitos in Belize erinnern. Moskitos sind so. Wenn sie dann satt ist und ihren Bohrer aufschraubt, Sie spüren einen stechenden Juckreiz und sehen, dass Ihre Hand angeschwollen ist. Wenn es Ihnen zu diesem Zeitpunkt nicht gut geht, kann ein Tsetsebiss ziemlich schlimm sein. Wenn Sie irgendwann einmal zu mir kommen, zeige ich Ihnen ein paar Tsetsefliegen. Sie sehen gar nicht gut aus. Sie ähneln ganz den gewöhnlichen Stubenfliegen."

„Und Sie haben das alles vor Ort studiert? Können Sie mir sagen, was Sie dazu bewogen hat?"

„Oh, ich habe mich schon immer für so etwas interessiert. Ich habe heißes Klima schon immer gemocht und mich an wilden, einsamen Orten aufgehalten. Und dann war mein alter Häuptling ein großartiger Kerl. Er hat mein Interesse geweckt. Ich war furchtbar begeistert davon." Ich möchte noch einmal rausgehen. Ich möchte dem Trypanosom noch nicht auf den Grund gehen, da wir den Zyklus des Malariaparasiten noch nicht einmal kennen Es steckt in ihm, was die Krankheit verursacht. Und wir wissen nicht viel über die Rolle, die die Tsetse im Leben des Organismus spielt. Es gibt eine Menge, die ich herausfinden möchte das Ausprobieren, das einem Freude bereitet."

„Aber ich finde es heldenhaft von dir", sagte Roger. „Gibt es viele von euch da draußen, die das tun?"

„Nicht sehr viele."

„Das ist eine heroische Tat", sagte Roger. „Heroisch. Allein die Einsamkeit muss es heroisch machen."

„An die Einsamkeit gewöhnt man sich. Am Anfang macht sie einen nervös. Aber meiner Meinung nach hält einen die Hitze davon ab, viel über die Einsamkeit nachzudenken. Ich selbst mag Hitze, aber sie nimmt den meisten Greifs die Kraft. Die Hitze kann ziemlich schlimm sein."

„Trotzdem ist es eine wunderbare Sache."

„Ja. Es ist gut, die Ursache einer solchen Krankheit zu erkennen. Aber man überschätzt den heroischen Teil. Das gehört zum Tagesgeschäft. Man nimmt es, wie es kommt, und man hat auch eine ziemlich gute Zeit." Man denkt nie an das Risiko, das wirklich sehr gering ist. Ärzte erleben in London jeden Tag Schlimmeres. Ein Arzt erzählte mir neulich, wie eine Reihe von Krankenschwestern an einer Typhus-Epidemie erkrankten und eines Tages starben das andere. Im Protektorat gibt es nichts Vergleichbares mit der Schlafkrankheit."

„Aber als einziger Weißer in der Wildnis, während die Eingeborenen um dich herum sterben!"

„Ja. Das ist ziemlich schlimm. Ich war mitten in einem ziemlich schlimmen Ausbruch in einem kleinen Ort namens Ikupu. Es war eine ziemlich interessante Epidemie, weil sie an einem Ort auftrat, an dem es keine der Tsetseviren gab, die angeblich den Schaden anrichten. Sie könnten dort gewesen sein, aber ich konnte keine finden. Es muss eine andere Art gewesen sein, die in Ikupu den Schaden angerichtet hat. Tatsächlich habe ich dort Trypanosomen einer anderen Art gefunden, was für mich eine ziemliche Auszeichnung war. Nun, ich war allein dort. Mein Assistent starb an Schwarzwasserfieber. Und da war ich mit einem schlafenden Dorf. Es gab ungefähr zwanzig Fälle. Die meisten übrigen Eingeborenen rannten weg und verbreiteten zweifellos die Infektion. Diese zwanzig Fälle betrafen so ziemlich die gesamte Bevölkerung von Ikupu. Einige waren kaum krank. Sie hatten vielleicht nur ein wenig Fieber oder eine Hauterkrankung auf der Brust und empfindliche, geschwollene Drüsen. Anderen ging es so schlecht, wie sie nur sein konnten. Sie befanden sich in allen Stadien der Krankheit. Einige fingen gerade an, vor ihren Hütten Trübsal zu blasen. Andere saßen still da, fragten nicht einmal nach Essen, sondern schluchzten mit offenem Mund vor sich hin. Normalerweise gewöhnt man sich daran, so etwas zu sehen, aber dieses Mal war ich nervös. Wissen Sie, in Ikupu waren sie ein ziemlich besonderer Stamm. Sie nannten sich Obmali oder so ähnlich. Ihr

Jargon war ziemlich merkwürdig. Als ich mit dem Häuptling sprach, hatte ich den Eindruck, sie seien die Relikte eines Stammes, der weiter westlich ausgelöscht worden war. Sie glaubten, die Schlafkrankheit werde von einer Schlangenfrau in einem sumpfigen Teil des Waldes verursacht. Als ich mich um all diese zwanzig Leute kümmerte und Tests mit ihnen durchführte, bekam ich ziemlich viel Fieber. Daran muss man sich gewöhnen – Fieber. Man gewöhnt sich daran, seine Arbeit bei einer Temperatur von 102 Grad zu verrichten. Das mit dem Fieber ist merkwürdig. Jeder Ruck, Schock oder zusätzliche Arbeit kann es auslösen. Ich hatte es, wie gesagt, ziemlich oft. Nun, ich gewöhnte mich an den Gedanken, dass es eine Schlangenfrau gab. Eine Frau mit dem Kopf einer Puffotter, ganz fleckig. Ich pflegte nachts meine Hütte vor ihr zu verbarrikadieren.“

Dr. Heseltine rückte seinen Stuhl heran. „Worüber diskutieren Sie beide? Reden Sie über die Schlafkrankheit?“, fragte er. „Wie vertragen Sie die neue Behandlung, Lionel? Hoffentlich keine Kopfschmerzen? Sie bekommen davon wahrscheinlich Kopfschmerzen. Das ist ein Thema für ein Theaterstück für Sie, Mr. Naldrett. ‚Der Mensch und das Trypanosom‘. Sie könnten die Keime auf die Bühne bringen und sie mit einer Injektionsspritze abtöten.“

„Ja“, sagte Roger. „Es hat alle Anforderungen an ein modernes Stück: Kraft, Stille und Männlichkeit. Es gibt sogar ein Happy End.“

Lionel begann mit Dr. Heseltine zu sprechen. Roger ging durch den Raum, um mit Leslie zu sprechen. Er hörte Lionel etwas darüber sagen, dass er „warten und dem Affen eine Chance geben“ wollte. Er kam an diesem Abend nicht mehr mit Lionel ins Gespräch. Nachdem sie zu den Damen gekommen waren, sang Ethel Fawcett. Sie hatte eine gute, aber nicht sehr starke Stimme. Sie sang etwas von Schumann, das Ottalie sehr lieb gewesen war. Ihre Stimme war in den hohen Tönen ein wenig wie Ottalies. Sie verfolgte Roger den ganzen Weg nach Hause und in sein einsames Zimmer. Als er sich vor den Kamin setzte, hatte er plötzlich eine Vision von durchnässtem, nassem Gras und einem Gewirr von vergilbtem Geißblatt, das über einem gurgelnden Bach aufgehäuft war. Einen Augenblick lang hatte er die völlige Illusion, den Geruch von Mädesüß zu spüren und Ottalie sang so scharf aus dem Haus, dass er nach Luft schnappte.

VII

Süße jungfräuliche Rose, leb wohl. Der Himmel hat deine Schönheit, die nur für den Himmel geeignet ist. Ich werde noch ein wenig leben, und dann, gesegnetste Seele, werde ich zu dir hinaufsteigen. Leb wohl. *Der Nachtwandler oder der kleine Dieb* .

Am nächsten Morgen fand er auf seinem Teller einen Brief in einer fremden Handschrift. Die Schrift war fest, aber hässlich. Die Buchstaben lagen gegen Ende jedes Wortes übereinander. Es war keine literarische Handschrift. Er war von Lionel Heseltine.

„400A, PUMP COURT, TEMPEL.

„Sehr geehrter Herr Naldrett (so hieß es),

„Wenn Sie meine Reliquien sehen möchten, kommen Sie dann nächsten Donnerstag zwischen 4 und 5 in meine Räume? Sie werden meinen Namen draußen am Türpfosten sehen. Ich bin ganz oben. Am besten gehen Sie unterirdisch zum Tempel und dann die Middle Temple Lane hinauf. Wenn die Tür zur Lane geschlossen ist, müssen Sie zum Strand hinauf und dann herumgehen. Ich hoffe, Sie können kommen.

„Mit   freundlichen   Grüßen,
„LIONEL HESELTINE.“

Er antwortete, dass er ihn am Donnerstag gerne dorthin begleiten würde. Er wünschte, dass der Donnerstag nicht noch sechs Tage entfernt wäre. Er fühlte sich zu all diesen Menschen hingezogen, die Ottalie gekannt hatten. Sie waren Teile ihres Lebens. Er erkannte jetzt, wie viel Menschen im Leben einer Frau sein müssen. Ein Mann hat Arbeit und die damit verbundenen geschäftigen Interessen. Eine Frau hat Freunde und die Emotionen, die sie wecken. Diese Welt von Ottalies Freunden war für ihn neu. Er versuchte, sie so anzusehen, wie sie sie angesehen hätte. Diese kannten sie seit ihrer Kindheit sehr gut. Sie waren ständig im Kopf gewesen. Sie hatte bei ihnen gelebt. Er hatte oft eine leichte Eifersucht auf sie empfunden, wenn er sie mit Agatha davon reden hörte; oder wenn nicht eifersüchtig, traurig darüber, dass er keinen Zugang zu dieser Seite von ihr haben sollte.

Er fühlte sich zu allen hingezogen, aber Lionel zog ihn am stärksten an. Ein Teil seiner Sympathie für Lionel beruhte lediglich auf der instinktiven Erkenntnis, dass dem Charakter des Mannes eine inhärente Feinheit und

Einfachheit innewohnte. Aber da war noch mehr. Er hatte oft das Gefühl, dass es im Leben wie in der Natur ein ständiges Bemühen gibt, das Unnatürliche zu beheben. Die unergründliche Kraft hinter dem Leben bietet klugerweise immer die Möglichkeit, ein gestörtes Gleichgewicht wiederherzustellen oder neu auszurichten. Er hatte das Gefühl, als hätte sich in seinem Leben eine Flut beschleunigt, als das Alte zum letzten Mal abebbte. Im alten Leben war es nur darum gegangen, Ottalie zu gefallen. Das Leben war jetzt ernster. Er konnte nicht auf einmal zu einem Leben zurückkehren, das so unterbrochen war wie das seine. Das Leben war nicht das, was er gedacht hatte. Früher hatte es genügt, über schöne Bilder zu grübeln, bis sein Geist sie klar genug reflektiert hatte, dass seine Hand ihre eindrucksvollen Symbole niederschreiben konnte. Er war noch nicht zu jung, um die strengere Schönheit im Raum des Lebens wahrzunehmen, der über den Raum hinausgeht, in dem sich die Jugend vergnügt. Aber bisher war sein Leben so wenig ernst gewesen, dass ihm die Gelegenheit gefehlt hatte, es wahrzunehmen. Nun zerbrach für ihn die alte Welt der Schönheit des äußeren Bildes, klar definiert und reich an Farben. Er sah, wie hässlich es war, selbst als Spielzeug oder Dekoration, neben den hohen und tragischen Dingen von Leben und Tod. Es war sein Unglück, ein Leben ohne tiefe Gefühle geführt zu haben. Jetzt, da die Sorgen ihn gleichzeitig überkamen und ihn gnadenlos trafen, war es für ihn unglücklich, keinen Freund zu haben, der erkennen konnte, was die Streitfrage in ihm bedeutete. O'Neill hatte ihm eine Nachricht aus Ubrique in Andalusien geschickt und ihn gebeten, einen Vorrat Litharge für seine Experimente zu bestellen, die „wunderbar" seien. Pollock hatte ihm eine Nachricht aus Lyme geschickt, in der er „mit vielen, vielen Dank" den Kredit von fünfzig Guineen zurückzahlte. Seinem „kleinen Mädchen ging es sehr gut, und Kitty war wunderbar." Außer diesen beiden hatte er keine weiteren engen Freunde. Leslie, ein viel besserer Mensch als sie beide, hätte seine Stimmung vielleicht verstehen und verbessern können; aber Leslie war seit den ersten zwei Wochen in Irland unterwegs. Roger war daher in seinem Elend sehr allein und betrachtete sich in London als das einzige empfindungsfähige, gequälte Wesen in einem gefühllosen Ameisenschwarm. Er schreckte vor den scharfen Berührungspunkten mit der Welt zu noch schärferen inneren Punkten der Unzufriedenheit mit sich selbst zurück. Daher war es nur natürlich, dass er sich stark zu einem Mann hingezogen fühlte, der eine tödliche Krankheit trug, einen ernsten und heiteren Geist hatte, heiter lächelte und auch in diesem letzten Unglück das Gefühl hatte, das Leben sei gut und ordnungsgemäß geordnet mit hohem Gesetz. Je mehr er an Lionel dachte, desto mehr beneidete er dieses Leben voller Taten und Gedanken, das einen solchen Geist gemildert hatte. In Momenten der Selbstverachtung sah er diesen Unterschied zwischen ihren Leben oder glaubte ihn zu sehen. Er selbst war wie ein alter König, der im Schatzhaus vom Tod überrascht wurde. Er hatte viele Juwelen vielglänzender Gedanken angehäuft; er war in Purpur gekleidet; sein Gehirn war schwer vom Gewicht der Krone. Und das alles war eine schwere Nutzlosigkeit. Er konnte nichts davon wegnehmen. Der Schatz bestand nur aus Staub, Rost und Lumpen. Er war eine schwache und tapfere Menschenseele, die nicht nur durch den Tod, sondern auch durch seine eigene, in Windeln gehüllte Unzulänglichkeit von seiner strahlenden Geliebten ferngehalten wurde. Lionel hingegen war ein Kreuzfahrer, der außerhalb der Heiligen Stadt starb, vielleicht nicht in Sichtweite davon, aber so begeistert von der Vorstellung davon, dass der Tod für ihn eine Kleinigkeit war. Sein ganzes Leben lang war der Tod einer Idee gewesen. Sein ganzes Leben lang hatte es ihm das Sterben leichter gemacht. Rogers gequälter Geist wurde nicht dadurch besänftigt, dass er darüber nachdachte, wie ihre jeweiligen Seelen nach dem Tod aussehen würden. Manche Menschen legten Schätze im Himmel an, andere legten Schätze auf der Erde an. Der Schriftsteller, der an dem einen zweifelte und das andere verachtete, lagerte Schätze in der Schwebe. Er begann O'Neills Bemerkung zu verstehen, dass es für einen Künstler „das Schwierigste auf der Welt sei, sowohl gute Arbeit zu leisten als auch seine eigene Seele zu retten". Kleine, lange verachtete Fetzen mittelalterlicher Theologie, die er sich in der emotionalen Stimmung angeeignet hatte, in der er Präraffaelit gewesen war, gefielen ihm plötzlich wieder nicht nur attraktiv, sondern auch weise. In Zeiten tiefer Emotionen und der Angst vor dem Tod legt der Geist oft mehr Wert auf Dinge, die er in der Kindheit gelernt hat, als auf die Errungenschaften der Reife. Dieses Gefühl, das einzig wirklich leidenschaftliche Gefühl seines Lebens, hatte ihn demütig gemacht. Das Leben hatte sich plötzlich in seiner ursprünglichen Feierlichkeit gezeigt. Das alte Leben bestand nur aus Asche und aufgewirbeltem Staub. Er verstand jetzt etwas über den Konflikt, der im Leben vor sich ging. Aber er verstand es zitternd, wie ein Prophet die Stimme in der Nacht hört. Er sah, wie seine eigene Seele angesichts einer großen Realität wie ein Blatt schrumpfte. Er musste die Grundlagen dieser Seele errichten, bevor er sich wieder an die Arbeit machen konnte. Der Künstler schafft das Bild seiner eigenen Seele. Wenn er die Unzulänglichkeit dieser Seele erkennt, kann er entweder Abhilfe schaffen oder Kritik üben.

Als er über das Gespräch der vergangenen Nacht nachdachte, wunderte er sich über die Abfolge der Ereignisse, die seine Gedankengänge verändert hatten. Lionel wäre für ihn vor ein paar Wochen ein charmanter, interessanter, aber fehlgeleiteter Mann gewesen, der in einem jener sandigen, klangvoll benannten Desarts umherwanderte, in das William Blake Newton, Locke und jene anderen hochintelligenten Persönlichkeiten versetzte, mit denen er nicht sympathisierte. Jetzt sah er, dass Lionel vor ihm auf der Straße war. Während er an Lionel dachte und sich wünschte, dass auch er etwas für seine Mitmenschen getan hätte, verfolgte er den Lauf einer Flut von Dingen, die sich in seinem Kopf festgesetzt hatten. Es hatte mit dem wehenden Papier im Garten begonnen, so wie eine einsetzende Flut Müll mit sich bringt. Jetzt war sie mit voller Flut bei ihm und hob ihn über die Untiefen, in denen er lange Zeit an Land gelegen hatte. Er begann zu zweifeln, ob Literatur eine so feine Sache war, wie er gedacht hatte. Die Wissenschaft, so sauber und furchtlos, erledigte die Arbeit des Dichters, während dieser, sich an Blake ein Beispiel nahm, sie mit der Boshaftigkeit der Unwissenheit verunglimpfte. Was wäre, wenn Poesie nur ein antikes Überbleibsel wäre, ein hübsches Spielzeug, das den feinen Geist anzog und ihn in Zärtlichkeit hielt? Überall gab es Anzeichen dafür, dass die Zeit der *Belletristik* vorüber war. Gute Geister wurden nicht mehr zum Schreiben ermutigt, „angestachelt von euren Päpsten und Königen". Mehr noch, gute Geister fühlten sich immer weniger von der Literatur angezogen. Die Offenbarung des Zeitalters war wissenschaftlicher, nicht künstlerischer Natur. Er versuchte, für sich selbst zu formulieren, was Kunst und Wissenschaft ausdrückten, damit er zwischen ihnen unterscheiden konnte. Die Kunst schien ihm eine Bestandsaufnahme vergangener Errungenschaften zu sein, die Wissenschaft stand kurz vor neuen Offenbarungen.

Er wusste so wenig über Wissenschaft, dass seine Gedanken dazu kaum mehr als eine Betrachtung der Schlafkrankheit waren. Er überprüfte sein Wissen über die Schlafkrankheit. Er betrachtete sie nicht länger als eine abstrakte intellektuelle Frage, sondern als den Feind des Menschen, als eine beinahe menschliche Sache, eine Pest, die mitten im Tag lauert. Draußen in Afrika lauerte dieser Schrecken mitten im Tag und erstickte die Gehirne der Menschen. Es faszinierte ihn. Er dachte an die kleinen einsamen Stationen der Wissenschaftler und Soldaten, weit weg in der Wildnis, mitten in der Krankheit, die sie vielleicht kommen spürten, so wie Lionel sie gespürt haben musste. Sie gaben fröhlich und unbekümmert ihr Leben in der Hoffnung auf, das Leben anderer zu retten. Das war eine schönere Art zu leben, als in einem Sessel zu sitzen und aufzuschreiben, was Dick zu Tom sagte, als Joe ins Wasser fiel. Er ging in Gedanken die Fragen durch, die die Wissenschaft lösen musste, bevor die Krankheit ausgerottet werden konnte. Er fragte sich, ob es im literarischen Gehirn eine Schnelligkeit oder Klarheit gab, die das wissenschaftliche Gehirn brauchte. Er fragte sich, ob er die Fragen lösen könnte. Große Entdeckungen werden von Entdeckern gemacht, nicht immer von Suchern. Was war das Geheimnisvolle an der Schlafkrankheit?

Ein wenig Nachdenken brachte sein begrenztes Wissen in Ordnung. Die Krankheit breitet sich von der Westküste Afrikas zwischen dem 16. nördlichen und dem 16. südlichen Breitengrad nach Osten aus und verläuft ziemlich genau innerhalb der 32 nördlichen und südlichen Breitengrade. Sie wird durch einen Organismus namens Trypanosom verursacht, der durch den Saugrüssel stechender Fliegen ins Blut gelangt. Er tötet, wenn der Organismus in die Gehirn-Rückenmarks-Flüssigkeit gelangt. So viel stand fest. Er konnte weder mit Sicherheit sagen, warum sich die Krankheit nach Osten ausbreitet, noch warum das Trypanosom sie verursacht, noch wie die Fliege das Trypanosom bekommt, noch was mit dem Trypanosom im Körper der Fliege geschieht. Seine Unwissenheit ließ sich somit in vier Teile aufteilen.

Was die Ausbreitung der Krankheit nach Osten betrifft, könnte Lionel, der auf dem Land gelebt hatte, einen Grund dafür kennen. Er hätte zumindest gehört, was die Eingeborenen und die älteren Siedler dachten. Die Gründe der Bewohner reichen im Allgemeinen von Geschichten über schlangenköpfige Frauen im Sumpf bis hin zu Geschichten über eine seltsame Kiste Gin oder über „durch das Klima veränderte europäische Keime". Die einfache Erklärung war, dass in Mittelafrika die menschliche Kommunikation häufiger von Westen nach Osten erfolgt als von Osten nach Westen. Der Kongo ist die Autobahn.

Er wusste, dass das Trypanosom vom Wild übertragen wird. In langen Generationen des Leidens hat das afrikanische Großwild die Fähigkeit erlangt, den Trypanosomen zu widerstehen. Obwohl das Blut der Wildtiere reich an Trypanosomen ist, entwickeln sie keine „Nagana" oder „Surra", die Krankheiten, die der Tsetsebiss bei den meisten Haustieren auslöst. In ihren Körpern ist etwas eingezüchtet worden, das die Kraft des Trypanosoms zügelt. Die Tiere sind immun oder gesalzen. Aber obwohl sie immun sind, sind die Wildtiere Wirte des Trypanosoms. Wenn sie im Laufe der Zeit vor dem Vormarsch der Jäger oder auf der Suche nach Weideland in Tsetsegebiete ziehen, die noch nicht mit Trypanosomen infiziert sind, saugen die sie angreifenden Tsetseviren das infizierte Blut und nehmen die Organismen in ihren Körper auf. Später übertragen sie die Organismen durch ihre Bisse auf Menschen, die die Krankheit entwickeln. Offensichtlich konnte ein einziger wandernder Tierwirt oder ein einziger infizierter Sklave, der an den ersten fiebrigen Phasen litt, drei oder vier Monate unterwegs sein und dabei täglich ein Dutzend Tsetseviren auf seiner Route anstecken. Ein Mensch oder ein Tier konnte die Route für alle, die ihm folgten, gefährlich machen. Roger erinnerte sich daran, wie der Sandfloh den Kongo entlang nach Osten gewandert war und sich dort als ständige Plage etablierte, wo es Sand gab, der ihm Schutz bot.

Was die Wirkung des Trypanosoms auf den Menschen betrifft, war das eine Frage für ausgebildete Wissenschaftler. Es handelte sich wahrscheinlich um kaum mehr als einen Kampf mit den weißen Blutkörperchen.

Die nächsten Tage verbrachte er im Museum, um die Krankheit zu studieren.

Mrs. Holder, die für Lionel zuständig war, ließ ihn am Donnerstag in Lionels Zimmer ein. „Mr. Heseltine erwartete ihn und würde in einer Minute da sein. Würde er Platz nehmen?" Er hat es getan. Die Räume waren die obersten Kammern eines Hauses in Pump Court. Es waren schöne, helle, luftige Kammern, spärlich möbliert. Der Boden war mit Strohmatten bedeckt. Die Stühle waren Liegestühle. Auf einem Bücherregal standen ein paar Bücher. Die meisten davon waren gebundene Akten des *Lancet* und *des British Medical Journal* . Bei einigen handelte es sich um medizinische Bücher, die man günstig in Second-Hand-Läden erstanden hatte, wie die Preisschilder auf der Rückseite bezeugten. Der Rest war größtenteils Militärgeschichte: *Der Jena-Feldzug* ; Hoenigs *24 Stunden von Moltkes Strategie* ; Meckels *Taktik* und Sommernachts *Traum; Chancellorsville* ; Colonel Hendersons *Leben von Stonewall Jackson; Essays zur Kriegswissenschaft* und *Spicheren* ; Wolseleys *Leben in Marlborough* ; Colonel Maudes *Leipzig* ; Stoffels Beitrag zum *Vie de Jules Cesar* ; eine ramponierte Kopie von Mahans „ *Krieg von 1812* "; und drei oder vier kleine militärische Lehrbücher über *Aufklärung, kleinere Taktiken, Infanterieformationen* usw. Ein Buch mit militärischen Memoiren lag aufgeschlagen, mit der Vorderseite nach unten, in einem Liegestuhl. Es war ein heißer Julitag, aber das Feuer im Kamin war noch nicht erloschen. Auf dem Kaminsims befanden sich einige kleine Kuriositäten aus Ebenholz mit Perlmutt-Intarsien. Über dem Kaminsims befanden sich ein paar Pfeifen, Speere und Knäufe, der Kopfschmuck und Schild eines Colobus-Affen eines Kriegers aus Masailand, eine ziselierte Messingschale (wahrscheinlich in England hergestellt) mit Zigarettenstummeln und ein kleiner, aber sehr hübscher schöne Madonna mit Kind, offenbar von Correggio. Es war schmutzig, rissig und schlecht aufgehängt, aber es war immer noch ein edles Werk. Als Lionel plötzlich hereinkam, stellte er fest, dass Roger es anstarrte.

„Ich hoffe, Sie haben nicht gewartet", sagte er. „Ich war bei meinem Affen. Mögen Sie Bilder? Das soll ein ziemlich gutes sein. Es ist von einem Mann namens Correggio. Kennen Sie seine Arbeit überhaupt? Es ist ziemlich schäbig. Mögen Sie Zitrone oder Milch in Ihrem Tee? Zitrone? Sie mögen Zitrone, oder? Richtig. Und würden Sie einen Moment warten, während ich mir eine letzte Dosis gebe?"

„Kann ich Ihnen helfen?", fragte Roger. „Es ist eine Spritze, oder?"

„Würde es Ihnen etwas ausmachen? Sie schieben mir die Schnauze des Dings in den Arm und stoßen den Geist weg. Das dauert keine Minute." Er führte Roger in ein spartanisches Schlafzimmer, das mit einem Feldbett und einem Sandow-Trainingsgerät ausgestattet war.

„Jetzt", sagte er und holte eine Flasche und eine Spritze hervor, „erst krempele ich meinen Ärmel hoch und dann zeige ich dir, wie man die Nadel sterilisiert. Ich nehme an, dass du so etwas noch nie gemacht hast? Und jetzt stechen Sie es genau hier rein, wo die ganzen Löcher sind.

„Sie sagten, es sei Ihre letzte Dosis", sagte Roger. „Bedeutet das, dass Sie geheilt sind?"

„Für die Zeit geheilt. Es kann sein, dass ich einen Rückfall bekomme. Aber das ist unwahrscheinlich."

„Woher wissen Sie, dass Sie geheilt sind? Fühlen Sie sich besser?"

„Ich leide nicht unter Schlaflosigkeit", sagte Lionel. „Nein. Sie injizieren Teile von mir in einen Affen und warten dann ab, ob der Affe den Organismus entwickelt. Der Affe ist tatsächlich sehr fit, also gehen sie davon aus, dass ich geheilt bin. Danke. Das reicht. Jetzt höre ich Tee." Kommst du rein? Ich muss gleich raus.

Nach dem Tee betrachteten sie Relikte, nämlich Tsetsefliegen, Schmetterlinge, Stechfliegen, Fragmente derselben, Abschnitte davon, Präparate von Trypanosomen, Präparate von Filarien, Präparate von Laverania. „Ich habe auch diese Fotos", sagte Lionel. „Sie sind nicht sehr gut, aber sie geben einem einen Eindruck von dem Ort. Diese Gegend ist alle ziemlich dunkel. Ich nehme an, sie waren überbelichtet. Sie zeigen einem, welche Orte die Tsetse mögen. Die Hütte in diesem ist eine Eingeborenenhütte. Ich habe darin gelebt, als ich das letzte Mal dort draußen war, um die Lebensweise der Tsetsefliege zu studieren.

„Sie sind immer in der Nähe von Wasser, nicht wahr?" fragte Roger.

„Ja, im Allgemeinen in der Nähe von Wasser. Sie halten sich in einem schmalen Streifen Deckung am Ufer eines Sees oder Flusses auf. Sie entfernen sich nicht gerne sehr weit vom Wasser, es sei denn, sie verfolgen ein Opfer. Tatsächlich sind Sie vollkommen sicher, wenn Sie das Fliegengebiet meiden. Wenn Sie in das Fliegengebiet gehen, kommen sie natürlich hinter Ihnen her. Sie werden Sie ein Stück weit jagen, wenn Sie es verlassen. Sie mögen schattiges Wasser mit einem kleinen schattigen Sandstrand an der Seite. Sie mögen Sand oder lockeren Boden lieber als Schlamm. Schlamm bringt Seggen hervor, die ihnen egal sind. Sie mögen eine Art Buschdschungel. Ein oder zwei Bäume ziehen sie besonders an. Hier ist ein Baum, an dem sich etwa ein Dutzend Einheimischer zusammengefunden haben, nur weil sie dort ihre Siesta gehalten haben."

„Bringt es etwas, den Dschungel zu roden?"

„Oh ja. Es vertreibt die Fliegen von dieser bestimmten Stelle. Aber es verstreut sie überall. Es vernichtet sie nicht. Es vernichtet nicht die Puppen, die unter den Wurzeln im Boden vergraben sind. Verbrennen ist vielleicht besser. Verbrennen mag für die Puppen ausreichen, aber dann hat es keine Auswirkungen auf die ausgewachsenen Fliegen."

„Sagen Sie mir", sagte Roger, „ist Blut für die Tsetsefliege notwendig?"

"Ich wünschte, ich wusste."

„Ich habe über die Verbreitung der Krankheit nachgedacht. Wird sie durch Wild, Sklavenjäger oder Elfenbeinjäger verursacht? Wie verbreitet sie sich?"

„Das wissen wir nicht. Es scheint, als sei es eine Folge der Öffnung des Kongobeckens für den Handel gewesen. Das Wild ist natürlich ein Reservoir."

„Haben die Eingeborenen irgendein Heilmittel?"

"Keine. Sie haben ein Desinfektionsmittel für ihr Vieh. Sie kochen bittere Rinde mit einer toten Tsetsefliege und lassen das Vieh den Sud trinken. Dann begasen sie das Vieh mit bitterem Rauch. Sie machen das, wenn sie ihr Vieh durch Fliegengebiete treiben wollen. Sie reisen nachts, weil die Fliegen nach Einbruch der Dunkelheit nicht mehr stechen. Aber das Begasen ist wirklich nutzlos."

„Die Tsetsefliege ist wohl nutzlos?"

"Alle Fliegen sind nutzlos."

„Mir gefallen der Marienkäfer und der kreideblaue Schmetterling."

„Ich sehe, Sie sind ein Sentimentalist. Die können Sie behalten. Aber den ganzen Rest würde ich restlos ausrotten. Ich wünschte, wir könnten die Tsetseviren so leicht ausrotten, wie man die keimübertragenden Moskitos ausrotten kann."

„Wurde es versucht?"

„Nein. Nun ja, das kann sein. Aber bei der Mücke ist das Larvenstadium gut ausgeprägt, bei der Tsetsefliege hingegen nicht. Es ist so schwierig, zufriedenstellend an die Puppen heranzukommen."

„Wovon ernähren sich die Tsetsefliege? Stören Sie meine Fragen?"

„Nein. Machen Sie weiter. Aber es muss Ihnen ziemlich langweilig sein. Sie leben von allem, was sie kriegen können, genau wie die Kommissare, die sie studieren."

„Aber warum leben sie in der Nähe von Wasser?"

„Ach, das? Manche glauben, sie saugen Krokodile aus; aber allgemein ist man der Meinung, sie fressen luftatmende Süßwasserfische. Die Theorie ist folgende: In der Trockenzeit haben die Fische sehr wenig Wasser. Die Flüsse trocknen aus oder trocknen fast aus. Ich spreche natürlich nicht von Flüssen wie dem Sambesi und dem Kongo. Nun ja. Sie trocknen aus und hinterlassen Wasserläufe aus flachen Tümpeln, die durch Rinnsale miteinander verbunden sind. Die Fische sind absolut schreckliche Kreaturen. Sie graben sich in den Schlamm der Untiefen ein und bleiben dort bis zur Regenzeit. Ich nehme an, sie halten ihre Schnauzen aus dem Schlamm, um zu atmen. Man nimmt an, die Tsetse ernähren sich von ihren Schnauzen. Das kann nicht wahr sein. Wenn es so ist, wäre es doch sehr interessant, finden Sie nicht? Hören Sie , entschuldigen Sie, wenn ich rauche. Sagen Sie mir. Was interessiert Sie so sehr an der Schlafkrankheit? Es scheint so seltsam, dass Sie sich dafür interessieren."

„Ich habe vor kurzem davon gehört, zu einer Zeit, als ich aus verschiedenen Gründen sehr empfänglich für Eindrücke war. Ich weiß nicht, ob Sie jemals das Gefühl haben, dass das, was Ihnen widerfährt, Teil eines großen, von Gott bestimmten Spiels ist?"

Lionel schüttelte den Kopf. Sein Gesichtsausdruck wurde etwas ärztlicher.

"Nun, das klingt albern", sagte Roger. "Aber ich war beeindruckt von der Art und Weise, wie ich immer wieder auf die Schlafkrankheit aufmerksam gemacht wurde. Also habe ich sie studiert, so gut es jemand mit so wenig wissenschaftlichen Kenntnissen kann. Jetzt interessiert es mich, weil Sie alles erlebt haben. Es ist immer sehr interessant, die Lebenserfahrung eines anderen Menschen zu hören. Aber es ist mehr als das. Die Krankheit muss eines der schrecklichsten Dinge der modernen Zeit sein. Ich finde es großartig von Ihnen, dass Sie sich so aufgemacht haben, sie zum Wohle der Menschheit zu studieren."

"Das war nur Selbstgefälligkeit", sagte Lionel. "Es ist seltsam, dass Sie interessiert sind. Sie sind die einzige Person, die ich seit meiner Rückkehr getroffen habe, die wirklich interessiert ist. Natürlich waren die Ärzte interessiert. Aber ich glaube, dass die meisten Londoner die Fähigkeit zu ernsthaftem geistigem Interesse verloren haben. Sie ist ihnen aus der Fassung gebracht worden. Sie mögen Ihre Art von Sachen, 'Zucker und Gewürze und alles Schöne'. Sie mögen Schlagworte. Sie studieren nicht hart und gehen den Dingen nicht auf den Grund. Ich habe neulich einen Spanier getroffen, Centeno, einen Chemiker, ich meine keinen Drogisten. Er sagte, dass wir an der Spitze zu verkümmern begonnen hätten."

„Da stimme ich nicht zu", sagte Roger. „Spanien ist zu verkümmert, um zu urteilen. Unser Kopf ist noch genauso gesund wie früher. Warst du jemals Soldat, Heseltine?"

„Ja, in gewisser Weise. Ich war bei der Miliz."

„Wolltest du Soldat werden? Warum hast du es verlassen?"

„Es ist kein Leben, es sei denn, man gehört einem Generalstab an. Jeder
sollte in der Lage sein, Soldat zu werden; das glaube ich; aber es scheint mir,
dass es als Lebensaufgabe nicht sehr weit geht. Man kann es." Ein guter
Soldat wird man nur, wenn man sein ganzes Leben im Kampf verbringt. Das
bringt mir am liebsten nichts, nur dass ich dazu nicht den Verstand habe .
Ich nehme an, Sie werden sagen, dass sie nicht unbedingt erforderlich sind.

„Sie sind unerlässlich, und Sie haben wahrscheinlich so viele davon wie jeder
andere Schriftsteller; aber Schreiben ist eine Kunst, und der Erfolg in der
Kunst hängt von allen möglichen subtilen, unmittelbaren Beziehungen
zwischen den verschiedenen Fähigkeiten des Gehirns und der Hand ab.
Meinen Sie das wirklich ernst, obwohl?"

„Ja. Ich würde alles dafür geben, schreiben zu können. Gedichte schreiben.
Oder ich würde gern ein Theaterstück schreiben können. Sehen Sie, ich
glaube, diese Generation steckt voller Energie, die man nicht für sterbende
Dinge verwenden sollte. Ich würde gern ein Gedicht über den richtigen
Einsatz von Energie schreiben. Das ist heutzutage das Wichtigste. Die
Engländer haben jede Menge Energie, und so viel davon wird verschwendet.
Die verschwendete Energie bedeutet, die Uhr zurückzudrehen. Allein die
Energie, die in den Schulen verschwendet wird – wenn ich in der Schule nicht
so ein Trottel gewesen wäre, hätte ich inzwischen meinen Abschluss gemacht
und könnte viel mehr Spaß an den Dingen haben, indem ich herausfinde,
was vor sich geht. Finden Sie das Schreiben nicht furchtbar interessant?"

„Ich finde, es macht die Welt interessanter. Schreiben lässt einen ins Leben
eintauchen. Aber wenn ich einen Mann wie Sie treffe, wird mir klar, dass das
kein perfektes Leben für einen Mann ist. Es ist nicht aktiv genug. Es scheint
mir, dass es nicht genug von der wesentlichen Natur ausübt. Haben Sie
jemals versucht zu schreiben? Ich vermute, Sie haben viele großartige Dinge
geschrieben. Können Sie mir zeigen, was Sie geschrieben haben?"

„Oh", sagte Lionel, „ich habe nur ein paar Sonette und solche Sachen
geschrieben. Da draußen allein in der Nacht, wenn die Löwen brüllen, kann
man nichts dagegen tun. Sie brüllten immer überall um mich herum. Ich war
nur in einer Eingeborenenhütte. Das gibt einem ein feierliches Gefühl. Ich
habe jeden Abend Verse erfunden."

„Hast du welche? Willst du sie mir nicht vorlesen?"

„Sie können sie sich ansehen, wenn Sie möchten", sagte Lionel und errötete
unter seiner Bräune. Wie die meisten Engländer schämte er sich ein wenig,
überhaupt über Intelligenz zu verfügen. Er holte ein kleines Sparbuch aus
der Schublade unter dem Bücherregal. „Sie sind ziemlich schlimm, nehme
ich an."

Roger sah sie an.

„Sie sind überhaupt nicht schlecht", sagte er. „Du hast etwas zu sagen. Du hast nicht viel Gehör; aber das ist nur eine Frage der Ausbildung. Menschen können immer dann gut schreiben, wenn sie bewegt oder interessiert sind. Großartiges Schreiben entsteht, wenn ein sorgfältig ausgebildeter Techniker eine tiefe Emotion durchlebt, oder, noch besser, hat einen überlebt?

„Nein. Prosa ist viel schwieriger. Ich weiß nie, wann ich aufhören soll."

„Ich auch nicht. Prosa wird hart, sobald man anfängt, sie zu einer Kunst statt zur zweiten Natur zu machen."

Er wollte mit Lionel über Portobe sprechen. Er war in der Stimmung, in der die Wunde eines Kummers danach schreit, verletzt zu werden. Er wollte wissen, was Lionel zu Ottalie gesagt hatte und was sie zu ihm gesagt hatte. Er hatte dieses Gefühl, das einen in London manchmal überkommt. „Hier bist du, in London, vor mir. Und du warst an diesem und jenem Ort, an dem ich selbst gewesen bin, und du hast mit Leuten gesprochen, die ich kenne. Wie wunderbar das Leben ist!" Zu seiner Freude begann Lionel unaufgefordert über Irland zu sprechen.

„Ich wünschte, ich könnte Prosa schreiben wie Sie", sagte er. „Ihre Prosa hat mich zum ersten Mal zum Schreiben angeregt. Ich habe bei den Fawcetts in Portobe übernachtet. Es war das Jahr, bevor Leslie heiratete, kurz bevor ich nach Indien ging, um Delhi-Sore zu besuchen. Ottalie hatte gerade das Buch bekommen, das Sie über den Dall geschrieben haben. Sie hatten es ihr geschickt. Das war ein schönes Buch. Ich mochte Ihre kleinen Wortbilder."

„Es tut mir leid, dass Ihnen das Buch gefallen hat. Es ist sehr vulgär. Ich weiß noch, dass Ottalie deswegen sauer auf mich war."

"Ottalie war eine feine Person", sagte Lionel. "Sie hatte einen so feinen, schnellen Verstand. Und dann ... ich weiß nicht. Man kann eine Frau nicht beschreiben. Ein Mann tut Dinge und definiert sich selbst dadurch, dass er sie tut, aber eine Frau ist einfach. Ottalie war einfach; aber ich weiß nicht, was sie war. Ich glaube, sie war das Feinste, was ich je gesehen habe."

„Ja", sagte Roger und befeuchtete seine trockenen Lippen. „Sie war wie Licht."

„Was mir an ihr am meisten auffiel", sagte Lionel und nahm nun den Ton einer Kolonialfrau an, die weit abseits der Frauengesellschaft gelebt hat, „war ihre Feinheit. Sie tat Dinge auf eine Art und Weise, wie keine andere Frau es konnte. Als ich kam." Als ich aus dem Osten zurückkam und sie besuchte – natürlich war ich ziemlich oft in Portobe –, war es, als wäre ich mit jemandem aus einer anderen Welt zusammen. Sie hatte auch so viel Spaß Ich bin nicht gut darin, Dinge zu beschreiben; aber Sie wissen, dass manche Autoren etwas einfach schreiben, weil sie es aus dem Herzen wissen, weil sie es intuitiv versteht. "

„Ja", sagte Roger. „Ich werde immer stolz darauf sein, unter einer Rasse gelebt zu haben, die einen solchen Menschen gebären könnte."

„Sie muss ein schrecklicher Verlust sein", sagte Lionel, „für jeden, der sie gut kannte. Ich fürchte, Sie kannten sie gut. Ich habe immer an sie gedacht, als ich in Afrika war. Sie war wunderbar."

„Sie war ein wunderbarer Geist", antwortete Roger. „Erzähl es mir. Ich scheine dich sehr gut zu kennen, obwohl ich dich kaum getroffen habe. Ich weiß nicht einmal, ob deine Leute noch leben. Lebt deine Mutter?"

„Nein", sagte Lionel. „Du denkst an meine alte Tante, die mit mir im At Home war. Ich war ein paar Tage bei ihr, bevor sie die Stadt verließ. Meine Leute sind tot."

„Denken Sie darüber nach, noch einmal nach Afrika zu reisen, um die Schlafkrankheit zu untersuchen?"

„Ja", sagte Lionel. „Ich möchte bald gehen. Ich möchte in den Regen gehen, damit ich eine Aussage der Einheimischen überprüfen kann, dass der Regen die Krankheit verschlimmert und dazu neigt, sie dorthin zu bringen, wo sie latent ist. Ich glaube, das ist alles Unsinn. Die Einheimischen beobachten , aber niemals ableiten. Trotzdem sollte man es wissen.

„Würdest du alleine gehen?"

„Ich sollte wohl alleine rausgehen. Es gibt viele Männer, die mit mir kommen würden, um Löwen zu schießen, aber Trypanosomen sind weniger beliebt. Von Trypanosomen bringt man nicht viele Trophäen mit, außer einem hängenden Kiefer und injizierten Augen."

„Sind die Regenfälle sehr ungesund?"

„Ja. Wenn sie die latente Krankheit zum Vorschein bringen, tun sie dies, indem sie die Konstitution herabsetzen. Aber ich glaube nicht, dass sie so etwas tun. Dennoch sagen die Eingeborenen, dass sie Nagana in einer gebissenen Kuh durch Ausgießen zum Vorschein bringen können." ein Eimer Wasser über ihr.

„Hören Sie mal", sagte Roger, „ich möchte nicht, dass Sie sich endgültig entscheiden, bis Sie mich besser kennen. Ich weiß, wie riskant es ist, einen Begleiter für eine Reise in die Wildnis oder für ein Unterfangen dieser Art zu wählen. Aber ich bin mit meiner Arbeit unzufrieden. Mehr kann ich Ihnen nicht sagen. Ich glaube nicht, dass meine Arbeit mich genug beansprucht oder mich nicht gleichmäßig wachsen lässt. Außerdem möchte ich aus anderen Gründen das Schreiben aufgeben. Ich bin zutiefst an Ihrer Arbeit interessiert und würde mich Ihnen gerne anschließen, wenn Sie mich lassen, nachdem Sie mich besser kennen. Ich habe eine Theorie, die ich gerne ausarbeiten würde."

„Es wäre sehr schön", sagte Lionel. „Ich meine, es wäre sehr schön für mich. Aber es bedeutet ziemlich harte Arbeit, wissen Sie. Und wie wäre es dann mit einer wissenschaftlichen Ausbildung? Ich bin selbst nicht richtig qualifiziert, aber ich bin seit sieben Jahren dabei und hatte ein hartes Jahr Ausbildung unter meinem alten Chef, Sir Patrick Hamlin. Ich begann mit Erster Hilfe und Trägerdienst im Lager. Dann, als ich den Soldatendienst aufgab, bekam ich einen Job bei der Hungerhilfe in Indien. Dann nahm mich der alte Hamlin unter seine Fittiche und ließ mich bei der Pest in Bombay helfen, und so machte ich weiter und lernte, was ich konnte. Ich hatte großes Glück. Ich meine, ich konnte eine Menge lernen, da ich immer bei Hamlin war. Sie sollten Hamlin kennen. Er ist ein sehr bemerkenswerter Mann. Er hat die Augenkrankheit in Travancore ausgerottet. Er hat mich sehr eifrig gemacht und mir alles beigebracht, was ich weiß. Nicht, dass das viel wäre. Jetzt sind Sie eher ein Greif, wenn Sie mir die Bemerkung verzeihen. Ich frage mich, wie schnell Sie sich nützlich machen könnten?"

„Na, was wird gesucht?" sagte Roger. „Sicherlich nicht viel? Was kann man mit der Krankheit tun? Man kann einem Mann nur Atoxyl injizieren und Trypanosomen aus ihm herauspumpen? Ich kann lernen, wie man Objekte für das Mikroskop montiert und färbt. Ich habe meteorologische Aufzeichnungen geführt. Ich könnte Ich habe sicherlich keine Erfahrung und keine wissenschaftlichen Kenntnisse, aber ich bin mir nicht sicher, ob meine spezielle Theorie viel mehr als eine längere, kontinuierliche Beobachtung erfordert bekannt, aber die Gewohnheiten der Fliegen sind sehr wenig bekannt. Ich dachte, dass es eine Art Arbeit wäre, die ein erfahrener Wissenschaftler langweilig finden könnte ? Es ist nicht einmal bekannt , was ihre Nahrung ist, die sie in der Nähe des Wassers hält, auch wenn sie (soweit wir wissen) nicht mehr im Schlamm vergraben sind Sie mögen bestimmte Dschungelarten so gern? Und warum sollte es keine Möglichkeit geben, sie auszurotten? Ich könnte auf viele Arten experimentieren.

„Ja. Das stimmt. Das könntest du", sagte Lionel und verzog das Gesicht. „Wie erträgst du Hitze? Du bist schmächtig. Du kannst wahrscheinlich mehr ertragen als einen großen, bulligen Kerl."

„Ich fand Belize nicht sehr anstrengend."

„Dann ist es ein teures Geschäft", sagte Lionel. „Wenn ich ausgehe, werde ich von keiner Provision abhängig gemacht. Man muss auf all diese schmutzigen Details ziemlich genau eingehen. Es macht Ihnen natürlich nichts aus, wenn ich Ihnen ein oder zwei Tipps gebe. Hier ist mein

Geschäftsbuch für eine ganze Weile Kurzer Ausflug nach Ikupu. Sie werden sehen, dass es sehr kostspielig und sehr verschwenderisch ist.

Roger blickte auf das Geschäftsbuch. Die Kosten für die Ikupu-Reise waren sicherlich hoch. Die Angehörigen zweier von Löwen gefressener Träger hatten eine Entschädigung erhalten. Die Witwe des verstorbenen Assistenten hatte eine Entschädigung erhalten. Die Vorräte eines Monats waren von desertierten Trägern weggeworfen worden. Die schmutzigen, mit Eselsohren versehenen Seiten vermittelten ihm ein Gefühl für das verschwenderische, tödliche und verwirrte Leben, das in neuen Ländern vor sich geht, bevor der verschwenderischen, grausamen und verwirrten Natur die Ideen ihres „rebellischen Sohnes" aufgezwungen werden. „Wir sind mit siebzig Mann losgefahren", sagte Lionel, „um nach Ikupu zu gehen. Wir hatten von Anfang an Pech. Nur zwölf von uns kamen jemals dort an. Wissen Sie, meine Assistentin Marteilhe war furchtbar krank. Ich hatte Fieber." Die Träger haben also getan, was sie wollten. Es ist ein herzzerreißendes Land zum Reisen. Es ist wie „Ein gutes Land für Männer und Hunde, aber die Hölle für Frauen und Ochsen." Was denkst du? Scheint es dir die Verschwendung wert zu sein?"

„Sehr lohnenswert", sagte Roger und gab das Buch zurück. „Wenn ich dort nicht ein kleines bisschen Gutes tue, wird es sich sehr gelohnt haben, sowohl für meinen eigenen Ruf als auch für meine eigene Zeit."

„Ich verstehe nicht ganz, worauf Sie hinauswollen", sagte Lionel.

„Nun", sagte Roger bewegt. „Ich möchte mir gewisser Elemente meiner selbst ganz sicher sein, bevor ich mich auf ein literarisches Leben einlasse. Dieses Leben, wenn es auch nur im geringsten würdig ist, ist der Schaffung des moralischen Bewusstseins der Zeit gewidmet. In der alten Zeit ein Schriftsteller." Die Welt hat es zwar bewiesen, bevor er mit der Entwicklung seiner „Ideen von Gut und Böse" beginnen konnte, aber die alte Vorstellung von der Blindheit eines Dichters ist sehr bedeutsam Andere Männer ihrer Rasse wurden erst Dichter, als sie aufgrund einer Wunde oder Krankheit nicht mehr leistungsfähig waren, während sich ihr Leben tatsächlich nach innen wandte, Heseltine. Ein Mann schreibt, weil er gelesen hat, oder weil er aus einem Dutzend verschiedener Gründe müßig, gierig, bösartig oder eitel ist, aber sehr selten, weil sein ganzes Leben durch die Disziplin des Handelns, Denkens oder Leidens nach innen gerichtet ist; . Ich bin mir meiner selbst nicht sicher. Ich fange an zu denken, dass ein Schriftsteller ohne Charakter, ohne hohen und strengen Charakter in sich selbst und in dem geschriebenen Bild von sich selbst ein Angeber, ein Trottel, ein Verkäufer Christi ist." Er erhob sich von seinem Stuhl und ging im Raum auf und ab „Jacob Böhme hatte recht", fuhr er fort. Ohne Maßnahmen stagnieren wir. Wenn du dich monatelang Tag für Tag hinsetzt, um zu schreiben, kannst du spüren, wie der Abschaum in deinem Kopf wächst." Er setzte sich wieder und starrte auf den Correggio. „Da", sagte er, „das ist alles . Manchmal habe ich das Gefühl, dass alle durch und durch guten Künstler, wie Dürer, Shakespeare, Michael Angelo, Dante, alle, über die kleineren Künstler urteilen, wenn sie sterben. Ich denke, sie verzeihen schlechte Kunst, weil sie wissen, wie unglaublich schwierig Kunst jeglicher Art ist. Ich glaube nicht, dass Kunst jemals für irgendjemanden leicht war, außer vielleicht für Frauen, deren ganzes Leben Kunst ist. Aber sie würden niemals Charakter- oder Lebensfehler verzeihen. Sie würden gnadenlos ein hohes Maß an Verhalten auferlegen. Guter Gott, Heseltine, es kommt mir schrecklich vor, dass einem Mann erlaubt wird, ein Theaterstück zu schreiben, bevor er sein Leben für einen anderen oder für den Staat riskiert hat.

„Nun", sagte Lionel und hob seine Zigarette auf, die auf den Boden gefallen war und Funken versprühte. „Ja." Er drückte nachdenklich seinen Zeigefinger auf jeden Feuerkrümel nach dem anderen. „Ja. Aber sehen Sie mal. Ich habe neulich, vorgestern, diesen französischen Dichterkollegen Mongeron getroffen. Er sagte, für den denkenden Menschen sei Handeln unnötig, da die Vorstellungskraft es ihm ermögliche, alle Erfahrungen auf seine eigene Art und Weise zu erfassen."

„Ja. Ich kenne diese angenehme Theorie. Ich stimme zu", sagte Roger. „Aber erst, wenn die Handlung den Charakter geformt hat. Ich nehme das Schreiben sehr ernst, aber ich möchte sicher sein, dass es das ist, was das Beste aus mir herausholt. Ich bezweifle das. Ich bezweifle sogar, ob Kunst überhaupt etwas ist." Art ist kein Anachronismus in diesem wissenschaftlichen Jahrhundert, in dem so viel gelernt und zur Verbesserung des Lebens angewendet wird. Wie ich neulich sagte, ist mein Zustand der menschliche Geist, über den ich so viel verschüttet habe Ist die Tinte wirklich ein Überbleibsel, das, was man in Sezierräumen „ein Fossil" nennt, dann helfe ich meinem Staat nicht, sondern behindere ihn, indem ich die ganze Lebenskraft meines Gehirns einer veralteten Sache schenke. Man kommt sich sehr klug vor diese weisen Bücher im Kopf; aber sie gehen nicht in die Tiefe. Sie bedeuten nicht viel in den großen Dingen des Lebens. Sie helfen einem nicht über einen Tod hinweg.

„Nein", sagte Lionel nachdenklich. „Ich glaube, ich verstehe alle Ihre Argumente." Er brachte das Thema sofort in die Praxis, da er sich in Sachen Ethik etwas überfordert fühlte. „Es wäre eine sehr interessante Erfahrung für Sie, hinauszugehen", sagte er. „Und eine schöne Sache; denn es ist sehr schwierig, einen guten Verstand dazu zu bringen, sich einem Thema auf diese besondere Weise zu widmen. Trotzdem sollte man einen guten Verstand wie Ihren nicht damit verschwenden, Tsetsevögel zu beobachten."

„Keine schöpferische Arbeit ist umsonst", sagte Roger. „Die Erfahrung würde mir sehr viel bringen. Ich würde mich sicherer fühlen, wenn ich nach meinem Tod dem Richter gegenübertreten könnte."

„Wie steht es mit der Ausübung Ihrer Kunst?"

„Dem wird die Vertiefung meiner Interessen nicht schaden."

„Komm zum Abendessen raus", sagte Lionel. „Normalerweise gehe ich zu Simpson's. Wir gehen zum Committee of Supply. Das erste, was wir tun müssen, ist, Ihnen den Job als Flaschenreiniger in einer Klinik zu verschaffen. Was ich tun möchte, wenn ich da draußen bin." Ist das so, Naldrett? Ich möchte sofort ins Jenseits, ins CFS, oder wo auch immer die Chance besteht, dass sich die Eingeborenen mit Europäern vermischt haben, ich möchte herausfinden, ob es ein Heilmittel für Eingeborene gibt, wenn überhaupt Einheimische Stämme sind immun, ebenso wie gegen Malaria, und ob ihre Rinder, falls vorhanden, immun sind, wie das Wild. Sie werden sich vorstellen, dass ich Antitoxine herstellen möchte, die stark genug sind, um der Krankheit zu widerstehen Es scheint mir, dass es ein wenig verrückt klingt.

"Ist die Tsetsefistel immun?", fragte Roger. "Weiß irgendjemand etwas über Fliegen? Wenn die Tsetsefistel immun ist, warum kann man dann kein Gegengift aus der Tsetsefistel herstellen? Das wäre mehr als Wissenschaft. Es wäre Gerechtigkeit."

Sie gingen zusammen am Strand entlang.

„Die Antitoxine müssen warten", sagte Roger, als sie vor der Überquerung der Wellington Street anhielten. „Als Erstes sollten wir eine lange Wanderung zusammen machen, um zu sehen, wie wir zurechtkommen."

„Wir könnten ein Boot chartern und versuchen, Nordirland zu umrunden", sagte Lionel. „Von Dublin nach Moville. Das wäre eine echte Augenweide. Dann könnten wir zu Fuß an der Küste entlang nach Killybegs weiterlaufen. Der alte Hamlin wird Ende August zurück sein. Er würde Ihnen einen Studiengang verschreiben. Wir könnten zusammen etwas lesen."

Im Strand, vor Simpson's, folgte eine Prozession schmutziger Jungs einem schmutzigen Trunkenbold, der von zwei Polizisten in die Bow Street gebracht wurde. Zeitungsjungen mit entwürdigenden, raubtierhaften Gesichtern spähten mit augenstechenden Augen in die Wettnachrichten. Andere Krankheitssymptome traten auf.

„Hier gibt es jede Menge Krankheiten", sagte Roger.

„Alles wäre vermeidbar", sagte Lionel. „Aber wir dürfen es nicht verhindern. Die Leute hier hätten es lieber, wenn sie sich reformieren könnten.

Wissenschaft verträgt sich nicht mit Sentimentalität, Gott sei Dank!" Sie betraten Simpson's.

VIII

Und hier will ich, Deiner Liebe zu Ehren,
an Deinem Grab wohnen und all die Freuden vergessen, die mir frühere
Zeiten so kostbar machten. *Die treue Hirtin* .

Zehn Monate später saß Roger in Decken gehüllt unter einem Moskitonetz
und steuerte ein Boot flussaufwärts. Er hatte einen kalten Fieberanfall. Der
Bug des Bootes war mit Käfigen von Versuchstieren und Kisten überhäuft,
auf deren Oberseite ein Neger saß und ein Lied sang. Der Sänger klatschte
ernst mit den Händen, um den Zeitpunkt zu markieren. „Marumba ist sehr
weit weg", sang er. „Ja. Es ist weit weg und niemand ist jemals dort
angekommen." Manchmal hielt er in seinem Lied inne, um Roger die Hand
zu heben, und wies ihn auf einen Haken oder eine Untiefe hin. Zu anderen
Zeiten sangen die Ruderer, die müde ihre Paddel hoben, ein paar Takte lang
im Chor über die Knochen auf dem Weg nach Marumba. Dann verstummte
der Chor; die Paddel spritzten; Die Tholes grunzten. Das Boot segelte weiter
ins Unbekannte, den roten, wilden Fluss hinauf, der herumlungerte, dampfte
und stank wie ein Fluss einer beginnenden Erde.

Lionel lag, mit Decken überhäuft, zu Rogers Füßen. Seine Zähne klapperten.
Der nasse Lappen von seiner Stirn war ihm über die Augen gerutscht. Die
kraftlose Bewegung der Hand, die versuchte, den Lappen wegzustoßen,
damit er etwas sehen konnte, zeugte von einer starken, gereizten Schwäche.
Neben ihm lag ein bis aufs Skelett abgemagerter Neger, der Roger mit
kindlich ernster Aufmerksamkeit und todschweren Augen beobachtete.

Das Boot glitt langsam an einem Baumstumpf vorbei. Roger erhob sich auf
einer Kiste und blickte schmerzerfüllt über das Flussufer in die weite Ferne
dahinter, wo in der Dunkelheit Nebel hing. Rechts, ein oder zwei Meilen vom
Fluss entfernt, erstreckte sich ein Wald, der zu einer tiefblauen Wasserfläche
abfiel. Jenseits des Wassers erstreckte sich Gras, das bis zum Wald reichte.
Der Wald ragte hervor, riesig, dunkel, still. Dahinter lag nichts als Wald,
aufragende Bäume, umgestürzte, entwurzelte, verrottende Bäume, eine
Dunkelheit, eine grüne Düsternis. Darüber war der Himmel aus hartem,
leuchtend blauem Metall, bedeckt mit glühenden Filmen. Draußen standen,
wie Kapitäne, die an der Spitze einer Horde Halt machten, einsame, riesige
Bäume mit rötlichen Stämmen. Zu beiden Seiten erstreckte sich der Wald,
eine unregelmäßige Wildnis aus Holz, grau statt grün im Licht der Luft; unten
dunkler. Das Wasser am Fuße des Abhangs öffnete sich in Buchten, vom
Wind gekräuselt, schimmernd. Über den Buchten wuchs Schilf. Eine Gruppe
hoher, orangefarbener Wasserpflanzen verbarg den Rest vor Rogers Sicht,
während das Boot weiter dahinschlenderte.

Links war es eine stellenweise sumpfige Ebene, die sich bis in den Nebel erstreckte, mit Ameisennestern als Meilensteinen. Kleine, sanfte Hügel erhoben sich, einige von ihnen mit Dornbüschen übersät. Sie waren wie die Stümpfe von Inseln , die der Fluss abgetragen hatte, als er vor langer Zeit diese Ebene vom Wald bis zum fernen Horizont überflutet hatte.

Weit vorn, links vom Fluss, bemerkte Roger einen etwas größeren Hügel. Er hielt seinen Blick einige Minuten lang gefangen. Er ragte aus der Ebene empor, genau wie ein römisches Lager, das er vor langer Zeit an einem Weihnachtstag in England besucht hatte. Er sah ihn gern an. Es war tröstlich, ihn anzusehen. Er war wie ein Wort aus Europa, dieser Hügel dort hinten, gräulich im blendenden Licht. Er war wie ein römisches Lager, wie militärische Tugend, Ordnung, Ruhe, Mut, Würde. Er brauchte eine solche Botschaft. Er hatte das Kommando über eine Schiffsladung Leidender. Er wanderte weiter ins Unbekannte, verantwortlich für sterbende Männer. Unter dem Hügel stieg Rauch auf, eine einzelne Rauchsäule. Er grüßte den Sänger.

„Merrylegs", rief er, „was ist das für ein Rauch da?"

„Jualapa", sagte der Mann und stand auf, um hinzusehen. „Jualapa."

„Das kann nicht Jualapa sein", sagte Lionel gereizt und versuchte, seine Decke hochzuheben. „Oh, hör auf mit dem Lärm, Roger. Er schüttelt mir den Kopf."

„Jualapa", riefen die Ruderer aufgeregt. „Jualapa." Sie ließen ihre Paddel fallen. Auf den Ruderbänken stehend, spähten sie unter den Spitzen ihrer Hände hindurch auf den aufsteigenden Rauch. Sie rieben sich den Bauch und dachten an Fleisch. Einer von ihnen schlug seine Hände zusammen und stimmte ein Lied über Jualapa an.

Roger, der vorwärts stolperte, von Übelkeit geschüttelt, forderte sie leise auf, Platz zu machen. Das Geplapper verstummte, als die Tholes wieder zu grunzen begannen. Merrylegs, der immer noch in die Hände klatschte, stimmte ein neues Lied an.

Jualapa ist in der Nähe. Ja, Jualapa ist in der Nähe. Nicht wie Marumba. Wir werden in Jualapa Fleisch essen. Viel Fleisch. Viel Fleisch. Die Männer von Little Belly werden in Jualapa Fleisch essen.

„Halt deinen dummen Kopf, Merrylegs", rief Roger wütend. Das Lied brach ab. Merrylegs begann dem Bugruder zu erzählen, was für Fleisch es in Jualapa geben würde. Er sagte, es würde Vieh geben und vielleicht eine kranke Kuh darunter. Das Rudern schien etwas erfrischender zu werden. Das Boot schleppte sich etwas schneller dahin.

„Wie geht es dir, Lionel?", fragte Roger. Es war eine dumme Frage.

„Oh, um Gottes Willen, stell keine dummen Fragen", sagte Lionel sehr schwach. „Lass mich in Ruhe."

Als Antwort erneuerte Roger sanft die Kompresse um den Kopf des kranken Mannes. Anhand des Durstes, der ihn quälte, vermutete er, dass der Fieberanfall bald einsetzen würde. Er betete, dass es bleiben möge, bis sie den Rauch erreicht hätten. Sie näherten sich wahrscheinlich einem Dorf. Sie könnten im Dorf campen. Nur würde es ihm wieder gut gehen, wenn sie das Dorf erreichten. Er musste Lionel an Land bringen, in eine gemütliche Hütte. Er würde ihn dort mit einer kräftigen, beruhigenden Brühe füttern müssen. Bevor er das tun konnte, musste er den Dorfvorsteher sehen. Er würde sich um die Träger kümmern müssen. Das Boot müsste vertäut sein. Ein Teil ihrer Ausrüstung musste entladen werden.

An eine Weiterfahrt flussaufwärts nach Jualapa war in ihrem jetzigen Zustand nicht zu denken. Ein Eingeborener hatte ihnen am Tag zuvor erzählt, dass Jualapa, drei Tagesreisen flussaufwärts, an der Schlafkrankheit erkrankt sei. „Alle haben geschlafen", sagte er. „Männer, Frauen und kleine Kinder. Das Vieh wurde in Jualapa nicht gemolken." Es war das erste Mal, dass sie von der Krankheit hörten, seit sie die Küste verlassen hatten. Sie hatten beschlossen, es mit Jualapa zu versuchen.

Beide litten unter Fieber. Gerne hätten sie ein paar Tage gezeltet, bevor sie weitergingen; aber Lionel hat es verboten. Die Ruderer bekamen Heimweh. Drei von ihnen waren an Ruhr erkrankt. Er hatte das Gefühl, dass ihre Männer sie im Stich lassen würden, wenn sie irgendwo Halt machten. Das Wichtigste sei, weiterzumachen, sagte er, und die Männer so weit zu tragen, dass sie Angst vor der Flucht hätten. Wenn die Männer desertierten, nachdem die Anführer sich mit der Krankheit infiziert hatten, war das gut und schön, dass noch einiges zu tun war. Aber wenn sie vorher desertierten, würde die Expedition enden, bevor Roger seine erste Lumbalpunktion bekam. Es war die letzte vernünftige Entscheidung, die Lionel treffen konnte. Innerhalb einer Stunde war sein Fieber erneut aufgetreten. Seitdem war er gefährlich krank, so krank und hatte so heftige Temperaturschwankungen, dass seine Schwäche, jetzt, wo das Fieber nachließ, Roger Angst machte.

Roger zitterte und plapperte, während er versuchte, nachzudenken. Er war krank; so krank, dass er nicht klar denken konnte. Das Schreckliche daran war für ihn, dass er gerade noch klar genug im Kopf war, um Angst zu haben, Lionels Entscheidung zu ändern. Er wollte Lionels zuliebe etwas ändern; aber mit diesem Fieber, das in seinem Gehirn schwelte, wogte und stieg, wie ein heißer Windstoß, der ihn verdorrte, erschien ihm der Plan erhaben, wie ein Gesetz der Meder und Perser. Er hatte Angst vor einer Änderung.

Schließlich, als sein Kopf kurzzeitig klar wurde, beschloss er, etwas zu ändern. Er würde vor Anker gehen. Sie würden am Rauch anhalten. Sie würden an Land gehen und lagern. Nichts konnte getan werden, bis die Anführer geheilt waren. Wenn die Männer desertierten, würde er auf sein Glück vertrauen, neue Männer anheuern zu können. So konnte er nicht weitermachen; Lionel könnte sterben. Das Fieber schloss sich wieder seinem Verstand, wogte und verdorrte. Die Luft schien seltsam dick. Merrylegs flackerte und verschwamm. Das Boot strandete auf einer Schlammbank und strich mit einem langen Rauschen an vielschimmerndem Schilf vorbei. Der sterbende Neger, von einer Erinnerung geweckt, die der Lärm in ihm geweckt hatte, erhob sich schwach und fragte etwas. Er fiel schwach zurück, schloss die Augen und öffnete sie dann wieder. Er schlug mit einer Hand und stammelte den Namen Mpaka. Seine Zähne waren zusammengebissen. Er war in Todesangst. Einer der Ruderer, der über die Kisten in den Achterschoten kletterte, schlug dem Sterbenden auf die Brust. Er schlage den Teufel aus, erklärte er. Bald wurde er müde. Er schrie dem Kranken ins Ohr, lachte entzückt über sein Stöhnen und ging nach vorne, um seine Tapferkeit zu erklären. Er brach in ein Lied darüber aus.

Kilemba hat einen großen Teufel im Bauch.
Der große Teufel frisst Kilemba. Frisst alles auf. Aber Muafi ist ein starker Mann. Ein sehr starker Mann. Der Teufel taugt nichts. Frisst Muafi nicht.

Sie bogen um eine Biegung, wo Krokodile wie große Wurmkote in der Sonne lagen und sich aneinander rieben, während ihnen der Schlamm vom Bauch klebte. Das Boot fuhr in eine breite Bucht, über der sich ein Hügel wie ein römisches Lager erhob. Rosa Kraniche standen im seichten Wasser. Langsam erhob sich einer von ihnen, schwer erschlafft. Ein anderer erhob sich, dann noch einer, dann noch einer, bis sie ein rosa Band vor dem Wald bildeten. Roger folgte ihrer Fluchtlinie und sah, wie ein paar zarte Rehe ihre Weide verließen, aufgeschreckt durch das Aufschrecken der Kraniche. Sie bewegten sich zierlich fort und blickten unruhig nach hinten. Bald begannen sie zu rennen.

Am linken Ufer, auf einer Fläche kargen Bodens, der von einer Flut mit Kieselsteinen bedeckt war, kauerten sich ein paar Geier zusammen und umkreisten ein totes Wesen. Roger starrte sie stumpfsinnig an. Etwas wie eine Todeswarnung durchströmte sein Fieber. Er sagte sich, dass es hier Tod gab. Worte sprachen in seinem Gehirn, jedes Wort wie ein Feuerblitz. „Kein Weißer war je zuvor hier. Du bist der Erste. Pass auf dich auf. Hier gibt es Tod." Eine vage Angst vor einem möglichen Krieg, so vage, dass er nicht ganz sicher war, ob es nicht eine Erinnerung an eine Kriegsangst zu Hause war, ließ ihn zu seinem Revolver blicken. Er drückte den Verschluss mit dem

Daumen nach oben und starrte auf die sieben stumpfen Messingscheiben, die der Auszieher leicht nach vorne zog. Es waren sieben, und wir sind sieben, und es gab sieben Planeten. Das Fieber ließ ihn eine ganze Minute lang auf den geöffneten Verschluss starren.

Aus einigen hohen Wasserpflanzen, deren lange, bläulich-graue Blätter in der gleißenden Hitze sehr kühl wirkten, kamen Fliegen. Sie griffen mit wirbelnder Wildheit wie Kriechtiere an. Es waren kleine, braune, unscheinbare Fliegen. Es waren Tsetsefliegen. Das Boot fuhr aufs Freie, um ihnen auszuweichen. Nach ein paar weiteren Minuten forderte Roger die Ruderer auf, mit dem Rudern aufzuhören.

Er stand mitten auf dem breiten Ufer und blickte auf das linke Ufer, wo ein ausgetretener Pfad zum Wasser führte. Viele Jahrhunderte lang hatten Menschen und Tiere dort getrunken. Der Pfad hatte eine tiefe Furche ins Ufer gegraben. Was Roger daran auffiel, war seine Schmalheit. Es war der schmale Pfad der Wilden. Die Leute, die ihn angelegt hatten, hatten ihn voller Angst benutzt, einer nach dem anderen, voller Misstrauen, wie trinkendes Wild. Ihre Angst hatte etwas Idealistisches an sich. Man konnte von diesen nervösen Trinkern wirklich sagen, dass sie, wenn sie tranken, auf die Gesundheit ihres Staates tranken. Selbst in seinem Fieber schockierte Roger der Anblick des Pfades und ließ ihn spüren, wie gefährlich das Leben an diesem Ort war. Was war die Gefahr? Was war das Leben?

Jenseits des Weges, in einiger Entfernung vom Fluss, befand sich eine dichte Dornenhecke, die ein Dorf umgab. Mitten aus dem Dorf stieg ein einzelner Rauchstrahl auf. Hinter dem Schutz der Hecke ging es einen oder zwei Fuß geradeaus hinauf. Dann wehte es in schwankenden Stößen böig herab. Es gab kein weiteres Lebenszeichen im Dorf. Ein paar Hühner pflückten im Freien Futter. Eine Kuh, die mit gesenktem Kopf über dem Kadaver ihres Kalbes stand, wartete auf den Tod. Ihre Knochen drangen durch ihre Haut, das arme Tier. Auf ihr waren schwarze Fliegenflecken. Drei Geier warteten auf sie. Einer von ihnen streckte seine Flügel mit der Miene eines gähnenden Mannes aus. Geier beschäftigten sich mit einer toten Kuh in der Mitte. Dunkle Haufen weiter weg hatten noch etwas von Kühen. Die Männer, die sich von den Kisten aus ernst umsahen, plapperten aufgeregt und zeigten auf sie. Roger nahm sein Fernglas ab und starrte auf den stillen Ort. Er konnte niemanden sehen. Es gab tote Kühe, eine sterbende Kuh und diese wenigen gackernden Hühner. Er fragte sich, ob es einen Hinterhalt geben könnte. Das Gras war in den Büscheln hoch genug, um einem Feind Schutz zu bieten; aber die wilden Vögel zogen ohne Furcht von Gruppe zu Gruppe. Auf einer kahlen Stelle kämpften sogar zwei scharlachköpfige Vögel miteinander. Ihre Halsfedern waren aufrecht gekräuselt. Sie schlugen und zerrten. Sie erhoben sich und schlugen einander mit den Flügeln. Sie sprangen in die Höhe und stießen mit ihren Sporen zu. Eine weniger leuchtend gefärbte Henne beobachtete den Kampf. Aber für diese Vögel war der Ort friedlich. Der Wind kräuselte das Gras; der Rauch war böig; eines der Geflügel gurgelte mit einem langen, gurgelnden Glucksen.

Irgendwie sah Roger vom Dorf aus auf den Hügel wie auf ein römisches Lager. Er glitzerte grau im Sonnenlicht. Der Tanz der Luft darüber war seltsam, fast wie Rauch. Er starrte durch seine Brille darauf. Nach langem Blick wandte er sich ab und starrte ins Wasser, um seine Augen auszuruhen. „Ich bin verrückt", sagte er zu sich selbst. „Ich träume das. Ich werde gleich aufwachen." Er schaute noch einmal hin. Daran konnte es keinen Zweifel geben. Der Hügel war mit einer mindestens neun Meter hohen grauen Steinmauer bedeckt. Dort, etwa eine Dreiviertelmeile entfernt, befanden sich die Ruinen einer alten Stadt, die vielleicht so alt war wie die Pharaonen. Es bestand kein Zweifel, dass sie alt war. Teile davon, von grabenden Wesen untergraben oder von wachsenden Wesen herausgestoßen, waren in Haufen zusammengestürzt. Andere Teile waren zwölf Fuß dick mit Pflanzen bewachsen. Bäume wuchsen daraus hervor. Ein paar Kakteen auf der Mauerkrone zeichneten sich scharf gegen den Himmel ab. Am anderen Ende der Mauer brannte ein feuerfarbenes Feuer, wo ein giftiges Unkraut, das alles schwächere Leben erstickt hatte, in üppigen gelben Blüten florierte, die mit schläfrigem Saft gesprenkelt und beschmiert waren. Darüber wimmelte es von Fliegen, wie Roger anhand der Bewegungen der Vögel auf dem Weg erraten konnte. Er beobachtete die Ruine. Es gab dort keine Spur menschlicher Besiedlung. Kein Rauch war zu sehen. Offenbar war der Ort ein Besitz der Rohrdommel geworden. Wilde Tiere der Wälder lagen dort, Eulen wohnten dort und Satyrn tanzten dort. Es war so trostlos wie Babylon am Ende von Jesaja 13.

Er blickte die Männer an, um zu sehen, welche Wirkung die Ruine auf sie hatte. Sie haben es nicht angeschaut. Sie verfügten über eine begrenzte primitive Intelligenz, die nicht über die Tatsachen des physischen Lebens hinausblicken konnte. Sie blickten auf das Dorf und plapperten dabei.

„Wofür halten wir an?" sagte Lionel.

„Da ist ein Dorf", sagte Roger. „Es scheint eine Rinderpest zu geben." Lionel kämpfte sich schwach in eine sitzende Position und schaute mit leeren Augen hinaus.

„Da ist eine Ruine auf dem Hügel", sagte Roger.

„Pest und Ruin sind die Produkte dieses Landes", sagte Lionel. „Steh nicht herum, Naldrett. Finde heraus, was hier passiert."

„Schau her, ruh dich aus", sagte Roger mit Mühe. „Legen Sie sich hier einfach auf die Decken zurück und ruhen Sie sich aus."

„Wie zum Teufel soll ich mich ausruhen, wenn du die Bande nicht zum Schweigen bringst?"

„Schließ einfach deine Augen, Lionel", sagte Roger. „Schließen Sie sie. Halten Sie sie geschlossen." Er warf einen Lappen ins seichte Wasser. „Hier ist eine neue Kompresse für dich."

Er befahl den Männern, zur Wasserstelle zu fahren, während er in der sogenannten Spielzeugkiste nach Geschenken für den Dorfvorsteher suchte. Er nahm etwas Kupferdraht, ein paar Patronenhülsen aus Messing, ein paar grüne Perlen, ein paar Stäbe aus buntem Siegellack, ein oder zwei Puppen von der Art, die „Mama" sagen, wenn man sie auf den Solarplexus schlägt, einen Puppenspiegel, ein Messer, eine leere grüne Flasche und eine Blechtrompete. Er hielt einen weiß gefütterten grünen Regenschirm über Lionels Kopf. Er rutschte über die Bordwand, als das Boot auf Grund ging. Merrylegs folgte ihm und trug die Geschenke. Sie schwammen durch seichtes Wasser und kletterten das Ufer hinauf.

Merrylegs klatschte laut in die Hände und rief den Dorfbewohnern im Mwiri-Dialekt zu, dass ein König, ein weißer Mann, eine höchst ruhmreiche Person auf sie zukäme. Roger fragte ihn, ob er am Tag zuvor an ihrem Rastplatz von diesem Dorf gehört habe. Nein, sagte er, er habe noch nie von diesem Dorf gehört. Es war ein armer Ort, sehr weit weg; er hatte noch nie davon gehört. Er rief erneut und schlug mit seinen Händen. Es kam keine Antwort. Roger blickte sich besorgt um und sah kein Lebenszeichen. Auf der Stadtmauer war kein Schild zu sehen. Ein neuer Geier, der an der sterbenden Kuh vorbeiflog, beäugte ihn ernst und ohne Begeisterung. Einer von denen, die schon da waren, schlug erneut mit den Flügeln, als würde er gähnen. „Merrylegs", sagte Roger, „wir müssen ins Dorf gehen." Er drehte sein Revolverholster herum, so dass die Waffe griffbereit war. Sie gingen um die Zareba herum, bis sie zu dem niedrigen, zwei Fuß großen Loch kamen, das durch die Dornen in die Stadt führte. Der Schlamm der Straße wurde durch die ständig vorbeiziehenden Eingeborenen stark aufgewühlt. Hier und da wurden Fragmente einer grob verzierten Keramik zertreten. Als er sich flach hinlegte, konnte Merrylegs erkennen, dass die Pfähle, die als Tür zum Eingang dienten, nicht an ihrem Platz im Zaun waren. Der Eintritt war für den Besucher frei. „Ich glaube, alles ist verschwunden", sagte Merrylegs. „Sklavenmann, den er fängt."

Roger glaubte inzwischen nicht mehr an die Theorie der Versklavung.

„Das ist Unsinn", sagte er. „Unsinn. Hier muss es Tote geben." Er stand schwer atmend am Tor und wusste manchmal nicht genau, was er tat, manchmal wusste er es genau, aber es kümmerte ihn nicht. Kleine Dinge, das Krabbeln einer Zecke, das Gackern einer Henne, das Geräusch seines eigenen Atems schienen für sein fieberverklebtes Gehirn wichtig zu sein. „Ich gehe hinein", sagte er schließlich.

„Nicht reingehen", sagte Merrylegs prompt. „Vielleicht rein. Vielleicht ihm viel Bier machen. Ihn alle betrunken machen." Er rief noch einmal auf Mwiri, aber es kam keine Antwort. Eine Henne, die vielleicht Futter erwartete, kam gackernd durch das Loch und schielte mit den Augen nach den Fremden. Roger fand ein Stück Keks in seiner Tasche und ließ es vor ihr fallen. Sie zerrte es aus seiner Gegenwart und verschlang es gierig, bevor die anderen Hühner es sehen konnten.

Roger kniete nieder. Er spähte den Tunnel hinauf und versuchte zu erkennen, was sich darin befand. Er konnte nichts sehen. Der Eingangsgang war zur größeren Sicherheit des Stammes mit einer Biegung in der Mitte gebaut worden. Soweit er wusste, konnte hinter der Biegung ein Krieger lauern, der bereit war, ihm einen Speer in den Leib zu stoßen. Daran dachte er erst viel später. Er begann, auf allen Vieren den Gang entlang zu schlurfen. Hinter der Biegung war nichts. Er rappelte sich im Dorf auf. „Komm rein, Merrylegs", rief er. Merrylegs kamen. Sie sahen sich um.

Das Dorf bildete einen unregelmäßigen Kreis mit einem Durchmesser von etwa 200 Metern. Innerhalb der Dornhecke war es mit dicken, neun Fuß hohen Holzpfählen umzäunt, die mit Flechtwerk zusammengebunden und mit Lehm verputzt waren. Die Hütten standen weit von der Palisade entfernt. Sie bildeten eine grobe Allee, die eher die Form einer Sichel hatte. 35 Hütten standen noch. Die Gerüste von zwei oder drei anderen standen noch und warteten auf ihre Fertigstellung. Ein oder zwei weitere waren verfallen. Mehrere Bewohner waren zu sehen, sowohl Männer als auch Frauen.

Sie saßen auf dem Boden, gegen die Palisaden oder die Wände ihrer Hütten gelehnt, in einer Haltung, die an die Haltung des Negers erinnerte, der lange zuvor auf dem Foto im irischen Hotel zu sehen war. Einer der Männer erhob sich unsicher, ging ein halbes Dutzend Schritte auf sie zu, hielt inne, schien zu vergessen und sank mit nickendem Kopf wieder nieder. Ein Kind erhob sich von einem Baumstamm und kroch auf eine Henne zu. Die Henne, die ihn verdächtigte, lief davon. Das Kind sah ihr nach, wie sie von ihm wegstolzierte, als versuchte es sich zu erinnern, was er ihr antun wollte . Es stand dumm da, halb schlafend. Langsam legte es sich auf den Boden, mit der Bewegung eines alten Mannes, der auf die Schmerzen seiner Gelenke achtet. Roger hatte den Eindruck, dass das Kind nie wirklich wach gewesen war. Es waren die langsamen, bedachten Bewegungen des Kindes, die ihn trotz seines Fiebers davon überzeugten, dass er sich in der Gegenwart des Feindes befand. „Diese Leute haben die Schlafkrankheit", sagte er. Die Worte schienen in seinem Kopf widerzuhallen: „Schlafkrankheit, Krankheit, Krankheit." Das war es, was er sehen wollte. Hier hatte er Arbeit vor sich.

Das war Schlafkrankheit. Hier war ein ganzes Dorf davon befallen. Es war schockierend für ihn. Wäre er gesund gewesen, hätte es ihn umgehauen. Diese Schläfer würden nie aufwachen. All diese armen, elenden Wesen starben. Er hatte noch nie zuvor den Tod in großem Maßstab am Werk gesehen. Er unterdrückte einen halb geformten Impuls, wegzurennen, indem er in das Gehege trat, in den Gestank des Todes. Der Ort war voller Tod. Er trieb Merrylegs vor sich her. Merrylegs kannte die Krankheit. Merrylegs wollte nicht noch mehr davon sehen. Er war dafür, wegzurennen. „Weiter, Merrylegs“, sagte Roger. „Sing ihnen etwas vor.“

Merrylegs bekam keine Antwort. „Hier sind nur Tote“, sagte er. „Junge Männer, nein, fangt ihn, lauft.“

„Dann kommt um die Hütten herum“, sagte Roger. „Wir werden sehen, wie viele weggelaufen sind.“ Sie gingen zu der Hütte, aus der Rauch aufstieg.

Eine alte, alte, abscheuliche Frau kauerte dort über einem kleinen Feuer. Sie zitterte heftig und murmelte mit ihrem Zahnfleisch. Sie kauerte sich mit einem klagenden Schrei vor Roger weg, der dem Schrei eines Kaninchens ähnelte, das von einem Wiesel gefangen wurde. „Tiri“, sagte sie, „tiri“, und erwartete den Tod. Merrylegs stellte ihr Fragen; Roger versuchte es mit ihr. Es war nutzlos. Sie verstand sie nicht. Sie murmelte etwas, schüttelte ihren armen alten Kopf und wimmerte zwischen den Worten. Roger gab ihr eine Puppe, die sie umarmte und über die sie wimmerte. Sie war wie ein wenige Monate altes Kind im Körper eines Pavians. Sie versuchten es in einer anderen Hütte.

Aufgrund der Anzahl der dort gelagerten Essenstöpfe vermutete Roger, dass diese Hütte einst einem Häuptling gehörte. Dort lagen zwei Frauen, die eine im Endstadium der Krankheit, sehr krank und kaum regungslos, die andere noch nur apathisch. Sie blinzelte ihnen zu, als sie die Hütte betraten, ohne Interesse und ohne Angst, genau wie ein Tier. Sie mochte einst eine hübsche Frau gewesen sein, aber die Schläfrigkeit der Krankheit hatte bereits das Tier in ihrem Gesicht zum Vorschein gebracht. Ihre Verzierungen aus sehr dünnem, weichem Gold zeigten, dass sie die Frau einer wichtigen Person war; Vielleicht war sie die Favoritin des Häuptlings. Sie verstand Merrylegs' Dialekt nicht und er auch nicht ihren. Möglicherweise hatte sie, wie es bei dieser Krankheit manchmal vorkommt, keine vollständige Kontrolle über ihre Zunge. Roger dachte, sie könnte durstig sein. Er schenkte ihr Wasser ein. Sie trank nicht. Damals kam Roger der Gedanke, dass sie die Krankheit möglicherweise begrüßte und ihr ohne Kampf nachgab, nachdem sie Mann und Kind verloren hatte. Er konnte sehen, dass sie ein Kind bekommen hatte, und dass dort kein Kind war. „Arme Frau“, sagte er zu sich selbst. „Armer Kerl.“ Sie gingen wieder ins Freie.

Am anderen Ende des Dorfes fand Roger Beweise, die ihm halfen, eine Theorie über das Geschehene aufzustellen. Direkt außerhalb der Palisade lagen die Knochen einiger Leichen, die, wie er annahm, nach dem Ausbruch der Epidemie gestorben waren. Wenn die Epidemie, wie es wahrscheinlich schien, vor zwei Monaten begonnen hatte, mussten diese Männer und Frauen seit etwa vierzehn Tagen tot sein. Die Krankheits- und Sterberate war seitdem stetig gestiegen. Die fähigen, nicht infizierten Einwohner waren schließlich gemeinsam ausgewandert. Sie waren mit ihren Waffen und ihrem Vieh an einen gesünderen Ort gegangen und hatten die Infizierten dem Tod überlassen. Er konnte sich das nicht anders erklären. Viele der Hütten waren verlassen. In anderen lagen noch lebende Schläfer zwischen Leichen. Drei junge Männer, ein Junge und ein alter Mann waren die lebhaftesten der verbliebenen Einwohner. Roger brauchte nur auf ihre Zungen zu schauen, um zu erkennen, dass auch sie zum Tode versiegelt waren. Die Zunge bewegte sich mit einem hilflosen Zittern von der Wurzel aus. Ihre Lymphdrüsen waren geschwollen. Sie selbst machten sich keine Illusionen über ihren Zustand. Die Wolke lag über ihnen. Sie wollten nicht sprechen, wenn man nicht mit einiger Schärfe zu ihnen sprach. Sie warteten düster, bis die Krankheit alles von ihnen wegfegen würde. Merrylegs versuchte, sie zu verstehen, gab es aber auf. „Sehr arme Männer", sagte er. „Wissen nichts." Sie waren ein Relikt (oder Außenposten) eines fremden Stammes, der eine unbekannte Sprache sprach. Vielleicht waren sie die Nachkommen einer kleinen wandernden Gruppe, die durch Krieg, Pest oder Unglück von ihrem Stamm getrennt worden war. Sie hatten ihre Gesetze, ihre Künste, ihre Bräuche gehabt. Sie hatten sogar gediehen. Das Spiel des Lebens war dort angenehm verlaufen. Das Leben dort war kaum mehr als ein Sitzen in der Sonne gewesen, zwischen dem Gang zum Fluss zum Trinken und dem Gang zum Feld zum Maisessen. Die Schönen hatten sich mit Öl eingeschmiert und die Starken sich mit Butter fett gemacht. Sie hatten „natürlich" gelebt, wie Pflanzen oder Tiere, und teilten die Immunität der wilden Dinge gegen Krankheiten. Sie waren völlig angepasst. Jetzt hatte eine kleine Veränderung ihre Beziehung zur Natur verändert. Irgendetwas hatte die Trypanosomen mitgebracht. Nun starben sie wie die Tiere, von ihren Artgenossen verlassen.

Der erste Schock des Anblicks dieser Todesernte überkam Roger nur dumpf, durch den Schutzschild seines Fiebers. Er war sich des ganzen Schreckens nicht bewusst. Auch war er sich des Zeitablaufs nicht bewusst. Er blieb eine volle Stunde im Dorf, bevor er zum Boot zurückkehrte. In dieser Stunde machte er sich grobe Notizen über die 29 Fälle, die noch dort waren. 16 von ihnen, so hoffte er, würden sich einer Behandlung unterziehen lassen. Die anderen waren praktisch schon vor Auszehrung gestorben. Die Vorbereitung der Notizen, so kurz sie auch waren, war eine große Belastung für seine Kräfte. Das Fieber wurde immer stärker. Er starrte zwischen dem Schreiben zweier Worte ins Leere. Sein Gehirn war ein ständiger, wogender Tumult.

Seine Augen schienen in ihren Höhlen zu brennen. Er dachte mit einem großen Schrecken an Lionel. „Lionel“, wiederholte er. „Ich muss es Lionel sagen. Wir werden hier anhalten.“

Außerhalb des infizierten Dorfes suchte er nach Spuren. Ein Weg führte zur Ruine. Ein anderer führte über die Ebene hinweg. Beide waren so schmal wie der Gurt eines Pferdes und so hart geschlagen wie Tongut. Die alten Viehspuren kreuzten sie. Merrylegs schaute sich am Boden um und rief, dass der Stamm vor zehn oder elf Tagen mit seinem Vieh über die Ebene gezogen sei. Er zeigte auf Markierungen auf dem Boden. Roger glaubte ihm beim Wort.

Er kletterte in die Heckplane des Bootes und hatte das Gefühl, als würde ihm heißes Metall in die Gelenke gespritzt. „Wie geht es dir jetzt, Lionel?“ er hat gefragt. „Du siehst ziemlich schlimm aus. Das ist ein Seuchenherd. Sie haben hier die Krankheit. Sie sterben daran.“

„Hättest du nicht vorher kommen und es mir sagen können?“ sagte Lionel. „Ich habe hier gelegen und wusste nicht, ob du tot oder lebendig bist.“

„Ich müsste viele Hütten untersuchen“, antwortete er. „Was denkst du? Wir sollten besser hier anhalten, nicht wahr? Wir sollten dies besser zu unserer Station machen. Das erste, was ich tun werde, wird sein, dich in ein Bett zu bringen.“

„Das ist wie du“, sagte Lionel. „Man macht Pläne, wenn ich krank bin, und kann kein Veto dagegen einlegen. Mein Gott, wenn ich gewusst hätte, dass es so sein würde! Nun, ich werde nie wieder mit einem Greif arbeiten.“

„Es ist Zeit für deine Medizin“, sagte Roger ruhig, um das Thema zu wechseln. Er schüttete das weiße Pulver in ein Zigarettenpapier und reichte es dem Patienten.

„Wagen Sie es nicht, mir Medizin zu geben“, antwortete Lionel und schüttelte die Dosis weg. „Ich glaube, du vergiftest mich. Ich habe dich beobachtet. Du vergiftest mich.“

„Sag so etwas nicht, Lionel“, sagte Roger. „Du bist furchtbar müde, ich weiß, aber sie tun weh. Ich wünschte, ich könnte dich gesund machen“, überlegte er. „Es ist nicht so einfach, wie Sie zu denken scheinen“, fügte er hinzu.

„Was ist nicht?“

„Das Leben hier.“

„Das liegt daran, dass du so ein dummer Arsch bist. Mir geht es gut. Ich möchte nur in Ruhe gelassen werden. Nun ja. Bring die Männer an Land, nicht wahr? Stell eine Art Lager auf.“

„Das werde ich", sagte Roger. „Ich werde heute Nacht dort auf dem Hügel zwischen den Ruinen campen." Er gab einige Befehle.

Lionel setzte sich auf. „Merrylegs", sagte er, „lass das fallen. Ich befehle hier."

„Schau her, Heseltine", sagte Roger. „Ich muss das tun."

„Du sollst die Expedition nicht zum Scheitern bringen", sagte Lionel. „Du bist so unwissend wie eine Kuh. Du hast die Ruine noch nicht einmal untersucht."

Roger schenkte ihm keine Beachtung. Er befahl den Männern, das Boot festzumachen und auszuladen.

„Naldrett", sagte Lionel, „wenn du damit weitermachst – wenn ich krank bin und dich nicht aufhalten kann – ist das das Ende unserer Zusammenarbeit. Wir trennen uns. Stell die Kiste ab, Merrylegs. Lass die Sachen im Boot."

Roger hatte mehr Kraft in sich als sein Begleiter. Das Boot wurde entladen. Die Träger ließen einen Stapel Kisten am Fluss zurück, bildeten eine Indianerreihe und marschierten mit ihrer Last an lebensnotwendigen Gütern zum Hügel. Lionel ging, unterstützt von Roger. Er sprach nicht. Auf seinem Gesicht spiegelte sich der ohnmächtige Zorn eines kranken Mannes. Plötzlich bemerkte Roger, dass er nur aus nervöser Schwäche weinte. Er hatte das Gefühl, dass es gut wäre, nichts zu sagen. Lionels Gereiztheit war die Folge von Fieber. Wenn er etwas sagte, würde die gereizte Stimmung es sicherlich zu einem Anlass zur Beleidigung machen. Er sagte nichts. Nachdem Lionel eine Minute innegehalten hatte, sagte er mit schwacher Stimme etwas über die Hitze. Roger hatte die Hitze nicht bemerkt. Er hatte einen glühenden Kalkofen in sich. Er blieb stehen und fragte, ob es sehr heiß sei. "Gott!" sagte Lionel angewidert. Sie gingen weiter und folgten den Trägern. Plötzlich blieb Lionel stehen und fluchte wegen der Hitze. Roger wartete. Jeder Moment des Wartens war für ihn eine Qual. Jeder Moment körperlicher Anstrengung quälte ihn. Er wollte sich hinunterwerfen und dem Fieber seinen Lauf lassen.

"Allmächtiger Gott!" sagte Lionel und drehte sich zu ihm um. „Kannst du mir nicht antworten?"

„Ich wusste nicht, dass du mit mir gesprochen hast."

„Du weißt nichts."

„Du hast nicht mit mir gesprochen, du hast vor der Hitze geflucht."

„Was wäre, wenn ich es wäre."

„Wenn du es schaffst, still zu bleiben, bis wir unser Lager aufgeschlagen haben", sagte Roger, „würde es dir besser gehen. Ich gebe mein Bestes für dich."

„Das bist du", sagte Lionel, „das bist du. Ich kann es kaum erwarten, zu sehen, was für ein verrottetes Lager du aufschlägst, wenn du allein gelassen wirst."

„Halt die Klappe", sagte Roger. „Halt die Klappe. Ich bin zu krank zum Reden." Das Fieber wirbelte jetzt in ihm herum. Er traute sich nicht, mehr zu sagen. Er war kurz vor dem Delirium. Er erinnerte sich, dass er den Geruch des Todes in einem widerlichen, schwülen Wind gerochen hatte, während Merrylegs etwas über den Kraal in der Senke sagte. Als er halb schläfrig nach links blickte, sah er einen Kraal, der mit totem und sterbendem Vieh übersät war, zwischen dem sich vollgefressene Geier niederließen. Später erinnerte er sich an die Ruinen einer Mauer, die jetzt etwa einen Meter hoch war. Sie war aus gut behauenem Stein gebaut, gut verlegt, mit einer zinnenbewehrten Schicht direkt unter ihrer jetzigen Spitze. Er konnte sich nicht erinnern, jemals über die Mauer gekommen zu sein. Es gab viele Sonnenblumen. Riesige orangefarbene Sonnenblumen mit schlaffen, gewellten Blütenblättern. Sonnenblumen, die aus einem Haufen sauber bearbeiteter Steine wuchsen. Moskitos kamen „pingend" um ihn herum und wanden ihre schwülen Hörner. Diese kleinen Hörner schienen ihm die Sprache des Fiebers zu sein. Sie ließen ihn Dinge erahnen. Die Männer brauchten sehr, sehr lange, um das Zelt aufzubauen. Mit einem der Männer stimmte etwas nicht. Die anderen Männer hielten sich von ihm fern. Die Betten mit ihren Netzen waren endlich fertig. Feuer brannte. Etwas, das nach Suppe roch, wurde gekocht. In seiner kranken Phantasie war es der Geruch von etwas Totem. Er befahl ihnen, es wegzubringen. Er sah Lionel irgendwo, so wie ein Sterbender den Arzt an seinem Bett sehen kann. Er konnte nicht sicher sein, wer von beiden der Lebende war. Dann kam ein Moment, in dem er das Moskitonetz nicht mehr öffnen konnte. Er sah sein Bett darin. Er sehnte sich danach, im Bett zu sein. Diese ganze Qual wäre sofort vorbei, wenn er eingehüllt im Bett läge. Aber er konnte nicht hinein. Das Bett war durch das Moskitonetz von ihm abgeschirmt. Er wollte hinein. Er würde alles dafür geben, im Bett zu sein. Aber er wusste nicht, wie er das Netz bewegen sollte, alles roch so stark nach Tod. Überall war es sehr rot, ein rauchiges, wirbelndes Rot mit grellen Lichtern. Menschen durchquerten die Dämmerung, oder besser gesagt, es waren keine Menschen, sondern Streifen von Dunkelheit. Sie stießen ein lautes Geschrei aus. Sie waren zu laut. Warum konnten sie nicht ruhig sein? Er hörte auf, am Netz herumzufummeln. Er sah eine endlose Artilleriearmee über einen Pass marschieren. Die Männer waren alle dunkel; die Gewehre waren alle schwarz bemalt; die Pferde waren schwarz. Sie marschierten endlos, endlos, endlos bergauf. Er schrie ihnen zu, sie sollten aufhören zu marschieren, irgendetwas tun, anstatt auf diese grausige Art immer weiter und weiter zu machen. Augenblicklich verwandelten sie sich in Tsetsevögel, die auf sterbendem Vieh ritten. Es waren riesige Tsetsevögel mit Augen wie Kanonenkugeln. Eine höllische Schar von Trypanosomen wand sich um sie herum. Die Trypanosomen wanden sich überall auf ihm. Ein riesiger Tsetsevogel zwang ihm mit einem haarigen Schnabel den Mund auf, damit die Trypanosomen seine Kehle hinunterwandern konnten. Ein abgeflachtes Trypanosom, das so schlaff wie Gelee schmeckte, wimmelte über seine Lippen.

Der Anfall ließ am frühen Morgen nach und ließ ihn schwach, aber wachsam zurück. Es würde etwas passieren. Die Luft war so nah wie eine Explosion aus einem Hochofen. Er setzte sich auf und hielt sich an der Zeltstange fest. Er konnte ein oder zwei Sterne sehen. Er wünschte, der schreckliche Geruch würde verschwinden. Es schien überall zu sein.

„Lionel", sagte er.

„Ja", sagte eine schwache Stimme.

"Hast du geschlafen?"

„Ja. Ich habe lange geschlafen. Wie geht es dir?"

„Der Anfall ist weg. Aber ich fühle mich komisch. Es wird etwas passieren."

„Es ist sehr nah. Es wird noch vor dem Morgen vergehen. Das Fieber spielt mit einem den Teufel, nicht wahr?"

„Geht es dir jetzt ganz gut?"

„Ja. Mir geht es jetzt gut. Und Ihnen geht es nach dem Frühstück wieder gut. Hier ist es doch nicht so schlimm, oder?"

„Nein. Nicht so schlimm. Aber da ist dieser Geruch des Todes, Lionel."

„Das ist Fieber. Das wird vergehen, das wirst du sehen."

„War ich im Delirium?"

"Ja ein bisschen."

„Du warst ziemlich schlimm."

"Ja. Mir ging es gestern den ganzen Tag ziemlich schlecht", sagte Lionel. "Es ist schrecklich, wenn man in diesen Zustand gerät. Man schämt sich danach so sehr. Das ist Teil der Krankheit. Du warst furchtbar sanft zu mir, Roger."

„Ich habe gesehen, dass es Ihnen ziemlich schlecht geht. Wir müssen uns morgen an die Arbeit machen und alles in Ordnung bringen. Im Dorf dort geht es ihnen schlecht. Es sind noch neunundzwanzig Kisten übrig. Wir könnten vielleicht sechzehn davon retten."

„Gibt es irgendeine Spur, wie sie daran gekommen sind? Wissen sie es?"

„Sie sprechen keine Sprache, die Merrylegs kennt."

„Ich verstehe. Wie sind sie? Sind sie ein guter Haufen?"

„Ja. Es sind gute Neger. Sie sehen aus, als hätten sie etwas Besseres in sich als Negerblut. Etwas Arabisches. Und hier ist diese Ruine."

„Es wird lustig, sich die Ruine anzusehen. Ich frage mich, ob sie wie die Ruinen von Rhodesien aussieht. Die habe ich gesehen. Wenn das so ist, müsste es hier Gold geben. Geschmiedetes Gold ebenso wie Rohgold. Aber daran dürfen wir nicht denken."

„Nein. Lassen wir keine Nebensächlichkeiten. Ich schätze, wir sollten morgen besser ein Isolationslager eröffnen."

„Ja. Holt sie alle raus und brennt das Dorf nieder. Dann beginnen wir mit der Behandlung."

„Es wäre für uns eine Ehre, wenn wir ein Tsetse-Medikament fänden. Ein Vogel wäre besser als nichts. Oder eine Schlupfwespe, die die Puppen ansticht."

„Ich war selbst einmal jung", sagte Lionel. „Ich weiß genau, wie es sich anfühlt." Danach entstand eine Pause. Lionel schien zu kichern.

„Kannst du nicht wieder schlafen gehen, Lionel?"

„Nein. Es ist zu nah."

„Es ist toll, die Sterne anzuschauen. Und ich kann bis in die Wildnis hinaussehen. Der Mond ist wunderbar. Es ist sehr weit hier draußen. Und einsam. Es gibt einem das seltsame Gefühl, voller Erinnerungen zu sein. Ich frage mich, wer diese Ruinen gebaut hat."

„Phönizier, nehme ich an. In Afrika schreibt man alles den Phöniziern zu. Im Mittelmeerraum waren es früher irgendwelche anderen Kerle, heute sind es die Iberer. Arier waren vor vierzig Jahren sehr in Mode, aber die sind jetzt tot. Dann gab es diese schlampigen Kelten. Wenn wir zurückkommen, werden es die Hethiter sein."

„Haben Sie Groß-Simbabwe gesehen?"

„Ja. Aber sie heißen alle Simbabwe. Das ist ein einheimischer Name für Ruinen. Es ist ein unheimlicher Ort. Er liegt völlig offen. Er hat kein Dach. Keine von ihnen hat ein Dach. Nichts als große, hohe Mauern und zwei scheußliche Steinkegel und viele Leichen unter dem Boden. Überall um ihn herum gibt es alte Goldgräberstätten. Es soll ein astronomischer Tempel sein und auch der Standort einer großen Bergbaustadt. Wissen Sie viel über Astronomie?"

„Nein. Ich kenne Sirius."

„Ich kenne Sirius. Kannst du ihn sehen?"

„Ich kann es von hier aus nicht sehen. Vielleicht ist es nicht sichtbar."

„Mir kommt es so vor, als würde es trübe werden. Hören Sie."

„Ist das ein brüllender Löwe?"

„Spring mal raus." Lionel wurde herausgebracht und stand an der Tür des Zeltes.

"Was ist los?" fragte Roger.

„Ein Gewitter", sagte Lionel. „Zieh deine Sachen an. Darauf habe ich mich vorbereitet. Wickel die Plane um dich und komm raus. Warte nicht. Komm schon."

Draußen in der Nacht verdunkelte sich der Himmel unter einer wirbelnden violetten Wolke schnell. Von Zeit zu Zeit schimmerte die Wolkenfläche in einem fahlen Rot, wenn ein Blitz einschlug. Es war, als ob der ganze untere Himmel aufblitzte. Es donnerte. Große brennende Streifen zerrissen den Himmel und ließen Donner und Flammen los. Roger sah, wie die Träger von ihrem Feuer in den Schutz des Windschattens der Ruinen gingen. Ein schwacher, schwüler Windstoß wehte ihm ins Gesicht und brachte ihm den Geruch des Todes. Er wandte sich ab und würgte. „Weg vom Zelt", schrie Lionel ihm über das Donnern hinweg ins Ohr. „Bindet mir dieses Seil um. Es wird schlimm. Geht dort unter den Windschatten der Mauer. Lauft." Sie eilten zum Schutz, auf den wackeligen Beinen derer, die sich gerade vom Fieber erholt hatten. Während sie rannten, trat Roger auf etwas Seilartiges und Bewegliches, das (sich herumwanderte) mit einem scharfen Schlag auf seinen Stiefel traf.

„Da ist eine Schlange", rief er und zuckte zusammen.

„Hat er dich erwischt?"

„Nein. Nur mein Stiefel."

„Glück für dich. Vielleicht gibt es hier Todesaddierer. Rassel mit deinen Füßen. Hier sind wir. Das reicht."

Es prasselte scharf auf schwere Regentropfen, die auf den Boden prasselten wie Schrot auf Blech. Im Schimmer eines langen Blitzes, der volle zehn Sekunden brannte, sah Roger, wie Lionel mit ausgestrecktem Fuß den Boden nach Schlangen absuchte. Er trug eine Kapuze und eine Kutte aus einer Plane vom Boot. Schläfrig vor Hitze und Feuchtigkeit kratzte er ein Streichholz an, um Feuer für eine Zigarette zu bekommen. Das Streichholz flammte auf und ließ das Gesicht unter dem Schatten der Kutte in kräftige Farbe erstrahlen. Der Himmel wurde von einer dunklen Heerschar erfüllt. Es erklang eine Art elementares Seufzen, als die vertikalen Sterne zu verdunkeln begannen. Aus der ganzen Luft kam das Seufzen. Es war ein Geräusch wie von Wasserfällen und Kiefernwäldern. Dann brach mit einem erschütternden Krachen der Sturm los. Der ganze Himmel brach in Flammen aus, als ob plötzlich ein gewaltiges Feuerbad über ihn geschleudert worden wäre. Es gab ein Brüllen, als ob die Erde gespalten würde. Nach einer kurzen Pause kam es zu einer so schrecklichen Explosion, dass die beiden Männer sich instinktiv aneinanderdrängten. Es wurde augenblicklich kälter. Es wurde eiskalt. Das Zelt war ein paar helle Sekunden lang in allen Einzelheiten deutlich zu erkennen. Dann strömte der Regen herab, als ob der Boden des Himmels aufgebrochen wäre. Der nächste Blitz zeigte nur ein strömendes Grau von Wasser, das mit einer für Roger neuen Schwere und Kraft herabströmte. Es war ein blendender Regen, man konnte ihm nicht standhalten. Er verwandelte die Welt in einen grauen Sturzbach. Er ließ die Erde unter den Füßen kleben. Eine halbe Minute nach Beginn des Regens stürzten Bäche den Hügel hinunter. Die Blitze und das Donnern hörten nie auf. Roger kauerte sich an die Wand und konnte nur Luft schlucken, die zur Hälfte aus Wasser bestand. Die Kraft des Sturms ließ ihn taumeln. Die Wut des Donners entmutigte ihn. Die Pracht des Blitzes war so grausig, dass er sich bei jedem Blitz gegen die Wand beugte. Ein Baum an der Wand über ihm wurde getroffen. Er erwartete, bei jedem Blitz getroffen zu werden. Von Tapferkeit konnte keine Rede sein. Der Lärm und das grelle Licht waren schlimmer als das heftigste Artilleriefeuer. Der Blitz schien über den Himmel und über den Boden zu zucken und aus dem Boden hervorzutreten. Man konnte ihn riechen. Er roch nach etwas Brennendem, nach Metall.

Im nächsten Augenblick grub er seine Finger in die Zinnen, um nicht weggeweht zu werden. Der Wind stürmte mit einer Wucht herab, die ihm den Atem raubte. Eine Sekunde lang schien der Regen zu pausieren. Er änderte lediglich seine Richtung und wurde horizontal. Die Luft schien nicht mehr da zu sein. Da war nichts als ein rauschender, stechender, blendender Wasserschwall . Nachdem der Wind eingesetzt hatte, war Roger sich nichts mehr richtig bewusst. Er stand mit dem Rücken zur Mauer, mit fest geschlossenen Augen und fest geschlossenem Mund, seine Ohren waren feucht und tränten, seine Nase war von der Anstrengung, die Augen geschlossen zu halten, gerümpft. Über seine Augenlider hinweg spürte er das Glimmen des Blitzes, mal blendend, mal nur grell. Alles andere war ein wildes, heulendes Getöse, treibende Nässe, treibende Kälte, beherrscht von den Explosionen in der Luft. Alle Verwirrung war losgelassen, um die

Todesangst in ihm zu nähren. So standen sie etwa eine Stunde lang Schulter an Schulter, als eine Veränderung eintrat.

Der Wind ließ nach, nachdem er am heftigsten geblasen hatte. Der Regen hörte auf. Das fahle Schimmern der Blitze verschwand in der Ferne. Die Sterne kamen heraus. Roger schmatzte im Schlamm und versuchte, etwas Gefühl in seine eiskalten Füße zu bekommen. Lionels Zähne klapperten. Lionel versuchte mit tauben Fingern, ein triefendes Streichholz für die durchnässte Zigarette anzuzünden, die sich bereits zwischen seinen Lippen befand.

„Ganz schlimm", sagte Lionel. „Das Zelt ist weg."

„Bald wird es dämmern", sagte Roger und blickte auf das Zeltwrack. "Es ist jetzt vorbei." Er zitterte.

„Noch nicht", sagte Lionel. „Das ist erst die Hälfte. Die andere Hälfte kommt noch. Ich frage mich, wie die Träger das aufgenommen haben."

„Ich werde hingehen und nachsehen", sagte Roger.

„Bleib, wo du bist", sagte Lionel. „Du wirst keine Zeit haben." Für einen kurzen Moment zeigte sich der Mond – ein kränklicher Mond, der bereits von Scod bedroht war. Die Wolken zogen wieder auf.

„Das wird uns ins Auge fallen", sagte Lionel mit erhobener Stimme. „Das sind kreisförmige Stürme." Der Wind murmelte in der Ferne. Die ganze Erde war von einem düsteren Murmeln erfüllt. „Lasst uns in das Wrack des Zeltes gehen", fügte Lionel schreiend hinzu. „In das Wrack des Zeltes. Wir könnten an Kälte sterben, wenn wir es nicht tun." Sie heben die schwere Leinwand hoch, damit sie hineinkriechen können, unter die Falten. Sie kauerten dort dicht beieinander und warteten, bis auf die Knochen durchgefroren.

„Es ist herrlich kalt", sagte Roger mit klappernden Zähnen.

„Ja", sagte Lionel. „Ich habe erlebt, dass ein Mann dabei gestorben ist. Halten Sie sich fest. Jetzt kommt es."

Es kam mit einem solchen Donner- und Blitzschlag, dass beide zusammenfuhren. Sie spürten, wie sich die Falten des Zeltes über ihnen wölbten und hoben, während der Wind darauf wehte. Irgendeine Klappe war losgeflogen. Es schlug auf Roger ein wie eine harte Holzstange. Da verstand er, was Seeleute mit Wind meinten. Für einen Moment verspürte er eine Art Jubel. Dann warf ihn ein schrecklicher Windstoß auf die Seite und rollte ein großes Gewicht nasser Leinwand über ihn. Er spürte, wie es zitterte und zögerte. Der Wind schien zu toben und zu toben, mit unzähligen kleinen heulenden Teufeln. Sie hoben sich und senkten sich. Die ganze Masse zögerte. Er war bewegt, er war beeindruckt. Er spürte, wie der Stoff innehielt, nach oben schwankte und nach unten sank. „Wir gehen", murmelte er und schluckte. Danach behauptete er, nur die Last des Regens habe ihn davor bewahrt, weggeweht zu werden. Unter ihm gurgelte Wasser im Boden. Wasser lief ihm über die Ärmel und den Hals hinunter. Wasser spritzte auf ihn, als er die Falten wegschlug, um Luft zu bekommen. Ein großes und grässliches Feuer breitete sich über den Himmel aus. Überall um ihn herum trafen Erschütterungen die Erde. Ein weiterer Baum wurde gesprengt. Über uns brach Donner in einem langen, kräuselnden Crescendo aus spaltenden Knallen los. Das und der graue Star, der ihm ins Gesicht strömte, veranlassten ihn, die Falte zurückzuziehen. Er duckte sich. Er hatte den Kontakt zu Lionel verloren. Er wusste nicht, wo Lionel war. Sein Fuß stieß gegen etwas Hartes. Als er nach unten tastete und auf der Suche nach Gesellschaft war, stellte er fest, dass es sich um die zerbrochene Zeltstange handelte. Eine weitere Böe hob ihn hoch. Es sammelte Kraft. Es fegte die Falten von seinen Händen und ließ die Kante mit ihren Peitschenhieben aus Seilen und Zeltpflöcken peitschen, peitschen, peitschen. Die ganze Wucht des Sturms lastete auf ihm. Das Zelt rollte zusammen und zerfiel an den Kisten. Er saß im nassen Schlamm und wurde von jedem Teufel des schlechten Wetters angegriffen. Lionel war an seiner Seite und schrie ihm ins Ohr. „Steh nicht auf", kam die weit entfernte Stimme. "Getroffen werden." Er nickte, als die Flammen das nächste Mal um ihn herum schossen. Es schien wahrscheinlich, dass er geschlagen werden würde. Es war ein schneller Tod, sagten die Leute. Er sagte laut, dass es schrecklich wäre, wenn Lionel geschlagen würde. Was dann? Was würde er dann tun? Er reckte den Kopf in den prasselnden Regen, um einen Blick auf die Träger zu erhaschen. Er konnte nichts außer Regen und diesem rötlichen, fließenden Schimmer lebendigen Lichts sehen.

Er fühlte nicht viel. Ihm war zu kalt, zu schwach, zu verängstigt. Wenn er seine Gefühle hätte beschreiben können, hätte er gesagt, dass er es für unmöglich hielt, jemals trocken, warm oder glücklich gewesen zu sein. Sein altes Leben war ein ferner, unvorstellbarer Traum. Dass er jemals am Feuer gesessen hatte, schien unvorstellbar. Dass es so etwas wie eine Sonne gab, schien unvorstellbar. Dass ein Leben würdevoll, zärtlich oder heroisch sein konnte, schien unvorstellbar. „Wenn das kein Elend ist", murmelte er zitternd, „dann weiß ich nicht, was es ist. Ich weiß nicht, was es ist." Plötzlich spürte er, dass Wasser in einem guten, starken Strom unter ihm floss, mehrere Zentimeter tief. Er legte seine Hand hin, und sie schwappte in einer Strömung bis zum Handgelenk. Er tastete mit der Hand. Als er sie hinlegte, kniff ihn ein Käfer im Wasser heftig und machte ihn für einen Moment krank bei der Erinnerung an die Schlange, die seinen Stiefel gebissen hatte. Er stand hastig auf, und das Wasser stieg über seine Stiefel. Als er aufblickte, sah er durch eine Lücke in den Wolken den Mond, einen geschlagenen Schwimmer in einem Mühlgraben. Der Sturm brach los.

Nicht lange danach ging es kaputt. Die Sterne kamen heraus. Der Wind hörte auf, ständig herumzuwirbeln. Sie wehte gleichmäßig, ein lebhafter, frischer Sturm, der klare Schauer hervorbrachte. Zu anderen Zeiten hätten die Schauer wie Sturzbäche ausgesehen , aber für Roger waren es jetzt kleine Nieselregen. Lionel und er fanden im Zelt eine Art Höhle. Ein Teil der Leinwand hatte sich unter der Stange eingeklemmt. Der Rest war über einen Kistenstapel an die Wand geweht worden. Jetzt, gestützt auf diese beiden Pfosten, bildete das Dach einen schmalen, etwa fünf Fuß langen Unterschlupf. Sie krochen tot vor Kälte in diesen Unterschlupf. Eine Weile saßen sie zusammengekauert und mit klappernden Zähnen da. Dann zogen sie ein paar Falten der Leinwand über sich und lagen still da und versuchten, Wärme und Schlaf zu finden. Sie waren sich nicht ganz sicher, ob sie die Morgendämmerung noch erleben würden. Roger dachte vage an die Träger. Er fragte sich, was sie aufgrund ihres Wissens über diese Stürme getan hatten. Ein dumpfes, schweres, stetiges Brüllen schien vom Fluss zu kommen. Er fragte sich, ob das Wasser nach all dem sintflutartigen Regen stark gestiegen war. Er dachte vage an eine Überschwemmung und fragte sich, ob das Boot sicher sei. Es schien lange, lange her zu sein, seit sie das Boot verlassen hatten. Er muss das Boot in einem anderen Leben verlassen haben. Die Sonne hatte geschienen, es war ihm heiß gewesen, er war durch eine herrliche Landschaft gereist. Er hatte die Pfauen der Königin von Saba zwischen Blumen flattern sehen, die wie brennende Edelsteine aussahen. Das ist lange her. Das war für immer vorbei. Dennoch machte er sich vage Gedanken über das Boot. War es dort in der Weite sicher?

„Lionel", sagte er sanft. "Kannst du schlafen?"

„Nein. Gleich wird es uns warm."

„Es ist wirklich elend."

„Es wird alles gut, wenn es uns warm wird. Lasst uns nicht reden."

„Ist das Boot in Ordnung, meinen Sie? Das Wasser im Fluss rauscht."

„Das Boot? Ich kann nicht an das Boot denken. Es lag vor Anker oder so." Ihre Zähne klapperten noch einmal für kurze Zeit. Während sie zitternd dalagen, spürten sie die unangenehme, schmerzende Wärme, die manchmal diejenigen verspürt, die in nasser Kleidung schlafen. Es ist eine ähnlich unangenehme Hitze, wie sie nasses Gras in einem Garten erzeugt. Es sind Krämpfe und Schmerzen darin. Die Muskeln bilden kleine Knoten und bündeln sich. Dennoch ist es eine Art Hitze. Sie lagen wach und rieben ihre verkrampften Muskeln, bis ihnen kurz vor Tagesanbruch warm genug war, um einzuschlafen. Dann schliefen sie ein und wachten von Zeit zu Zeit, im Allgemeinen alle zehn Minuten, auf, um sich unruhig umzudrehen, damit

sich die schmerzenden Muskeln nicht mehr zu kleinen Knoten und Bündeln
verkrampften.

IX

Wo sind diese Kannibalen, diese Knechte?
Der Schuhmacherurlaub .

Der Regen hörte vor Tagesanbruch auf. Als sich die beiden Freunde stark genug fühlten, hinauszugehen, brannte bereits die Sonne. Es war nach halb acht Uhr. Die Bäche, die erst drei oder vier Stunden zuvor an ihnen vorbeigespült und über sie gespült worden waren, flossen nicht mehr. Ihre Spuren waren am Hang in breiten, flachen, schlammigen Furchen und in Pfaden aus verputztem Gras markiert. Der Fluss war noch nicht lange zuvor über die Ufer getreten. Es wirbelte jetzt dahin, randvoll, so rot wie Wasser aus einer Eisenhütte. Roger erinnerte sich an das Wasser, das entlang einer Straße in der Nähe von Portobe floss, von einigen Eisenhütten oben auf dem Hügel. Es war einfach diese wilde Farbe. Er verspürte Heimweh. Er drehte sich um und blinzelte in die Sonne, um die Wärme auf seinem Gesicht zu genießen.

Das Lager war ein Sumpf aus Schlamm. Rote Spritzer bedeckten die Kisten. Das Zelt war darin halb vergraben. Seine Kleidung und die Abdeckplane waren damit beschmiert. Er hatte das Gefühl, dass es nicht nur in seine Haut, sondern auch in seine Natur eingearbeitet worden war. Er hatte nie zuvor gewusst, was es heißt, wirklich schmutzig zu sein, und auch nicht, was anhaltender Schmutz für die Figur bedeuten könnte. Der Ort des Lagers war zertreten, bespritzt und voller Schleim, doch die Helligkeit des Morgens machte es ihm schwer zu glauben, dass ein solcher Sturm erst vor kurzem über ihn hinweggezogen war. Er bemerkte die Bäume, die vom Blitz getroffen worden waren. Es war nicht alles ein Albtraum gewesen.

Den Hügel hinauf, hinter drei kleinen Ringmauern, nicht höher als die Mauer neben ihm, erhoben sich die großen Mittelmauern. Sie traten im hellen Licht deutlich hervor. Es waren gute, gut gebaute Mauern mit Zinnen nahe der Spitze, an der richtigen künstlerischen Stelle, an der unvermeidlichen Stelle. Die Zinnen zeigten Roger, dass er im Geiste nicht weit von den Erbauern entfernt war. Sie sprachen die universelle Sprache der Kunst. Aber sie waren mehr als Schwätzer, diese alten Männer. Ihre Arbeit war großartig. Sie hatte Stil. Sie trug den Stempel der Willenskraft. Die Idee war bis ins Einfachste durchdacht. Die Mauern waren solide und hatten jene schlichte Stärke, die die tüchtigen Völker der Antike, die noch nicht von Gefühlen verdorben waren, bei öffentlichen Bauten an den Tag legten. Obwohl sie nicht wie römische Arbeiten waren, erinnerten sie Roger an die Mauern von Richborough und Caerwent. Sie hatten etwas von demselben heidnischen Geist, etwas Starkes, Schönes und Unheimliches. Selbst mit den blühenden

Sträuchern und Grasbüscheln darauf waren diese Mauern unheimlich. Er schauderte ein wenig. Der einsame Hügel war einst eine Stadt gewesen, in der starke, feine, unheimliche Köpfe gelebt hatten.

Lionel kroch heraus. „Wo ist Merrylegs?" er hat gefragt. „Warum haben sie unseren Tee nicht mitgebracht?"

Roger begann. Wo waren die Träger? Er hatte sie nicht mehr gesehen, seit er gesehen hatte, wie sie vor dem Ausbruch des Sturms in Deckung gingen. Sie waren weg. Sie waren nicht zurückgekommen. Sie hatten nicht einmal ein Feuer angezündet. „Ich weiß nicht, wo sie sind", sagte er. „Wo können sie sein?"

„Hast du sie nicht gesehen?" sagte Lionel.

„Nein", antwortete er. „Sie sind nicht hier. Merrylegs!" er schrie. „Merrylegs!" Es kam keine Antwort.

Lionels Gesichtsausdruck veränderte sich leicht. Er sprang auf die niedrige Mauer und blickte bergab zum Dorf. Die Aussicht über diese Wüste aus hellem Gras, durch die der Fluss floss, war sehr prächtig; aber Lionel suchte nicht nach einer Landschaft. „Gib mir das Fernglas", sagte er. Er starrte mehrere Minuten hindurch und ließ seinen Blick über die Ebene schweifen. „Lauf zu den Ruinen, Roger", sagte Lionel. „Vielleicht sind sie dort."

„Warte mal", sagte Roger. „Im Dorf ist Rauch. Das ist ein zu großes Feuer, als dass die Leute, die ich dort gesehen habe, es hätten entfachen können."

„Nasses Holz", sagte Lionel prompt. „Komm. Wir müssen diese Jungs in Ordnung bringen."

Sie eilten den Hügel hinauf und riefen nach Merrylegs. Nach ein paar Minuten blieb Roger stehen. „Lionel", sagte er. „Während des Sturms oder kurz davor habe ich gesehen, wie sie im Windschatten der dortigen Mauer Schutz suchten. Ihre Spuren werden im Schlamm sein. Auf diese Weise könnten wir ihnen folgen."

„Ja", sagte Lionel. „Sie sind sowieso nicht hier oben."

Nach einer kleinen Suche fanden sie heraus, wo die Träger Zuflucht gesucht hatten, bevor der Sturm drohte. Ein Geier zeigte ihnen den genauen Ort. Zwei andere Geier waren bereits da. Der Sturm hatte einen der Männer getötet.

„Es ist Eukwo, der Faule", sagte Lionel. „Ich habe letzte Nacht bemerkt, dass etwas mit ihm nicht stimmt. Vielleicht hast du gesehen, wie die anderen vor ihm zurückgeschreckt sind. Diese Kerle sind wie Tiere, nicht wahr, in der Art, wie sie ihre Kranken zurücklassen?" Er sah auf die Leiche. „Ruhr und die Kälte, nehme ich an", sagte er. „Kilembas Tod letzte Nacht, das Dorf voller Toten unter uns, der Sturm, dann dieser Kerl, der stirbt, das war zu viel für sie. Ich fürchte, Roger, die Männer haben uns im Stich gelassen.“

„Weg?“, sagte Roger verständnislos. Diese Möglichkeit war ihm vorher nicht in den Sinn gekommen.

„Ich habe Angst“, sagte Lionel und ging weg. „Hier haben sie Schutz vor dem Sturm gesucht. Dort sind ihre Spuren, die bergab führen. Sehen Sie? Hier. Sehen Sie? Immer noch halb voll Wasser. Sie sind in der Nacht während der Regenschauer verschwunden. Sie haben drei oder vier Stunden Vorsprung vor uns.“

„Also“, sagte Roger. „Komm. Wir sollten besser unterwegs essen. Sonst holen wir sie vielleicht nie ein.“

„Sie werden mit dem Boot weggefahren sein“, sagte Lionel. „Bei dieser Flut werden sie einen Tagesmarsch flussabwärts sein. Dort in der Lagune gibt es keine Spur von dem Boot.“

„Vielleicht wurde sie weggespült“, sagte Roger nach einem Blick durch das Glas. „Die Vorräte sind noch da.“ Inzwischen eilten sie bergab in Richtung Dorf. Beide dachten darüber nach, wie wild sie Merrylegs verprügeln würden und wie gering die Chance war, Merrylegs zum Verprügeln zu finden. Die Wut flammte in heißen Ausbrüchen auf und das kalte Wasser der Verzweiflung löschte sie wieder aus. Roger spürte es stärker als Lionel. Er war die Erschütterungen des Reisens weniger gewohnt. Während er eilte, fragte er sich, welche Vorräte im Boot zurückgelassen worden waren und was am Ufer aufgestapelt worden war, um am nächsten Tag heraufgebracht zu werden. Er war krank gewesen; er hatte es nie bemerkt. Die Männer hatten getan, was sie wollten. Er machte sich so bittere Vorwürfe, dass er es kaum wagte, seinen Freund anzusehen. Er fragte sich, ob die Männer etwas von höchster Wichtigkeit mitgenommen hatten. Er befürchtete das Schlimmste. Wenn sie etwas Wichtiges mitgenommen hatten, wäre er schuld. Es war seine Schuld. Er hätte sich davor in Acht nehmen sollen. Er hätte die Paddel mitnehmen sollen. Er hätte den Männern befehlen sollen, alles ins Lager zu bringen, wo es unter seinen eigenen Augen gewesen wäre. Lionel sah ihn fragend an.

„Überqueren Sie den Fluss nicht, bis Sie das Wasser erreichen“, sagte er. „Vielleicht fangen wir sie. Vielleicht sind sie noch nicht weg.“

Unterwegs durchsuchten sie das Dorf. Die Träger waren nicht da. Lionel versuchte, den Dorfbewohnern durch Zeichen verständlich zu werden, aber sie waren zu stark infiziert, um etwas Schwieriges zu verstehen. Er musste sie aufgeben. Er bat Roger, seine Taschen mit etwas zerdrücktem Mais zu füllen, den sie in einem der Töpfe einer leeren Hütte fanden. Sie aßen ihn, während sie gingen. Ihre nächste Aufgabe war, den Weg zu verfolgen.

An der Trinkstelle des Dorfes war der Fluss über das Ufer getreten. Es hatte ein paar Bäume umgerissen, deren Äste nun nach unten im Wasser lagen und Trümmer festhielten. Es war stark gegen die Kisten geprallt und hatte sie von ihrem Platz getrieben, aber nicht zerstört. Es hatte sie mit Treibstoff überhäuft und sie gelblich rot gefärbt. Die Fußspuren der Träger waren dort dick in den Schlamm eingraviert. Sie müssen dort am frühen Morgen angekommen sein, als das Wasser zu fallen begann.

„Sie waren beschäftigt", sagte Roger. Alle Kisten waren aufgebrochen. Ihr Inhalt wurde im Schlamm in alle Richtungen geschleudert.

„Schau her", sagte Lionel. „Was halten Sie von diesen Markierungen?" An einer Stelle war der Schlamm in einem langen Putzstrich glatt gehobelt worden, der in einer Kerbe oder schmalen Rille endete.

„Das hat das Boot gemacht", sagte Roger.

„Ja", sagte Lionel. „Das war das Boot. Dort kann man das Loch im Schlamm sehen. Das wurde durch die hervorstehende Schraube im falschen Bug verursacht. Erinnerst du dich an die Schraube, die wir in Malakoto eingesetzt haben? Sie haben hier abgeschoben."

„Ja. Kein Zweifel. Das ist der Haken. Also haben sie die Ware probiert und sind gegangen."

„Das ist so. Sie haben uns ausgeraubt und sind weggelaufen."

„Und wir sind mitten in der Wildnis gestrandet?"

„Wir sind allein, dreihundert Meilen von jedem Weißen entfernt."

„Ja. Dann sind wir allein", sagte Roger. „Wir sind hier allein." Die Worte begeisterten ihn. Sie bedeuteten Wörter.

„Wir können sie nicht verfolgen", sagte Lionel. „Sie haben einen zu großen Anfang gemacht."

„Wir haben kein Boot, in das wir hineingehen können."

„Ich wünschte", sagte Lionel, „ich wünschte, diese Flussneger würden Kanus benutzen."

„Das tun sie nicht."

„Nein", sagte Lionel. „Das tun sie nicht. Na ja, Trübsal zu blasen hat keinen Sinn."

„Wir könnten ihnen flussabwärts folgen", sagte Roger, „und sie vielleicht in Malakoto einholen."

Lionel schüttelte den Kopf. „Da sind die Sümpfe“, sagte er. „Und wir haben beide Fieber. Ich bezweifle, dass wir durchkommen. Vielleicht.“

„Wir werden es am Ende versuchen müssen, wenn wir überhaupt davonkommen wollen.“

„Das dachte ich mir auch“, sagte Lionel. „Aber wenn wir es versuchen, ist die Trockenzeit vorbei, und dann sind die Sümpfe passierbar. Die Sümpfe sind jetzt so schlimm, wie sie nur sein können. Ehrlich gesagt, Roger, ich glaube nicht, dass wir es mit unseren eigenen Vorräten bis nach Malakoto schaffen würden. Es sind zehn Tage; und die anderen würden nicht in Malakoto bleiben, vergiss nicht. Sie würden nach Kisa gehen. Nein. Am besten geben wir auf. Sie haben den Trick gemeistert.“

„Und wir sollen alle diese Vorräte verlieren, Vorräte im Wert von etwa hundert Pfund?“

„Das ist leider das Minimum.“

„Das ist ein schlechter Anfang“, sagte Roger. Er ging aufgeregt hin und her. „Bringt dich das nicht zur Weißglut?“, fuhr er fort. „Schau dir an, wie die Bestien die Dinger durcheinandergeschmissen haben. Ich würde viel dafür geben, ein paar davon hier zu haben.“

Lionel setzte sich auf eine Kiste und starrte nachdenklich auf das Wrack. „Roger“, sagte er schließlich. „Hast du eine Ahnung, welche Vorräte letzte Nacht den Hügel hinaufgebracht wurden?“

„Hauptsächlich Bogenbedarf, nehme ich an, Proviant, Bettzeug und Campingausrüstung.“

„Das habe ich befürchtet“, sagte Lionel.

"Wovor hast du Angst?"

„Komm schon. Seien wir ehrlich“, sagte Lionel und sprang von seinem Platz auf. „Wir müssen diese Dinger aus dem Schlamm holen. Wir müssen sehen, wo wir stehen.“

„Sie meinen, wir könnten – Was meinen Sie?“

„Wir müssen sehen, welche Vorräte uns noch bleiben.“

Gemeinsam machten sie sich daran, das Wrack zu bergen. Sie begannen mit den Patronen, die sie mutwillig verstreut hatten. Viele waren kaputt, viele fehlten. Spuren im Gras zeigten, dass andere sorgfältig geleert worden waren, damit die Diebe die Messinghülsen, in denen die Ladungen eingeschlossen waren, haben konnten. Trotzdem war noch eine ganze Menge zu finden. Die beiden Männer fanden etwa fünfzig Schuss Winchester und achtzig Schuss

Revolvermunition. Angesichts dessen, was sie in ihren Gürteln trugen, war diese Menge beruhigend.

„Schauen Sie mal“, sagte Roger. „Hier ist eine Schachtel mit Dias. Sie sind alle zertrümmert.“

„Wurde das Mikroskop nicht mitgebracht?“

„Ich weiß nicht“, sagte Roger. „Es war in einer Schachtel mit einer blauen Schablone.“

„Ich weiß“, sagte Lionel. „Ich habe danach Ausschau gehalten. Ich dachte, es wäre nicht hier. Schau mal. Da drüben. Da ist ein Teil eines Deckels mit einer blauen Schablone. Ist das der Deckel für das Mikroskop?“

„Nein, das ist ein Drogendeckel.“

„Das können sie nicht mitgenommen haben. Ein Mikroskop würden sie sicher auch nicht mitnehmen.“

„Vielleicht ist es die ganze Zeit oben im Lager.“

"Ja. Stimmt. Warte. Wir holen diese Sachen aus dem Schlamm und gehen dann den Hügel hinauf und machen eine Liste mit den fehlenden Sachen. Hier ist unser Briefpapier ruiniert. Alle unsere schönen sauberen Temperaturtabellen, auf die ich so viel Wert lege. Ich habe dir gesagt, das Leben hier draußen ist verschwenderisch. Alle deine gepressten Pflanzen sind hinüber."

„Hier sind Klamotten, sozusagen. Unterwäsche von Jaeger.“

„Fisch sie raus. Wir waschen sie hinterher.“

Sie viertelten die Fläche aus rotem Schleim. Es war eine Art Gelände von Tom Tiddler, übersät mit europäischen Waren. Sie arbeiteten schnell und rasten um die Sonne. Von Zeit zu Zeit ertönte der Ruf: „Die Werkzeugkiste ist weg. Hier ist der Deckel.“ „Deine kleinen Läden werden nicht viel bringen, die Seife ist geschmolzen oder so.“ „Schauen Sie sich an, was diese Kerle mit dem Zucker gemacht haben.“

Plötzlich begrüßte Lionel ihn.

„Ich sage. Ich sage. Sind Sie auf Drogen gestoßen?“

„Nein. Nur der Deckel einer Medikamentenschachtel.“

„Nun. Es wird ernst. Hier gibt es keine andere Kiste. Wir müssen zurück zum Lager gehen und herausfinden, ob sie dort sind.“

„Wir werden fertig sein, ohne Drogen“, sagte Roger.

„Sprich nicht darüber, mein lieber Mann", sagte Lionel. „Sprich nicht darüber."

„Es würde sich lohnen, ein Floß zu bauen", sagte Roger. „Es gibt ein paar Äxte im Lager. Wenn wir den ganzen Morgen hart arbeiten würden, könnten wir eine Art Floß bauen. Wir könnten die Zeltseile als Zurrgurte verwenden. Dann könnten wir leicht ein Segel aufspannen. Wir sollten sie fangen." bis zur Abenddämmerung vielleicht aufstehen.

„Es gibt Punkte zur Floßtheorie", sagte Lionel, als sie sich auf den Weg zum Lager machten. „Aber es gibt so viele Bäche und Schluchten, in denen sie sich verstecken könnten, und dann sind da noch die Töpfe."

„Wir könnten eine Art Bollwerk aus Kisten bauen."

„Zuerst werden wir uns über die Medikamente informieren. Nein. Wenn wir hart in der Sonne arbeiten, bekommen wir wieder Fieber." Er runzelte die Brauen. Er war besorgt. „Ich hoffe, dass diese Medikamente in Ordnung sind", sagte er. „Ich habe nichts gegen die Waffen; aber unsere Medikamente sind tragbares Leben."

Roger blickte Lionel unbehaglich an. Er hatte ihn in den letzten Monaten ziemlich gut kennengelernt. Er hatte gelernt, dass er, obwohl er manchmal reizbar war, nur sehr selten zu niedergeschlagenen Reden neigte. Jetzt sprach er besorgt, aus dem egoistischen Standpunkt des „Ich". Roger dachte an die kostbaren Flaschen Atoxyl, die viel mehr wert waren als eine Guinee pro Unze. Lionels Bemerkung war richtig. Sie waren tragbares Leben. Und wenn das Atoxyl weg war, war ihre Mission zu Ende. Nein. Es war noch schlimmer. Wenn das Atoxyl weg war, war Lionel in Gefahr. Denn angenommen, die Trypanosomen kehrten in ihm zurück, was in diesem heißen Klima durchaus möglich war? Angenommen, Lionel bekam die Schlafkrankheit und starb, wie die Menschen im Dorf starben, bevor sie die Zivilisation erreichen konnten? Er fand keine Antwort auf das Problem. In der Hoffnung, Lionel abzulenken, begann er galant von den Phöniziern zu sprechen, über die er so wenig wusste, dass er nicht auffiel.

Im Lager war alles so wie früher, nur dass es trockener war. Sie drehten die Kartons um und suchten gespannt nach der blauen Schablone.

„Hier ist das Mikroskop", sagte Roger. „Oder ich glaube, dass es so ist." Er öffnete den Koffer mit dem Hebel am Ende des Hakenhammers. „Ja. Das Mikroskop ist in Ordnung. Einige unserer Reagenzglas-Dinge sind zerbrochen. Einige der Medien. Davon liegen aber jede Menge unten im Schlamm. Das ist eine gute Sache. Was ist da in dem Koffer?"

„Hier Anti-Skorbutika."

„Und in der langen Box?"

„Essen verschiedener Art.“

„Dann sind Sie hier. Hier ist ein Drogenfall.“

"Gerettet!"

„Soll ich es öffnen?“

„Ja, öffnen Sie es. Wir haben eine sehr dumme Sache gemacht, Roger. Wir hätten jede Kiste als Miniaturausrüstung verpacken sollen, um die Bedeutung etwaiger Verluste zu minimieren. Meiner Meinung nach ist unser gesamtes Atoxyl in einer Kiste. "

„Nein“, sagte Roger. „Das war in drei Fällen der Fall. Einer davon war, wie ich weiß, im Boot. Ich habe den größten Teil des gestrigen Tages darauf gesessen.“

„Nun. Öffne das und lass uns sehen, wo wir stehen.“

Die gut befestigten Schrauben wurden gezogen. Die Kiste lag offen in der Sonne und verströmte einen schwachen, klaren Kampfergeruch.

Lionel blickte über die Drogentöpfe und murmelte die Namen: „Quecksilberbichlor, Natriumcarb, Natriumchlor, Natriumcit, ätzendes Sublimat, Chinin, Chinin, Chinin, Kaliumbromid – davon werden wir nicht viel wollen – absoluter Alkohol, Karbol, Erste-Hilfe-Verbände, Chlorodyn, Morphium, Kampferkreide für die Zähne, was ist das? – Digitalis, wofür zum Teufel haben sie das geschickt? Da ist kein Atoxyl.

„Noch das andere Zeug, der Farbstoff, Trypanroth?“

„Nein. Wir haben keines bestellt. Es war bei mir kein voller Erfolg und es wurde nicht so gut darüber gesprochen.“

„Das ist bedauerlich. Aber Moment mal. Ich sehe einen weiteren Drogenfall. Da drüben, an der Wand. Ist das nicht ein Drogenfall?“

„Das ist es. Wirf den Brecheisen rüber.“ Er wartete nicht, bis er die Schrauben herausgezogen hatte. Er löste den Deckel mit zwei schnellen Drehungen des Brecheisens. Er schaute hinein.

„Ein Quäker“, sagte er grimmig, nachdem er einen Blick darauf geworfen hatte. „Es ist ein Quäkerfall.“

"Was ist ein Quäker?"

„Dieser Fall hier ist das, was wir einen Quaker nennen. Warum? Weil er einen erzittern lässt. Sehen Sie sich diese Flaschen an. Sie sind voller Papier und Sägespäne. Sehen Sie sich diese hier an. Alte Lumpen. Hier ist eine 2-Pfund-Atoxylflasche, für die wir 28 Pfund bezahlt haben, von den Zöllen ganz zu schweigen. Sie ist voller Staub wie der Rest.“

„Aber, guter Gott, Lionel! Wo hätte das gemacht werden können? Wer hätte das gemacht werden können? Wir haben diese direkt aus dem allerbesten Londoner Haus bekommen."

„Unterwegs waren Ratten", sagte Lionel. „Erinnerst du dich, dass wir einen Tag lang an dem Ort Kwasi Bembo Halt gemacht haben, wo wir Merrylegs angeheuert haben? Nun ja. Das wurde wahrscheinlich von einem dieser ausländischen Ladenbesitzer in Kwasi Bembo gemacht. Eine einfache Möglichkeit, Geld für sie zu verdienen."

„Ich verstehe nicht, wie er das gemacht hat."

„Oh, er hätte es leicht machen können, während wir unsere Siesta machten. Es spielt aber keine große Rolle, wo es gemacht wurde, oder?"

„Verzweifeln Sie noch nicht", sagte Roger. „Irgendwo muss noch eine Kiste sein. Hier. Öffne diese. Die Schablone ist abgeschliffen. Was ist in dieser Kiste?"

„Es sieht vielversprechend aus", sagte Lionel. „Es ist beschissen; es ist nicht genagelt. Jetzt weg." Mit einem heftigen Stoß stieß er den Deckel weg. Roger spähte besorgt hinein.

„Hier sind nichts als Steine", sagte Lionel. „Nicht einmal unsere Flaschen sind mehr übrig. Wir sollten besser alle unsere Kisten öffnen und herausfinden, was sonst noch mitgenommen wurde. Ich nehme an, das ist unsere letzte Kiste mit Chemikalien?"

„Es ist das Letzte hier."

„Macht nichts", sagte Roger. „Wir werden nicht verzweifeln. Mal sehen, was uns bleibt." Sie untersuchten die anderen Fälle. Sie erstellten eine Bestandsaufnahme ihrer Besitztümer. Sie erfuhren, dass sie im Herzen Afrikas mit Proviant für drei Monate, vierzig Pfund schwerem Antiskorbutikum, einer Menge Kleidung, einem mäßigen Vorrat an Munition, zwei Gewehren, zwei Revolvern, einer Schrotflinte, vielen Desinfektionsmitteln usw. zurückgelassen wurden Auswahl an ausgewählten Medikamenten, einige medizinische Instrumente und ein Mikroskop. Zur medizinischen Versorgung gab es Funken, Tabak, Seife, Streichhölzer und zwei Flaschen Brandy. Sie fanden insgesamt fünf Quäkerfälle, bei denen es sich angeblich entweder um Chemikalien oder um Patronen handelte. An Utensilien hatten sie eine Blechschüssel, Teller und Pfannen. Als Unterschlupf hatten sie ein Zelt mit einer kaputten Stange.

„Lionel", sagte Roger, als sie ihre Liste überprüft hatten. „Sehen Sie mal. Wir sind schon gut anderthalb Stunden hier oben. Das Wasser wird einen Fuß oder mehr gefallen sein. Bis wir gekocht und gefrühstückt haben, wird es noch einen Fuß tiefer gesunken sein. Das ist durchaus möglich." Mit der Zeit werden noch einige Güter, vielleicht sogar noch mehr Kisten, am Ufer liegen bleiben. Wir werden uns über unseren Verlust keine Sorgen machen, bis wir es wissen. Wenn wir jetzt frühstücken, werden wir stark genug sein, um alles zu ertragen Kommen wir zu uns. Lasst uns ein Feuer machen und eine Dose Suppe opfern.

Sie gaben sich beim Frühstück zwar recht großzügig, hatten aber wenig Freude daran. Sie waren wütend auf ihre bekannten und unbekannten Feinde. Als ihre Wut ihnen die Erlaubnis dazu gab, verspürten sie im tiefsten Inneren eine schaurige, bedrückende Angst, dass ihre Pläne zur Rettung von Menschenleben zu nichts führen würden, dass ihre Expedition, kurz gesagt, ein Fehlschlag sein würde.

„Lionel", sagte Roger. „Denken Sie, dass der Atoxyl-Betrug in London begangen wurde? Morris und Henslow würden so etwas doch nicht tun?"

„Wer weiß, was sie nicht tun werden?" sagte Lionel düster. „Ich weiß, dass irgendein Unternehmer oder irgendein anderer immer minderwertige Produkte für eine Expedition zu einem der Polen liefert. Warum nicht für uns? Es besteht immer die Möglichkeit, dass die Expedition nicht zurückkommt. Und selbst wenn sie zurückkommt, ist das Betrug." Und selbst wenn der Fall vor Gericht verhandelt wird, gibt es zu viele Lücken. Es ist fast unmöglich, die Schuld wirklich nachzuweisen Was die Bestrafung eines Auftragnehmers angeht, glaube ich nicht, dass es jemals passiert ist.

„Es ist nicht das Verbrechen selbst", sagte Roger. „Da ich den Verbrecher nicht kenne, kann ich das Verbrechen nicht beurteilen; aber es ist der Geisteszustand, der mich krank macht. Der Geisteszustand, der so etwas auslösen könnte."

"Das ist eine ziemlich verbreitete Geisteshaltung", sagte Lionel. "In der Geschäftswelt ist das ziemlich verbreitet. Geschäftsleute, selbst solche mit gutem Ruf, tun seltsame Dinge, wenn der Schuh drückt. Man kann über den Krieg sagen, was man will. Das Geschäft ist der wahre Fluch einer Nation. Das Geschäft und das Geschäftshirn und, oh mein Gott, der Geschäftsmann! Schweine. Gemästete, fuchsartige Schweine."

„Nun", sagte Roger. „Es ist sehr wichtig, diese Dinge nicht in den Kopf zu nehmen, sie nicht einmal zu verurteilen."

„Und ich sage, es ist nichts dergleichen", sagte Lionel. „Ich glaube daran, Ideen zu erwürgen, genauso wie ich daran glaube, Menschen zu erwürgen. Ihr Schriftsteller, wenn ihr euren Job wirklich gut macht, verurteilt nicht halb genug."

„Alles versteht, das ist alles Verzeihung."

„Intellektuell, nicht moralisch. Komm schon. Wir werden nicht streiten. Wir werden arbeiten. Wir müssen diesen Träger begraben. Wo ist der Spaten?"

Sie gruben ein Grab für Kukwo, begruben ihn und häuften einen Steinhaufen von der Mauer auf ihn. Es war Mittag, als sie fertig waren. Dann hatten sie Zeit, noch einmal über den Verlust ihres Atoxyls nachzudenken.

„Vielleicht haben wir überhaupt keine?" sagte Roger. Lionel holte eine kleine Flasche mit Schraubverschluss aus seiner Tasche. Es hatte einst Boulevardzeitungen mit Anti-Pyrin-Medikamenten enthalten. Es war jetzt etwa zur Hälfte mit einem weißen Pulver gefüllt.

„Ich habe hier ein paar Dosen", sagte er. Er schaute es sich genau an. „Mit etwas Glück", sagte er, „könnten wir damit zwei, drei Fälle heilen."

„Aber angenommen, du erleidest selbst einen Rückfall, Lionel? Du musst etwas behalten, für den Fall, dass du einen Rückfall erleidest."

„Ich werde keinen Rückfall erleiden", sagte er unbekümmert. „Rückfälle sind nicht üblich."

„Aber das könnten Sie. Und Sie sind wichtiger als ein Dorf voller Neger. Wichtiger als alle Schwarzen zusammen, multipliziert mit zehn."

„Ich sehe es nicht. Schauen Sie her. Ich sage Ihnen eines, was für mich ziemlich klar ist. Wir müssen uns an die Arbeit machen, um ein Gegengift zu finden. Aber zuerst werden wir hinuntergehen und im Schlamm nach allem herumtasten, was noch übrig sein könnte. Ich gebe die Hoffnung, noch immer etwas Atoxyl zu finden, nicht auf."

Sie sagten einander unterwegs, dass sie nicht erwarteten, etwas zu finden. Tatsächlich klopften ihre Herzen vor Erwartung. Sie waren sicher, dass sie finden würden, was sie suchten.

Sie gingen so sicher in den Schlamm, dass ihre Enttäuschung sie fast außer Gefecht setzte. Denn sie waren enttäuscht. Eine Stunde Grillarbeit brachte ihrem Vorrat nur zwei Patronen. Draußen im Fluss sahen sie, in einem Baumstumpf mit anderem Treibgut gefangen, eine schwimmende Verpackungskiste, die mit einer blauen Schablone markiert war. An der Art, wie sie schwamm, schlossen sie, dass sie leer oder fast leer war. Wahrscheinlich war sie kurz nach dem Öffnen davongeschwommen. Sie war in einem Baumstumpf gefangen. Dann hatte sie sich geduckt und war seitlich weggerutscht, um zu entkommen. Schließlich hatte sie sich umgedreht und ihren Inhalt in den Fluss entleert. So beurteilten sie die Tragödie, während sie das Opfer durch ihre Ferngläser aus einer Entfernung von hundert Metern betrachteten.

„Damit ist es geklärt, denke ich", sagte Lionel. Eine hervorstehende Schnauze richtete sich auf die Kiste und kippte sie um. Es fiel zurück und rutschte nach unten, so dass es sich füllte. Einen Augenblick später war es außer Sichtweite. Die Gläser zeigten eine leichte Verwirbelung im Wasser. Unter dem Antrieb der Flut verging der Wirbel sofort. Ihre letzte Hoffnung auf Atoxyl war zu Ende.

„Nun", sagte Roger hoffnungslos. „Es ist gut, das Schlimmste zu wissen. Die Kiste war leer, finden Sie nicht?"

„Ich weiß es nicht", sagte Lionel. „Ich konnte nicht sicher sein."

„Vielleicht finden wir ein paar Dinge im Wasser, wenn der Fluss noch etwas weiter sinkt", sagte Roger, ohne große Überzeugung. „Es wird jetzt sehr bald austrocknen. Dann werden wir finden, was auch immer darin ist."

Lionel setzte sich niedergeschlagen und stützte sein Kinn auf eine Hand. Er ließ seine Enttäuschung stillschweigend abklingen. Sein Herz war so lange auf diesen ersten großen medizinischen Feldtag fixiert, dass er Roger nicht ins Gesicht sehen konnte. Der Verlust des Atoxyls war weniger schwer zu ertragen als der Verlust all der interessanten Fälle, die ihn in diesem Moment beschäftigt hätten, wenn dieses grauenhafte Ereignis nicht passiert wäre. Und da er ein alter Kämpfer und daher vorausschauend war, war es bitter für ihn, sich unerwartet durch einen so einfachen Trick vereiteln zu sehen. Er hatte gedacht, er hätte sich vor allen bekannten Tricks in Acht genommen. Er war die ganze Zeit über auf der Hut gewesen. In London hatte er die Lebensmittel, die Kleidung, die Patronen probiert und alles abgelehnt, was auch nur fehlerhaft schien. Er war über seine eigene Strenge überrascht gewesen. Den ganzen Weg von der Küste herauf hatte er seine Vorräte so eifersüchtig bewacht, dass er sich sicher gefühlt hatte. Er war eitel auf seinen Erfolg gewesen. Er hatte bei keiner früheren Expedition so wenig verloren. Ein Fieberanfall, ein Sturm und der plötzliche Tod eines Trägers hatten ihn dazu gebracht. Er vergaß den Anteil des Apothekers nicht. Er verfluchte sich, weil er dem Apotheker vertraut hatte. Dann kam er zu dem Schluss, dass es nicht der Apotheker war. Der Betrug war in Afrika begangen worden. Er war nicht vorsichtig genug gewesen. Er selbst war schuld. „Waffen und Essen könnte ich verstehen", rief er. „Aber dass sie Drogen nehmen! Wer hätte gedacht, dass sie Drogen nehmen? Warum habe ich nicht gesehen, dass Afrika zivilisiert wird? Roger, ich möchte jemanden umbringen."

„Jetzt bin ich an der Reihe, einen Vortrag zu halten", sagte Roger. „Wir werden diese Sachen ins Lager tragen. Ich habe eine Idee für das Lager."

"Was ist deine Idee?"

„Aus den losen Steinen der Mauer ein Haus bauen. Wir könnten die Mauer selbst für eine Wand verwenden, drei weitere aufbauen und sie mit dem Zelt überdachen. Das wäre besser, als noch eine Nacht wie letzte zu verbringen."

„Das könnte man machen", sagte Lionel und füllte mechanisch seine Taschen mit Patronen. „Aber ich weiß nicht, was wir hier nützen, wenn wir kein Atoxyl haben. Ich wünschte, ich wüsste, wer es war. Wenn ich Kwasi Bembo jemals wieder berühre, werde ich ihm das Atoxyl aus der Leber holen."

Sie verbrachten einen heißen Nachmittag damit, ihre Ausrüstung zum Lager zu tragen. Gegen vier Uhr wurden sie gereizt. Danach arbeiteten sie getrennt und gingen einander aus dem Weg. Um sechs kochte Roger Tee, bei dem sie Freundschaften schlossen. Um sieben machten sie sich an den Bau ihres Hauses. Bis tief in die Nacht arbeiteten sie im Mondlicht und legten die mörtellosen Steine zusammen. Als sie zu Bett gingen, war es fast Mitternacht und das Haus war alles andere als perfekt. Mehr konnten sie nicht tun. Sie waren zu müde. Nachdem sie ihre Decken gegen die Wände geschleudert hatten, um Schlamm und „Bichos" loszuwerden, legten sie sich knochenmüde hin und schliefen fast elf Stunden lang den dummen Schlaf der Seeleute.

Am Nachmittag waren sie mit ihrem Haus fertig. Es war kein sehr gutes Haus, aber sie waren der Meinung, dass es sicherer und trockener sein würde als ihr Zelt. Nachdem sie es fertiggestellt hatten, fanden sie, dass es strukturell schwach war. Sie machten sich wieder an die Arbeit. Sie verstärkten das Dach mit jungen Bäumen und legten große Steine auf die Ränder der Plane, damit sie nicht von ihrem Platz geweht wurde. Mit großer Geschicklichkeit arrangierte Roger ein Außendach aus grobem Stroh, das er selbst aus den von den Eingeborenen verwendeten Weidenruten anfertigte. Er dachte, dass ein Doppeldach kühler wäre. Er erklärte Lionel einen ehrgeizigen Plan für eine strohgedeckte Veranda; dieser musste jedoch aus Mangel an Ermutigung aufgegeben werden. Innen war das Haus etwa zwölf Quadratfuß groß. Als die beiden Betten, der Tisch, die Stühle und die Kisten alle in den Türen standen, wirkte es sehr eng und winzig. Sie waren sich über den Namen des Hauses nicht im Klaren. Lionel wollte „Phönizische Villa", Roger „Die Lorbeeren" oder „Eichenweg". Schließlich entschieden sie sich für „Portobe", das sie mit Schwärze über die Tür schmierten. Auf ihrem Weg ins Landesinnere hatten sie nicht viel über Portobe nachgedacht. Portobe. Als Roger an diesem Abend nach dem Abendessen hinausging, um die Teller in einem Eimer zu waschen, saß er viele Minuten am Feuer und „dachte lange" über Portobe nach. Irgendetwas ließ ihn den Kopf drehen und in die Nacht hinaus nach Nord-Nord-Westen blicken.

denn dort wohnten die Liebe und alle liebenden Teile der Liebe und alle Freunde.

Es war eine dunkle Weite, mottengleich und silbern im Mondlicht, die sich durch Wald und Fluss bis zur Wüste erstreckte. Um Portobe zu erreichen, musste er die Wüste überqueren, über das Meer, über Spanien, über Frankreich. Er hielt inne. Er war sich nicht sicher, ob Frankreich auf der direkten Linie lag. Wenn nicht, dann musste er nur das Meer überqueren, vorbei an Land's End, vorbei an Carnsore, vorbei an Braichy, vorbei an all den Landzungen. Dann weiter zu den Waters of Moyle, die nie aufhören, das Herz zu rufen, das sie hört. Er erinnerte sich an das Gedicht vom Ruf der Waters of Moyle. Er kannte es auswendig. Es war ein wahres Gedicht. Die Weite und Stille der Nacht lag über ihm. Die großen Sterne brannten oben aus. Sie schienen sich über ihm zu drehen und zu entfalten, Reihe um Reihe, Helm auf glänzendem Helm, eine Armee, eine Macht. Es gab keine Vögel, kein Tiergeschrei, keine Lichter. Nur die Erde, fremd im Mond; der große Kontinent, maßlos in seiner Fülle. Sie war ganz wild, ganz ungezähmt, ein schwarzer und grausamer Kontinent, eine lüsterne alte Königin, beschmiert mit blutigen Ölen. Sie machte ihm Angst. Er dachte an eine Nacht vor drei Jahren in Portobe, als er mit Ottalie hinausgekommen war, um „die Nacht zu betrachten". Er konnte noch immer einige der Sterne sehen, die man damals gesehen hatte. Er konnte noch immer, in der geschärften Phantasie des Heimwehkranken, den Geißblattzweig riechen, der sich klatschnass über das wenig benutzte Eisentor gezogen hatte, das zum Strand führte. Er sehnte sich danach, den Strand hinaufzugehen, den mit alten Weiden behangenen Weg hinauf, wie er es in jener Nacht mit Ottalie getan hatte. Er sehnte sich danach, durch die kleine Stadt zu gehen, vorbei am Obsthändler, vorbei am Metzger, vorbei an der RIC-Kaserne, zu dem kleinen Friedhof am Bach. Ottalie lag dort. Hier war er in Afrika und versuchte, etwas für Ottalie zu tun. Er holte scharf Luft. Es war alles nutzlos. Das war nicht möglich. Das Atoxyl war verloren. Sie hätten genauso gut in England bleiben können. Er seufzte. Etwas sehr Schwieriges zu tun, das all seine Kräfte beanspruchen würde, das war seine Aufgabe. Wenn das getan war, würde er das Gefühl haben, seine Braut gewonnen zu haben. Eine seltsame, erstickte Stimme kam aus dem Haus.

„Roger! Roger! Komm rein. Wo bist du?" Lionel war in seinem Stuhl eingeschlafen.

„Was ist es? Was ist es?", sagte Roger.

„Nichts. Nichts", sagte Lionel. „Ich habe geträumt, ich wäre am Bein festgenagelt. Du weißt nicht, wie scheußlich das war."

X

Ein kaltes Zittern, glaube ich.

Jeder Mann ist außer sich .

Was würden Sie plötzlich tun?

Monsieur Thomas .

Am nächsten Tag gingen sie ins Dorf und bereiteten sich auf einen unangenehmen Morgen vor. Sie begruben sieben Leichen und brannten elf Hütten nieder. Mehrmals im Laufe des Tages bemerkten sie Tsetsefliege, die auf dem Gerüst der Hütten ruhten.

„Sie sind den Leuten vom Wasser aus gefolgt", sagte Lionel. „Sie greifen uns nicht an, weil wir weiße Segeltuchkleidung tragen. Sie mögen kein Weiß."

„Fliegen haben ein unheimliches Wissen", sagte Roger. „Wie kommen sie zu diesem Wissen? Ist es bloß angeborener Instinkt? Mir fällt auf, dass sie immer an den ungeschütztesten Stellen angreifen. Woher wissen sie, dass ein Mensch sie nicht leicht zwischen seinen Schultern vertreiben kann? Sie wissen es. Mir fällt auf, dass sie fast immer zwischen den Schultern angreifen."

„Ja. Und Hunde auf dem Kopf, Rinder auf den Schultern und Pferde auf dem Bauch und den Vorderbeinen. Das sind raffinierte kleine Teufel."

"Und sie haben im Weltbild offenbar keinen Platz, außer um das Trypanosom von einem Ort, an dem es harmlos ist, in einen Ort, an dem es tödlich ist, zu verpflanzen."

„Viele Männer sind so", sagte Lionel. „Man kann jede Londoner Straße entlanggehen und Tausende von ihnen außerhalb dieser abscheulichen Pothouses sehen. Männer, die im Weltsystem keinen Platz haben, außer die Rauschmittel aus den Fässern, wo sie harmlos sind, in ihr Inneres zu verpflanzen, wo sie …" Jeder Staat, der etwas auf sich hält, würde in seinem eigenen Bier ertrinken. Und da dies nicht der Fall ist, muss es einen wissenschaftlichen Grund geben so faul sein, dass die Keime von anderen Keimen neutralisiert werden, oder die Keime müssen eine gewisse Lebenswirksamkeit haben, genau wie die Tsetsefliege. Sie haben die Hartnäckigkeit des sehr niedrigen Organismus Mir ist klar, dass ein Mann dazu neigt, diese Hartnäckigkeit und Leistungsfähigkeit fürs Leben zu verlieren, sobald er subtil und fein genug ist, um in der Welt wirklich wertvoll zu sein, weil er einer der wenigen Männer ist, die das erkennen Er ist immer wieder dabei, in Hamlet, in Richard II., in Brutus, in Othello. Oh, in vielen Stücken, auch in den Nebenfiguren, wie Malvolio; sogar in Aguecheek. Und die Leute nennen diesen ekelhaften, bulligen Kerl, Prinz Henry, „Shakespeares einzigen Helden", eine „Vision idealer englischer Männlichkeit". Shakespeares einziger Held! Shakespeare schrieb ihm mit einem Augenzwinkern und benutzte danach eine Unze Zibetöl.

Sie wandten sich wieder ihrer Arbeit zu. Nachdem sie ihre Kleider gewechselt, ein antiseptisches Bad genommen und ihre Hände mit einer ätzenden Sublimatlösung und Alkohol eingerieben hatten, begannen sie feierlich, etwas Wasser für ihren winzigen Atoxylvorrat zu destillieren.

„Lionel", sagte Roger, „wir haben genug Medikament, um zwei oder vielleicht drei dieser Menschen zu heilen. Wir sollten nicht alles verwenden. Wir sind hier in der Wildnis. Behalten Sie zumindest eine Dosis für sich selbst, falls Sie einen Rückfall erleiden sollten. Sie wissen, wie gefährlich ein Rückfall ist."

„Ich weiß", sagte Lionel. „Aber das gehört zur Tagesarbeit. Unsere einzige Chance, hier etwas Gutes zu bewirken, besteht darin, ein Gegengift zu finden. Dafür brauche ich dieses übrig gebliebene Atoxyl."

„Aber", sagte Roger, „aus dem Blut eines Menschen, in dem Atoxyl wirkt, kann man kein wirksames Serum herstellen. Sicherlich regt Atoxyl die Phagozyten nur dazu an, das Trypanosom zu fressen."

"Ganz genau", sagte Lionel. "Sie sind ein Serumit, ich nicht. Ich bin überhaupt nicht begeistert von der Verwendung von Serum bei dieser Krankheit. Ich glaube, dass die Heilung (falls es eine gibt) erreicht wird, indem man dem Patienten tote oder sehr, sehr schwache Trypanosomen injiziert. Ich werde eine spezielle künstliche Kultur von Trypanosomen in Kulturröhrchen herstellen. Dann werde ich die Keime mit Atoxyl schwächen. Wenn sie alle aufgebläht und gelähmt sind, werde ich sie injizieren. Ich glaube, dass diese Injektion oder die Injektion völlig toter Trypanosomen dauerhaft gute Auswirkungen haben wird."

„Und ich", erwiderte Roger, „glaube, dass Ihre Methoden nutzlos sein werden. Ich glaube, dass die Heilung (falls es eine Heilung gibt) durch die Verwendung von Seren erreicht werden kann, die von natürlich oder künstlich immunisierten Tieren gewonnen wurden."

„Das ist genau die Art von Märchen, die Sie glauben würden. Sie sind ein Sentimentalist."

„Sehr gut. Aber hören Sie zu. Es heißt, wenn die Hunde der Buschmänner ausschließlich mit dem Fleisch von Immunwild aufgezogen werden, werden sie immun wie das Wild; wenn sie aber nicht an Wildfleisch gewöhnt sind, entwickeln sie durch den Verzehr von Wildfleisch Nagana." beiläufig."

„Ich glaube den ersten Teil davon nicht", sagte Lionel. „Es klingt zu sehr nach einer Garnrolle. Die Hunde, die ausschließlich von Wildtieren aufgezogen werden, sind wahrscheinlich von Natur aus immun einheimische Hunde, die ursprünglich aus einer wilden Rasse wie den wilden Jagdhunden gezüchtet wurden."

„Aber es besteht kein Zweifel daran, dass Wildtiere wie Gnus, Koodoos, Hyänen und Quaggas immun sind?"

„Keinen was auch immer."

„Dann könnte man nicht ein Präparat aus dem Blut des Wildes herstellen? Sicherlich könnte man das immunisierende Prinzip aus dem immunisierenden Lebewesen extrahieren und es als Serum verwenden?"

„Wir wissen nicht einmal, was das ‚Immunisierungsprinzip' sein könnte; wie können wir es also extrahieren?"

„Na dann. Verwenden Sie das Blutserum allein."

„Aber, mein lieber Mann, das Blut dieser Bestien ist der Lieblingsaufenthaltsort des Trypanosoms."

Sie argumentierten hin und her mit der Hartnäckigkeit von Enthusiasten, die nicht ausreichend mit Wissen ausgestattet waren. Roger kämpfte für sein „Märchen", Lionel für seine toten und sterbenden Kulturen. Endlich beendete Lionel die Zubereitung der Mischung.

„Schauen Sie hier", sagte er. „Dieses Atoxyl, sagen Sie, soll aufbewahrt werden? Gut. Wenn ich einen Rückfall bekomme, bevor es verwendet wird, denken Sie bitte daran, dass es zur Lähmung künstlich gezüchteter Trypanosomen verwendet wird, die mir anschließend injiziert werden. Sie werden keines Ihrer Seren an mir ausprobieren, mein Freund. Wenn Sie Seren von sterbenden, schmutzigen, an Milzbrand erkrankten wilden Tieren holen möchten, tun Sie das; aber spritzen Sie mir nichts von dem Gift, das Sie so bekommen haben. Ich sehe Sie so deutlich, wie Sie ein Reh in einer Schlammsuhle erwürgen und das Blut in eine Spiritusdose abfüllen. Hier ist die Mischung fertig. Und jetzt, da unser Wasser des Lebens gebrauchsfertig ist, stellt sich die große Frage: Wer von all diesen Schläfern wird leben? Hier sind neunundzwanzig Männer, Frauen und Kinder. Sie sind alle dazu verurteilt, innerhalb weniger Wochen zu sterben. Nun denn, Roger. Sie sind ein Schriftsteller, das heißt ein Gesetzgeber, ein Entscheider und Bearbeiter moralischer Fragen. Wer von ihnen wird leben? Wir können Daumen hoch sagen bis zu dem, was wir wählen. Wenn wir hundert Jahre alt werden, werden wir wahrscheinlich nie wieder eine so feierliche Entscheidung treffen müssen."

„Es ist kein sicheres Leben“, sagte Roger und zögerte einen Moment, erschüttert von der Verantwortung. „Atoxyl ist kein sicheres Heilmittel, selbst bei mittelschweren Fällen.“

„Es ist praktisch eine sichere Heilung, wenn es dem Patienten ansonsten gut geht; das heißt natürlich, wenn der Fall nicht zu weit fortgeschritten ist.“

„Wie hoch ist der Prozentsatz der Todesfälle?“ sagte Roger.

„Mit Atoxyl?“

"Ja."

„Acht Prozent für leichte Fälle und zweiundzwanzig Prozent für schlimme. Ohne Atoxyl sind es bestimmte hundert Prozent.“

"Ich verstehe."

„Es ist ein gutes Medikament.“

„Ja“, sagte Roger. „Es ist eine gute Droge. Aber sieh sie dir an, Lionel. Hier zu stehen und sie auszuwählen.“

„Wir tun jetzt, was die Wissenschaftler eines Tages für jede menschliche Rasse tun werden“, sagte Lionel. „Wir treffen Entscheidungen für die Zukunft. Und zwar treffen wir Entscheidungen für die Zukunft eines Bruchteils eines elenden kleinen afrikanischen Stammes. Die Wissenschaftler werden eines Tages ebenso endgültig über die Zukunft der Menschheit entscheiden. Ich hätte nicht gedacht, dass Sie zurückschrecken würden, Roger. Dies ist der Beginn des Goldenen Zeitalters. ‚Das Goldene Zeitalter beginnt von neuem.‘ Hier sind die weisen Männer und entscheiden, wer die Erde erben soll.“

Ein schläfriger Neger kam unsicher aus einer Hütte. Er ging, als ob er seine Bewegungen nicht ganz unter Kontrolle hätte, auf die Weisen zu. Er war ein schönes, geschmeidiges Geschöpf, mit Krokodilszähnen bekleidet. Teile seines Körpers glänzten von einer Ölsalbe. Er richtete sich auf und starrte stumpf. Sein Kiefer hing herab. Fliegen ließen sich auf seinem Körper nieder. Eine Tsetse mit wildem, tanzendem Flug flog um ihn herum und ließ sich auf seinen Schultern nieder. Er stand geistesabwesend da und starrte die Weisen an. Sein Verstand war sich über nichts sicher; aber es gab etwas, das er sagen wollte; etwas, das gesagt werden musste. Er wartete geistesabwesend, bis ihm die Botschaft wieder einfiel, und fuhr dann langsam weiter und hielt wieder an. Seine Lippen murmelten etwas. Seine Augen fielen herab. Eine zitternde Hand tastete schwach in der Luft nach Halt. Sie ruhte auf einer Hütte. Er brach langsam und sehr müde auf der Hütte zusammen und setzte sich hin. Sein Kopf nickte und nickte. Ein weiterer Tsetsevogel flog herab. Roger bemerkte, dass der Körper des Mannes von alten Narben übersät war. Er war ein Krieger gewesen. Er hatte das Leben eines Wilden in vollen Zügen genossen. Er hatte getötet. Schreiend war er unter seinen wehenden Colobus-Federn in den Tod gerannt, als erster seines Stammes, der zugestochen hatte, bevor die Schilde aufeinanderprallten. Er war geschmeidig, schnell und blutig wie der Panther gewesen. Jetzt war er dieses zitternde, tastende Ding, ein Klotz, ein Fassler, ein Sitzplatz für Fliegen.

„Lionel", sagte Roger, „es wird schrecklich sein, wenn wir unsere Fälle verlieren."

„Warum? Sie werden auf jeden Fall sterben."

„Aber nachdem wir sie so ausgewählt haben. Wenn wir ihnen ihre Chance geben und sie die Chance verlieren. Ich hätte das Gefühl, dass vielleicht einer der anderen überlebt hätte."

„Wir werden sorgfältig auswählen. Wir können nicht mehr als das tun. Da kommt diese abscheuliche alte Frau wieder heraus. Armes altes Ding. Ich wage zu behaupten, dass sie mehr von der Welt gesehen hat als jeder von uns. Sie könnte die Frau eines Königs sein und …" Mutter der Könige. Wie gnadenlos diese Wilden gegenüber den Alten sind!"

„Sie sind wie Kinder. Kinder haben keine Gnade mit den Alten."

„Ich frage mich, was für ein gutes Leben für sie ist?"

„Ich wage zu behaupten, dass sie sich an die guten Tage erinnert. Sie kann nicht viel fühlen."

„Nein", sagte Lionel. „Aber ich merke, dass alte Menschen intensiv fühlen. Sie fühlen nicht viel. Sie fühlen vielleicht nur ein einziges Ding auf der ganzen Welt, aber sie fühlen sich mit all ihrer Kraft darum. Es ist absolut grässlich, wie sie sich fühlen. Wir sind alle Inseln." Wir kennen den Geist dieser Frau nicht, und wir haben auch keine Daten, anhand derer wir uns vorstellen können, dass das alte Tier wie Blakes Vogel ist. "

„Sehr gut. Würden Sie sie heilen? Sie ist übrigens nicht infiziert; aber würden Sie es tun, wenn sie es wäre?"

„Nein. Sie hat ihr Leben gehabt. Ich frage mich übrigens, ob extremes Alter immun gegen die Schlafkrankheit ist. Das wage ich zu behaupten. Aber Alter ist in wilden Gesellschaften nicht üblich. Ich wünschte, ich wüsste die Geschichte dieser alten Frau." . Sie hat viel gesehen, Roger. Jetzt müssen wir uns für eine Frau entscheiden.

„Nein. Keine Frau. Wir müssen über die Zukunft der Kreatur nachdenken. Was würde aus einer Frau werden, die hier allein gelassen wird? Selbst wenn sie ihrem Stamm folgen würde, würden sie sie wahrscheinlich nicht aufnehmen. Du weißt, dass diese Leute nicht an das glauben Möglichkeit einer Heilung der Schlafkrankheit. Sie würden sie nur vertreiben oder töten.

„Ja, oder lassen Sie sie unter weißen Männern treiben. Nein. Keine Frau. Kein alter Mann, sage ich. Die Alten haben ihr Leben gehabt. Außerdem ist das Leben eines alten Wilden im Allgemeinen elend. Es würde nichts für ihn geben zu tun, weder hier noch anderswo. Wir werden also keinen alten Mann haben.

„Noch ein Krieger", sagte Roger.

„Bei einem Krieger bin ich mir nicht sicher", sagte Lionel. „Er wäre in der Lage, für sich selbst zu sorgen. Er wäre es wert, von einem anderen Stamm aufgenommen zu werden, dem es an Männern mangelt. Der Krieger hat einiges zu bieten."

„Wahrscheinlich würde er eines Nachts aufstehen und uns mit einem Speer mit Schaufelspitze erstechen."

„Und dann sollten wir ihn erschießen. Ja, das könnte passieren. Dann wäre es nur noch für die Jungs."

Sie betrachteten die Jungen und bemerkten ihre Zähne, Schädel und Physiognomien. Mehrere zeigten Anzeichen einer angeborenen bösartigen Erkrankung; andere sahen brutal und rüpelhaft aus; Aber im Großen und Ganzen sahen sie viel hübscher aus als die Jungs, die in London Zeitungen verkaufen. Sie schränkten die Auswahl auf vier ein. Einer von ihnen zeigte Anzeichen einer Lungenentzündung. Er wurde abgelehnt. Die anderen wurden sorgfältig untersucht. Ihre präfrontalen Bereiche wurden gemessen. Sie wurden erkundet, gefühlt und zusammengefasst. Die Angelegenheit war eine Zeit lang zweifelhaft. Der Junge mit dem besten Kopf war schläfriger als die anderen beiden. Es stellte sich die Frage, ob die zweifelhafte Heilung eines Genies der weniger zweifelhaften Heilung eines Dummkopfs vorgezogen werden sollte. „Die Natur hat sich für dieses Exemplar Mühe gegeben", sagte Lionel, „auf Kosten des Typs. Dieser Kerl hat einen besseren Kopf als die anderen, aber er ist kein ganz so schönes Exemplar. Das bedeutet, dass er weniger sein wird." glücklich. Die Natur würde wahrscheinlich die anderen Gesellen bevorzugen.

„Wir haben nichts mit der Natur zu tun", sagte Roger. „Wir wollen sie bekämpfen, wo immer wir sie finden können. Die Natur ist eine Ansammlung von Gemüse, viele davon menschlich. Lasst uns ihr einen Riegel vorschieben. Der Geist der Natur ist der Geist der Schafherde. Die Ordnung der Natur ist die Ordnung des Ursumpfes." Egal, was sie vorziehen würde, und dem anderen eine doppelte Chance geben. Ich weiß, das würde jeden ursprünglichen Geist opfern das Biest, das es ist, anstatt zu sehen, dass seine dummen Schafstallregeln verletzt werden.

„Genie ist Exzess", sagte Lionel. „Genialität bedeutet bei einem Wilden ein Übermaß an Wildheit. Dieser Kerl könnte ein höchst turbulenter, blutrünstiger Raufbold sein. Die anderen, obwohl sie wahrscheinlich blutrünstige Raufbolde sein werden, sind vielleicht nicht so turbulent."

„Wenn er turbulent ist", sagte Roger, „dann auf eine intellektuellere Art und Weise, als es bei seinem Stamm üblich ist. Turbulenzen sind bei einem Wilden ein Lebenszeichen. Nur bei einem zivilisierten Menschen sind sie ein Zeichen des Versagens." ."

„Sehr gut", sagte Lionel. „Wir werden das Genie haben. Er könnte uns enttäuschen. Ich denke, er ist der beste Typ hier. Wer soll der andere sein? Was sagen Sie zu diesem gutaussehenden Jungen, den wir vor einiger Zeit wegen Juckreiz eingeschleust haben? Ich mag." das Gesicht dieses Jungen.

„Glaubst du, es wäre gut, ihn zu retten?"

„Na ja, abgesehen davon, sah er wie ein netter Junge aus. Er wäre sozial außergewöhnlich, genauso wie der andere intellektuell außergewöhnlich wäre. Er wäre bis zu einem gewissen Grad unnatürlich, was Sie anscheinend wollen. Warum bist du so niedergeschlagen?" das Natürliche?"

„Ich habe schon seit meiner Kindheit alte Frauen beiderlei Geschlechts das Natürliche preisen hören. Das Natürliche. Das angeborene Natürliche. Das unentwickelte Schaf in uns, das den Wolfsschreck mit dem Kopf verscheucht."

„Wir geben ihnen heute eine Dosis und morgen eine Dosis und in zweieinhalb Wochen eine letzte Dosis", sagte Lionel. „Und dann sind sie entweder fit genug, um irgendetwas in der weiten Welt zu bekämpfen, oder sie machen sich auf den Weg nach Marumba."

„Das Genie zuerst", sagte Roger und brachte den Patienten zur Sprache. Die Nadel war sterilisiert. Ein kleiner Stich zwischen den Schulterblättern trieb die Dosis nach Hause. Der andere Junge folgte. Lionel beäugte sie aufmerksam.

„Sie müssen sofort hier raus", sagte er. „Heute Nacht müssen sie bei uns wohnen. Mehr können wir jetzt nicht tun. Für heute haben wir genug getan. Morgen müssen wir ihnen oben auf dem Hügel eine Hütte bauen. Morgen Nacht wird es ihnen wieder ziemlich gut gehen."

Wie Lionel vorhergesagt hatte, ging es ihnen am nächsten Abend wieder gut. Auf ihre zweite Dosis folgte ein Quecksilberpräparat, von dem die weisen Männer erwarteten, dass es die Heilung vollenden würde. Den Patienten ging es ziemlich gut. Aber die Arbeit und Aufregung, sie in Quartieren in der Nähe von „Portobe" unterzubringen, ließ die Ärzte alles andere als gesund werden. Obwohl die Krankenquartiere kaum mehr als ein überdachter Windschutz

aus Plane waren, war die Anstrengung, sie herzustellen, zu viel für zwei
überreizte Europäer, die noch nicht an die Hitze gewöhnt waren. Lionel, der
sich übellaunig über Kopfschmerzen beklagte, machte vor dem Tee
Feierabend. Roger, der die ausgelassene gute Laune verspürte, die so oft
einem Anfall von wiederkehrendem Fieber vorausgeht, half Lionel ins Bett
und übernahm fröhlich den Teil des Aufbaus, den der Kranke leistete.
Danach gab er den beiden Patienten ihr Abendessen aus Keksen und
Rinderhack (das sie mit großem Appetit aßen) und brachte sie, nachdem sie
gegessen hatten, unter ihrem Windschutz zu Bett. Während er arbeitete,
hoffte er inständig, dass Lionel nicht wieder krank werden würde. Er war den
ganzen Weg von Malakoto den Fluss hinauf übellaunig gewesen und hatte
ein leichtes Reizfieber. Wenn er jetzt wieder krank wurde, würde sich die
ganze Arbeit verzögern. Roger wollte an die Arbeit. Alle ihre Pläne waren
durch die Desertion der Träger durchkreuzt worden. Jede weitere
Durchkreuzung der Pläne könnte die Expedition ruinieren. Die Tage
vergingen. Jeder Tag brachte diese armen schläfrigen Teufel im Dorf ihrem
Tod näher. Bald würden sie zu krank sein, um sie zu heilen. Er wollte, dass
es Lionel gut ging und er stark war und an seiner Seite an der Entdeckung
eines Serums arbeitete. Das war das dringendste Bedürfnis. Solange Lionel
krank war, konnte er nichts oder fast nichts tun. Er hatte so wenig
wissenschaftliche Kenntnisse. Und außerdem musste er auf Lionel aufpassen
und alle diese siebenundzwanzig Kranken reinigen und ernähren. Er wusste
nicht, wie er das alles hinbekommen sollte.

Er sagte sich, dass die Dinge erledigt werden müssten und dass er sie tun
müsse. Der Entschluss munterte ihn auf, aber die Aussicht wurde nicht
besser, als er bald darauf entdeckte, dass Lionels Temperatur plötzlich
sprunghaft auf 39°C gestiegen war. Das machte ihm Angst. Lionel würde
nicht krank werden, er war krank und bereits sehr gefährlich krank. Seine
Temperatur war in etwa einer halben Stunde um vier oder fünf Grad
gestiegen. Die Entdeckung löste bei Roger einen Moment der Panik aus. Bei
einem solchen Fieber könnte Lionel sterben, und wenn Lionel starb, was
dann? Er wäre allein dort, allein in der Wildnis, mit schläfrigen, halbtoten
Wilden. Er wäre allein dort mit dem Tod, im Herzen eines Kontinents. Er
würde dort beim Anblick seines eigenen Schattens verrückt werden, wie der
Australier in der heiteren Geschichte. Aber dass Lionel sterben würde, Lionel
verlieren würde, den Freund all dieser Tage, den Kameraden all dieser
Abenteuer, das war der trostlose Gedanke. Es wäre nicht so wichtig, was mit
ihm passieren würde, wenn Lionel sterben würde.

Ihm wurde klar, dass Lionels Leben von seinen Anstrengungen abhängen
würde. Er würde Arzt, Krankenpfleger und Apotheker sein. Er sollte sich
darum kümmern. Am nächsten Tag würden vielleicht zwei kräftige
Eingeborene da sein, die sich um die Kranken im Dorf kümmerten. In der

Zwischenzeit musste die Nacht überstanden und die glühende Temperatur gesenkt werden.

Es gelang ihm, eine Dosis Chinin zu verabreichen. Mehr konnte er nicht tun. Als er neben dem kranken Mann hockte, fühlte er sich seltsam. Er erinnerte sich, dass er weder Essen noch Wasser in der Patientenhütte zurückgelassen hatte. Sie sollten Essen bei sich haben, für den Fall, dass sie hungrig aufwachen würden, was sie wahrscheinlich nach ihrem langen, unregelmäßigen Fasten tun würden. Er brachte ihnen Kekse und einen Eimer, der halb voll Wasser war. Sie schliefen tief und fest. Die Natur ruhte in ihnen. Als er von der Hütte zurückkam, bemerkte er, dass die Nacht kalt wurde. Er zitterte. Seine Zähne begannen zu klappern. Er hatte das Gefühl, dass die Kälte seine Leber geschädigt hatte. Er wünschte, er wäre nicht ausgegangen. Als er das Haus betrat, verspürte er das Bedürfnis nach einem Feuer; aber wegen Lionel wagte er es nicht, eines anzuzünden. Lionel lag da und wälzte sich wahnsinnig hin und her und plapperte Worthälften. Roger gab ihm mehr Chinin und nahm selbst eine starke Dosis ein. Das Chinin hatte etwas sehr Seltsames. Es schien, als käme es aus einer unendlich weit entfernten Hand zu seinem Mund. An der Hand war ein langer, langer Arm befestigt, der wie eine krumme Eisenbahn aussah. Es schien Roger, dass es sich unmöglich weit genug krümmen konnte, um die Hand an seinen Mund zu lassen. Nachdem die Fremdartigkeit der Hand verblasst war, fühlte er sich fürchterlich kalt. Er sehnte sich danach, überall um sich herum und in seinem Inneren Feuer zu haben. Er betrachtete Lionel dumm. Er konnte nichts mehr tun. Er würde sich hinlegen. Wenn Lionel etwas wollte, stand er auf, um es zu holen. Er konnte nicht neben Lionel sitzen. Ihm drohte Fieber. Er legte sich in sein Bett und häufte zitternd die Decken um sich. Fast augenblicklich begann die reale Welt zu verschwimmen und sich zu verändern. Es war immer noch die reale Welt, aber er sah darin vieles, was er nicht vermutet hatte. Viele seltsame Dinge geschahen vor seinen Augen. Er lag zitternd und mit klappernden Zähnen da und lauschte, wie er dachte, dem Lärm, den die Welt machte, wenn sie sich drehte. Es war ein krachender, dröhnender, entschlossener Lärm, der nach unten dröhnte und dann wieder in die Höhe emporstieg. Es ging immer weiter.

Inmitten all des Lärms hatte er die seltsame Vorstellung, sein Körper liege gar nicht im Bett, sondern schwebe in der Luft. Sein Bett lag irgendwo unter ihm. Als er sich aufsetzte, konnte er einen Teil davon sehen, unendlich weit entfernt, unter seinen ausgestreckten Füßen. Die Decke direkt über ihm schwoll immer mehr an. Sie schien so groß wie der Himmel. Während sie anschwoll, schien er zu schrumpfen. Er lag angekettet irgendwo, während sein Körper bis zum Verschwinden schrumpfte. Er fühlte, wie er schrumpfte, während die Schwärze über ihm immer größer wurde. Er hörte etwas weit unter sich – oder war es an seiner Seite? – etwas oder jemanden, der sehr schnell sprach. Er versuchte, nach Lionel zu rufen, aber alles, was er sagen konnte, war etwas über einen Austernbaum. Es wurde viel geplappert. Jemand versuchte hineinzukommen, oder jemand versuchte herauszukommen. Etwas oder jemand war in großer Gefahr, und so sehr er auch tat, er konnte nicht verhindern, dass er immer kleiner und kleiner wurde. Schließlich fiel die Schwärze auf seine Kleinheit und verdunkelte sie.

Er erwachte am frühen Morgen mit dem Gefühl, als hätte man ihm die Knochen herausgerissen. Sein Mund schmeckte, als hätte man braunes Papier darin verbrannt. Mit jedem frischen Windstoß, der durch die Tür hereinwehte, strömte ein übler Geruch über ihn hinweg. Etwas stimmte mit seinen Augen nicht. Er hatte eine verschwommene Sicht. Er konnte nicht richtig sehen. Dinge veränderten sich und verschmolzen miteinander. Er hob eine Hand, um den verzerrenden Film wegzuwischen. Er war durstig. Er war zu schwach, um genauer zu definieren, was er wollte; es war kein Wasser, es war kein Essen, es war kein Geruch; sondern etwas Bitteres, Scharfes, Adstringierendes, das für ihn alle drei Eigenschaften hatte. Er wollte etwas, das seinen Mund reinigte, den Gestank in seinen Nasenlöchern vertrieb und die Gallerte seines Marks stärkte. Er sehnte sich schwach nach diesem Trank und schlief vor Erschöpfung ein. Nach einem Schlaf von etwa acht Stunden erwachte er sehr erfrischt.

Als er sich umsah, sah er, dass Lionel immer noch bewusstlos war. Er lag unruhig, murmelnd und unruhig da, mit stark gerötetem Gesicht. Seine Hände zupften und kratzten an seiner Brust. Er hatte etwas an sich, was auf hohes Fieber hindeutete. Roger brachte eilig ein Thermometer und maß die Temperatur des Kranken. Es war auf weniger als 100° gesunken. Er schob den Pyjamamantel beiseite und fühlte das Herz mit seinem Finger. Der Puls schlug mit der Schlagbewegung eines flackernden elektrischen Lichts. Die Brust war entzündet und hatte einen leichten rötlichen Ausschlag.

Roger setzte sich auf sein Bett und atmete ein paar Mal tief durch, um sich zu beruhigen. Danach erinnerte er sich, dass er sich mit lauter, klarer Stimme gesagt hatte, dass er mit klarem Kopf, einem sehr klaren Kopf, in die Sache hineingehen müsse. Er schüttete sich Wasser aus dem Eimer über den Kopf. Als er sich kompetent fühlte, erinnerte er sich an ein anderes und sichereres Symptom. Er ging auf den Kranken zu und blickte besorgt auf seine Halsdrüsen. Er hatte sich auf den Schock vorbereitet; aber als es soweit war, war es nicht weniger schlimm. Die Drüsen waren sichtbar geschwollen. Sie fühlten sich auch sehr zart an. Lionel hatte einen Rückfall erlitten. Er litt an Trypanosomiasis. Die Krankheit lag bei ihm.

Roger verbrachte die nächsten paar Minuten damit, sich auf die Lippen zu beißen. Von Zeit zu Zeit ging er zurück ins Bett, um sich die bekannten Symptome anzuschauen. Er war sich sicher, nur zu sicher, aber jedes Mal, wenn er ging, betete er zu Gott, dass er sich irren möge. Er ging diese Symptome in Gedanken durch. Hohe Temperatur, schneller Puls, geschwollene Halsdrüsen, Ausschlag auf Brust, Händen oder Schultern, gerötetes Gesicht und schwache Bewegungen. Es gab keinen Zweifel an den Symptomen. Lionel hatte einen schweren Rückfall.

Selbst wenn man sich einer schrecklichen Sache sicher ist, klammert man sich noch an die Hoffnung, an die Möglichkeit der Hoffnung. Roger, der dort auf dem Bett saß und den unruhigen Körper anstarrte, hatte immer noch die Hoffnung, dass er sich vielleicht irrte. Er zog sich sorgfältig an und sagte sich immer wieder, dass er einen kühlen Kopf bewahren müsse. Es gab noch einen Test, den er durchführen musste. Er musste Gewissheit haben. Er holte das Mikroskop heraus und sterilisierte eine Nadel. Als er fertig war, punktierte er eine von Lionels Drüsen und blies die Substanz auf einen Objektträger. Nachdem er den Objektträger zur Beobachtung vorbereitet hatte, stellte er die Linse mit großer Sorge scharf und blickte auf die neue, ungeahnte Welt hinab, die unter ihm auf dem Glas geschäftig war.

Er blickte auf eine seltsame Welt aus Scheiben herab, zwischen denen kleine, sich windende, gewellte Membranen, so etwas wie die Schwänze von Kaulquappen, langsam wedelten und mit einer Art Peitschenhieb um sich schlugen. Jeder hatte einen dunklen kleinen Kern in der Mitte und einen winzigen Fleck am vorderen Ende. Für Roger gab es keinen Grund zur Hoffnung, als er diese kleinen, wehenden Membranen sah, die sich lebhaft bewegten, sich spalteten, sich vermehrten und mit ihren Peitschenhieben um sich schlugen. Es handelte sich um Trypanosomen mit hoher Aktivität. Er beobachtete sie ein oder zwei Minuten lang, entsetzt über die Stumpfheit und Niedrigkeit des Organismus und über seine blinde Kraft. Es war eine zitternde Membran mit einer Länge von einem Tausendstel Zoll. Es hatte Lionel zu diesem unruhigen Körper auf dem Bett gebracht. Es hatte Lionels ganzes Wissen, seinen Charme und sein Können auf ein wenig Zupfen an der Haut, ein wenig Hin- und Herwerfen, ein wenig Plappern reduziert. Es war die sichtbare Pest, der lebendige Samen des Todes, gesät im Blut.

Roger machte sich Tee. Nachdem er ihn zubereitet hatte, zwang er sich zu essen und wiederholte, dass er essen müsse, um stark zu bleiben, damit er Lionel nicht im Stich ließe. Essen und das heiße, diffuse Stimulans machten ihn fröhlicher. Er sagte sich, dass Lionel nur einen Anfall des häufig wiederkehrenden Trypanosomenfiebers hatte. Nach ein oder zwei Tagen Fieber würde er wieder zu sich kommen, schwach, anämisch und über Kopfschmerzen klagend. Eine Dosis Atoxyl würde alle Symptome in wenigen Stunden beseitigen. Selbst wenn er das Atoxyl nicht nahm, gab es keine Gewissheit, dass das Fieber in Schlafkrankheit umschlagen würde. Es bestand eine Chance dafür, aber keine Gewissheit. Die erste Pflicht eines Arztes war, zuversichtlich zu sein. Nun, er würde zuversichtlich sein. Er würde Lionel durchbringen. Er erinnerte sich an ein Gespräch zwischen zwei Amerikanern in einem Eisenbahnwaggon. Er hatte sie vor Jahren belauscht, als sie von Fleetwood nach Süden reisten. Sie sprachen von einem bevorstehenden Preiskampf zwischen zwei berüchtigten Boxern, die während des Trainings viel Energie darauf verwendeten, sich gegenseitig in der Presse zu verunglimpfen und mit der endgültigen Vernichtung zu drohen. „Diese Trottel kauen so wild drauf los", sagte einer der Männer. „Warum können sie nicht aufhören? Lasst sie sich im Kampf ordentlich verprügeln. Die Hölle mit dieser Kinnmusik."

„Ach, verschwinde", sagte der andere. „Diese Drückeberger, wenn sie nicht heiße Luft redeten, bis sie es glaubten, würden sie nie in die Nähe des Rings kommen."

Er hatte das Gespräch immer in seiner Erinnerung bewahrt. Er dachte jetzt darüber nach. Wenn sich die Ärzte nicht zwingen würden, „heiße Luft zu reden", bis ihre Patienten es glauben, würden vielleicht nur sehr wenige Patienten jemals ihr Bett verlassen. Er räumte die Frühstückssachen weg und sorgte für Ordnung im Haus. Er gab Lionel ein zusätzliches Kissen. Dann ging er hinaus in den Morgen, um zu überlegen, was er tun sollte.

Als er in die Luft ging, erinnerte er sich an die beiden Patienten. Es war nun seine Pflicht, ihnen zu dosieren und ihnen Futter zu geben. Alles, was er tun musste, war, zu ihrer Hütte zu gehen, dafür zu sorgen, dass sie ihr Frühstück aßen, und ihnen anschließend jeweils eine blaue Pille zu geben. Das Medikament hätte in der Nacht stärker wirken können, und die Wirkung von Atoxyl ist selbst in schlimmen Fällen magisch. Er erwartete, sie wachsam und lebhaft vorzufinden, verwandelt durch die Magie der Droge in zwei intelligente, fröhliche Neger. Es war vielleicht nicht allzu viel zu hoffen. Er betete, dass es so sein möge. Es gab nichts, wonach er sich so sehr sehnte wie nach einem starken Beweis für die Wirkung von Atoxyl, die Krankheit aufzuhalten. Er erklomm die Anhöhe und blickte auf sein Werk hinab.

In der klobigen Hütte war es ruhig. Die Neger rührten sich nicht. Roger war ein wenig verblüfft, als er sah, dass sie nicht da waren. Auch wenn es ihnen nicht besser ging als am Tag zuvor, sollten sie trotzdem aufstehen und sich sonnen. Er fragte sich, was passiert war. Die Angst, dass das Medikament versagt hatte, vermischte sich mit seiner Erinnerung an ein Buch über menschenfressende Löwen. Er begann zu rennen.

Er brauchte nur die Plane, die als Tür diente, beiseite zu schieben, um zu sehen, dass die beiden Patienten gegangen waren. Als sie gegangen waren, gab es keine Möglichkeit, es herauszufinden; aber weg waren sie. Sie waren zu einer Zeit gegangen, als es hell genug war, um die Kekse und den Eimer sehen zu können; denn Kekse und Eimer waren mit ihnen verschwunden. Er konnte in der weiten Savanne, die sich unter ihm erstreckte, keine Spur

von den beiden Männern erkennen. Er vermutete, dass ein Heimsuchinstinkt
sie ins Dorf zurückgeschickt hatte. Der Gedanke machte ihm Freude. Sie
waren innerhalb von zwei Tagen geheilt. Sie waren von albernen Klumpen
in denkende Wesen verwandelt worden. Jetzt würde er Lionel auf die gleiche
Weise heilen. Als er nach „Portobe" zurückeilte, war er dankbar, dass ihnen
ein Teil der Droge verblieben war. Er wäre in einer seltsamen Zwickmühle
gewesen, wenn sie die gesamte Droge zwei Tage zuvor eingenommen hätten.

XI

Es gibt einen schlanken Kerl, der alle Eroberer schlägt.
Der alte Fortunatus .

Als er begann, sich auf die Injektion vorzubereiten, konnte er die Atoxyl-Flasche nicht finden. Er suchte ängstlich in der Hütte danach ab, konnte es aber nicht finden. Es handelte sich um eine unverkennbare Glasflasche, halbvoll mit destilliertem Wasser, auf deren Boden sich noch ungelöster weißer Bodensatz befand. Auf der Flasche war ein quadratisches weißes Etikett mit der Aufschrift „ATOXYL" in Großbuchstaben angebracht, das Lionel mit einem blauen Bleistift aufgedruckt hatte. Roger konnte es nirgendwo sehen. Er schaute alle Kisten nacheinander durch. Er schaute in die Waffenkoffer, unter die Falten des Zeltes, in die Ritzen und Spalten, überall. Es war nicht da. Als er die Hütte zweimal von einem Ende zum anderen und in verschiedene Richtungen abgesucht hatte, kam er zu dem Schluss, dass sie nicht da war. Sein nächster Gedanke war, dass es bei den beiden Patienten in der Hütte gelassen worden sein musste und dass die Patienten es als Schatzkammer mitgenommen haben mussten. In diesem Fall wäre es vielleicht für immer verschwunden. Er hätte es am Morgen bemerkt, wenn es noch in der Hütte gewesen wäre. Dann dachte er, dass es vielleicht noch in der Hütte sei. Möglicherweise wurde es hinter eine Kiste gelegt. Möglicherweise hat er es nicht gesehen. Es musste sichergestellt werden. Er eilte zur Hütte und durchsuchte sie. Ein paar Minuten des Suchens zeigten ihm, dass die Flasche nicht da war.

Er zerbrach sich den Kopf und versuchte zu überlegen, was daraus geworden war. Wann hatte er es zuletzt gesehen? Lionel und er waren am Nachmittag zuvor in der Hütte gewesen. Sie hatten die Pfosten des Unterstandes befestigt und sich dann ausgeruht, da Lionel sich nicht wohl fühlte. Während der Ruhepause hatte er (Roger) das Atoxyl aus „Portobe" mitgebracht und den beiden Patienten die zweite Injektion verabreicht. So viel war klar. Was war dann passiert? Er versuchte sich zu erinnern. Danach hatte er mit dem Bauen weitergemacht, während Lionel sich ausgeruht hatte. Er erinnerte sich deutlich daran, wie Lionel mit der Atoxylflasche in den Händen auf der Mauer saß. Was hatte er danach damit gemacht? Hatte er sie nicht mit nach „Portobe" genommen? Auf jeden Fall konnte es keinen Zweifel daran geben, dass Lionel der Letzte gewesen war, der sie berührt hatte. Lionel hatte die Flasche mitgenommen, um sie wegzuräumen; und jetzt schien es nur allzu wahrscheinlich, dass er sie an einem Ort verstaut hatte, wo sie niemand sonst finden konnte.

Roger versuchte sich genau zu erinnern, wie krank Lionel gewesen war, als er nach „Portobe" zurückgekehrt war. Er erinnerte sich, dass er rot und übellaunig gewesen war, aber er konnte sich an keine Anzeichen von Benommenheit erinnern. Er war allein weggeschlichen, während Roger einen Dachfirst reparierte. Roger, der plötzlich bemerkte, dass er weg war, war ihm nach „Portobe" gefolgt und hatte ihn dort geistesabwesend auf dem Boden sitzend vorgefunden, mit blicklosen Augen vor sich hin starrend. Es war sicher, dass er die Atoxylflasche damals nicht bei sich hatte.

„Wenn das so ist", sagte Roger zu sich selbst, „muss er sie fallen gelassen oder zwischen ‚Portobe' und hier hingelegt haben. Hier hat er gesessen. Das ist der Weg, den er entlang gegangen ist. Liegt die Flasche irgendwo auf dem Weg oder in der Nähe?" Nein. Eine sorgfältige Suche ergab, dass sie nicht da war. „Nun", sagte Roger zu sich selbst, „er muss sie weggeworfen haben. Das Fieber hat ihn für einen Moment verzweifelt oder übellaunig gemacht, und er hat sie weggeworfen. Wohin könnte er sie geworfen haben?"

Unglücklicherweise gab es eine weite Fläche, über die er sie hätte werfen können. Hätte er sie bergab geworfen, wäre sie nach dem Aufprall vielleicht weit gerollt. Hätte er sie bergauf geworfen, wäre sie vielleicht zwischen den losen Steinen der Ruinen versteckt oder zerbrochen. Nachdem er sich davon überzeugt hatte, dass es Lionel im Moment nicht merklich schlechter ging, machte sich Roger auf den Weg ins Dorf, um seine beiden Patienten zu finden. Er dachte, wenn man ihnen klarmachen könnte, was fehlte, könnte die Suche nach der Flasche von drei Augenpaaren durchgeführt werden statt von einem. Ihm kam die Möglichkeit oder, genauer gesagt, die Hoffnung auf eine Möglichkeit in den Sinn, dass die Flasche im Besitz der Patienten sein könnte. Der Gedanke, dass Lionels Leben vielleicht von der Laune zweier fröhlicher Negerjungen abhing, ließ ihn zittern.

Von den Patienten fehlte im Dorf jede Spur. Sie waren nicht dort, und Roger war auch nicht so geschickt im Aufspüren, um zu wissen, ob sie dort gewesen waren. Da sie nicht dort waren, konnte er nur vermuten, dass sie, nachdem sie sich inmitten der Trümmer ihres Stammes wiedergefunden hatten, sich auf den Weg gemacht hatten, ihren Artgenossen auf den Spuren zu folgen, die das Vieh hinterlassen hatte. Er hielt es für möglich, dass sie bald zurückkehren würden, in ein oder zwei Tagen, wenn nicht noch am selben Tag. Aber es bestand kaum eine Chance, dass sie mit der Atoxyl-Flasche zurückkämen, selbst wenn sie damit aufgebrochen wären. Er stellte sich die Entwicklung einer Flasche in der emotionalen Einschätzung eines Negers vor, der noch nie zuvor eine Flasche gesehen hatte. Erstens würde es wie ein reicher Schatz erscheinen, etwas, das man kühn stehlen kann, das aber furchtbar hoch geschätzt wird. Dann würde es als etwas mit Kubikvolumen erscheinen, das möglicherweise Trinkwasser enthält. Dann, nach der Probenahme des Trinkwassers, was in diesem Fall unangenehm wäre, würde es geleert werden. Seine endgültige Position bewegte sich zwischen dem persönlichen Schmuck und dem Hahnenscheuen. In der Zwischenzeit musste Roger die Kranken ernähren.

Danach kehrte er zu Lionel zurück. Lionels Temperatur war leicht gesunken, aber er war noch kaum bei Bewusstsein. Roger verließ ihn, während er mit der mühsamen, erfolglosen Suche über ein Gebiet Afrikas begann, das hundert Meter lang und achtzig Meter breit war. Er maß einen Abstand von vierzig Yards auf jeder Seite des Weges zwischen der Hütte und „Portobe". Wenn die Flasche weggeworfen worden wäre, wäre sie innerhalb dieses Raums weggeworfen worden. Es war unwahrscheinlich, dass es mehr als vierzig Meter von der Strecke entfernt war. Eine gedrungene Flasche mit kurzem Hals ist nicht leicht zu werfen. Wenn es nicht da wäre, müsste er daraus schließen, dass die Patienten es eingenommen hatten. Es war eine lange, anstrengende Suche. Es war genauso mühsam wie die Suche nach einem verlorenen Ball beim Cricket. Aber in diesem Fall wusste der Suchende, dass das Leben seines Kameraden von seinem Erfolg abhing. Er ging auf und ab, trat über jeden Zentimeter des abgemessenen Bodens, stampfte mit seinen Füßen auf ihn ein, stampfte auf, um die Schlangen zu verscheuchen, und spürte, wie sein Blut hervorspritzte, wann immer er auf einen Stein traf. Die Sonne füllte Erde und Himmel mit Falten aus Messing und Glas in weißer, zitternder Hitze und sickerte in Scheiben aus ihrem Wirbel aus verschüttendem Licht. In der Qual dieser Suche musste Roger oft unterbrechen, um zu Lionel zu schauen und aus dem Segeltucheimer mit gekochtem Wasser zu trinken. Er betete, dass Lionel, wenn auch nur für eine Minute, das Bewusstsein wiedererlangen möge, damit er ihm sagen konnte, in welche Richtung die Flasche geschleudert worden war. Aber Lionel erlangte das Bewusstsein nicht wieder. Er lag in seinem Bett, murmelte vor sich hin und redete mit leiser, gleichgültiger Stimme Unsinn. Das Beste, was Roger für ihn sagen konnte, war, dass er leiser war. Seine Hände waren ruhiger; seine Stimme war leiser. Es war kein Grund, dankbar zu sein. Es bedeutete lediglich, dass der Patient schwächer war.

Nachdem es vorbei war, dachte Roger, dass seine Suche nach der verlorenen Flasche das Beste war, was er je getan hatte. Er hatte sorgfältig jeden Zentimeter des abgemessenen Bodens mit Füßen getreten. Er hatte kein Risiko eingegangen, er hatte kein mögliches Loch oder Grasbüschel vernachlässigt. Eine weite Fläche mit zertretenem Gras und zerklüfteten Sträuchern zeugte von der Gründlichkeit seiner mühsamen Jagd. Und alles war nutzlos. Die Flasche war nicht da. Das Atoxyl ging verloren.

Vor einigen Jahren hatte Roger schon einmal den nahenden Tod einer ihm nahestehenden Person miterlebt. Er hatte seinen betrunkenen Vater sterben sehen. Er hatte seinen Vater nicht geliebt; er hatte wenig Trauer um ihn empfunden. Aber der Anblick seines Sterbens weckte in ihm blindes Mitleid mit all den armen, tappenden menschlichen Seelen, „die sich so sehr schade" in einer so schönen Welt, die nur für so kurze Zeit gegeben war. Er hatte diesen Tod betrachtet, als wäre er eine Naturgewalt, ernst und erbarmungslos wie die Weisheit, die etwas Irrendes verbarg, das im Widerspruch zu ihr stand. Er hatte an Ottalies Tod gedacht, unten in der Hütte, zwischen den Trümmern der Abendbrottische. In Gedanken hatte er Ottalie so oft gesehen, wie sie auf die Reihe der Drehstühle geworfen wurde und sich mit wilden Augen, aber selbst dann mit edlem Mut, hochkämpfte, um der Flut entgegenzutreten, die hereinbrach, um sie zu töten. Dieser Tod erschien ihm als monströses, nutzloses Grauen. Jetzt war eine Verbindung, die ihn mit Ottalie verband, im Begriff zu reißen. Er beobachtete das Krankenbett eines Mannes, der oft mit ihr gesprochen hatte, eines Mannes, der sie sehr gut gekannt hatte. Lionel, mit seinem einfachen, charmanten Wesen, das Ottalie in vielerlei Hinsicht ähnelte, wäre sie als Mann geboren worden, war todkrank. Der Anblick, wie er bewusstlos da lag, traf ihn zutiefst. Der murmelnde Körper auf dem Bett war sein Freund, sein lieber Kamerad, eine Verbindung, die ihn mit allem verband, was ihm lieb war. Ein Schleier legte sich über den Geist seines Freundes. Er sah, wie er immer näher kam und das Haus darin dunkel wurde. In Kürze würde er sich ganz zuziehen und das Leben für immer einschließen. Wenn er nicht sofort handelte, würde es zu spät sein; Lionel würde sterben. Wenn Lionel sterben würde, wäre er allein in Afrika, mit diesem Ding auf dem Bett.

Er kniete neben dem Feldbett nieder und machte einen Wirbel aus irritierenden Vorschlägen. Was sollte er tun? Die Angst hatte ihn aus sich heraus auf eine andere Ebene gehoben, eine Ebene quälender Emotionen. Er verspürte eine schmerzliche Klarheit seines Intellekts und eine völlige Erstarrung seines beherrschenden Willens. Seine Ideen wimmelten in seinem Kopf, doch er hatte keine Macht, daraus eine Auswahl zu treffen. Er sah so viele Dinge, die er tun könnte; Bau eines Floßes, um sie nach Malakoto zu bringen, Herstellung eines Serums oder Versuch, ein solches herzustellen, um die Infektion zu beseitigen; es gab viele Dinge. Aber wie konnte er Lionel in diesem Zustand zurücklassen und wie sollte er Lionel aus diesem Zustand herausholen? Er sagte sich, dass große Dosen Arsen von Nutzen sein könnten; im nächsten Moment wurde ihm klar, dass sie nutzlos sein würden. Er hatte versucht, Lionel dazu zu bringen, auf der Reise flussaufwärts vorbeugend Arsen einzunehmen. Lionel hatte geantwortet, dass Arsen für ihn nicht gut sei. „Trypanosomen", hatte er gesagt, „werden gegen bestimmte Medikamente immun. Meine wurden gegen Arsen immun, als ich das letzte Mal hier draußen war. Wenn meine Trypanosomen erneut auftreten, müssen Sie etwas anderes ausprobieren." Was sollte er sonst noch versuchen?

Er hatte gelesen, dass nach einer Vielzahl von Behandlungen, eigentlich nach jeder Behandlung, eine deutliche vorübergehende Besserung eintritt, die tendenziell die Gesundheit bestimmter Organe verbessert. Er versuchte es mit den einfachsten und ungefährlichsten von denen, an die er sich erinnerte. Es konnte jedenfalls nicht schaden. Wenn es gut lief, würde er sich bereit fühlen, etwas Tiefgründigeres auszuprobieren.

Allein die Verabreichung der Dosis stärkte ihn. Handeln ist immer ein Stärkungsmittel für einen Geist, der mit sich selbst im Krieg ist. In Zeiten des Brandes hat die Geige mehr als Nero vor beunruhigenden, zum Selbstmord neigenden Gedanken bewahrt. Als er sich schließlich durch seinen Willen zu einer Wahl des Gerichts durchgerungen hatte, fühlte er sich seiner Sache sicherer. Er machte sich daran, Nahrung für den Patienten zuzubereiten, und als diese fertig war und ihm verabreicht wurde, sterilisierte er seine Hände für den Beginn der heiklen Aufgabe der Kulturherstellung. Er hatte viele Röhrchen mit Nährmedien verschiedener Art. Er wählte jene aus, die am ehesten schnelle Ergebnisse lieferten. Es waren Nährmedien aus Bouillon und Agar. Eines davon, ein spezielles Nährmedium aus Kaninchenfleisch und Wittes Pepton, hatte Lionel Monate zuvor im fernen London hergestellt. Roger erinnerte sich, wie sie während der Herstellung dieses Nährmediums in ihrer Begeisterung miteinander gesprochen hatten. Er hatte damals kaum über die Umstände nachgedacht, unter denen es verwendet werden würde. Er hatte noch nie Heimweh nach London verspürt. Jetzt hatte er Heimweh. Er sehnte sich danach, wieder mit Lionel in London zu sein, in dem kahlen, luftigen Zimmer in Pump Court, wo der Lärm des Strands wie der Lärm ferner Züge klang, die nie vorbeifuhren. Er sehnte sich danach, wieder dorthin zu kommen, aus dieser Einsamkeit heraus, mit Lionel, dem es wieder gut ging. Die Erinnerung an ihre kleinen Streitereien kam zu ihm zurück. Reisen soll die Winkel eines Mannes abschlagen. Wenn der Mann Feuer in sich hat, kann der Prozess die Finger derer verbrennen, die ihm nahe stehen. Kleine Momente der Gereiztheit, nach schlaflosen Nächten, nach Fieber, nach Überanstrengung, waren zwischen ihnen aufgeflammt. Kein Europäer kann ohne diese gereizten Momente viele hundert Meilen gemeinsam durch die Tropen reisen. Sie resultieren eher aus irgendeiner Art körperlicher Schwäche als aus irgendeiner Charakterschwäche, obwohl die Verbindungen, die die beiden verbinden, natürlich eng und subtil sind. Das sagte er sich selbst; aber er ließ sich nicht trösten. Die Erinnerung an diese gelegentlichen, momentanen Erschütterungen bereitete ihm heftige Schmerzen. Wenn Lionel diese Krankheit überstand, würde er es wiedergutmachen. Er dachte über viele Möglichkeiten nach, wie er ihre gemeinsame Reise zu einem Abenteuer von schönerem Charakter machen könnte. „Lionel", sagte er laut und blickte auf den Kranken herab, „ich möchte, dass du mir vergibst."

Von Lionel gab es keine Anzeichen von Verständnis. Er lag da und murmelte nervös. Seine Haut fühlte sich heiß an, von dieser trockenen, fieberhaften Hitze, die demjenigen, der sie spürt, das schockierende Gefühl der Usurpation des Körpers durch bösartige Macht vermittelt. Seine Temperatur begann den deutlichen und schrecklichen Abendanstieg zu zeigen. Daraus konnte Roger schließen, dass es bis zum Herbstmorgen keine Besserung geben würde. Nachdem er den flatternden, schnellen Puls und die Schwäche der Handbewegungen gespürt hatte, hatte er große Zweifel, ob der Körper der Belastung dieses plötzlichen Sturzes standhalten würde.

Er schleppte eine Kiste hoch und starrte Lionel an, von vielen Gedanken zerrissen. Ein Gedanke war, dass diese Momente weniger schrecklich wären, wenn wir immer in diesem erwachten Bewusstsein für die Verantwortung und das Wunder des Lebens leben könnten. Das Leben war keine Abfolge von Handlungen, geplant oder nicht geplant, erfolgreich oder vereitelt, noch war es ein „congressus materiai", der eine Zeit lang durch Essen und Bewegung zusammengehalten wurde. Es war etwas, das von diesen Dingen getestet und daraus entwickelt wurde, die gewissermaßen seine Instrumente waren, die Ziegelsteine, aus denen das Haus gebaut ist. Er begann zu erkennen, wie schwer es ist, dem Leben in einer Welt zu folgen, in der die Dinge des Lebens so leuchtende Farben und bewegende Qualitäten haben. Er hatte es vorher nicht bemerkt, selbst als ihn die Nachricht von Ottalies Tod demütigte.

In seiner Qual „dachte" er lange an Ottalie. Er erinnerte sich an all die schönen Tage oben in den Tälern und zwischen den Hügeln. Die Worte, die sie gesprochen hatte, kamen ihm wieder in den Sinn, jeder Satz ein kostbarer Stein, sorgfältig in seine Vorstellung eingearbeitet, was der treibende Gedanke in ihrem Kopf gewesen war. Ottalie hatte gelebt. Er konnte sich Ottalie vorstellen, wie sie über alle Tage ihres Lebens urteilte, die in farbiger Reihenfolge vor ihr geordnet waren, und keinen einzigen finden würde, der gelebt worden wäre, ohne – wie unbewusst – Bezug zu einer schönen Vorstellung dessen zu haben, was unveränderlich existiert, wenn auch nur zur Hälfte von uns ausgedrückt.

Er erwachte. Deshalb sind Frauen so viel feiner als Männer; Sie beschäftigen sich mit dem Leben selbst, die Menschen mit seinen Produkten oder seiner Verwaltung. Was auch immer seine Mängel gewesen sein mochten, er beschäftigte sich nicht mehr mit den Dingen des Lebens, sondern mit dem Leben selbst.

Hier stand er zum ersten Mal direkt vor einem Test seiner Lebensbereitschaft. Er zwang sich, wieder zu arbeiten, und folgte dem Vorgang mit einer vorsichtigen Feinheit und Sorgfalt, die ein älterer Künstler als nörgelnd und punktierend verachtet hätte. Von Zeit zu Zeit hielt er inne, um Lionel anzusehen und seine Temperatur zu messen. Die Temperatur stieg rasch an.

Nach einigen Tagen war das Fieber bei Lionel verschwunden. Es hinterließ deutliche Symptome der Schlafkrankheit. Der Mann war tot. Der Körper blieb, schwach und zitternd, bei Bewusstsein genug, um einfache Fragen zu beantworten, aber weder energisch genug, um unaufgefordert zu sprechen, noch um nach Essen zu fragen, wenn er hungrig war. Wie lange er in diesem Zustand überleben würde, konnte Roger nicht erraten. Er könnte noch einige Wochen überleben, oder er könnte plötzlich sterben, geschockt von den heftigen Temperaturschwankungen zwischen Nacht und Morgen. Erst als seine Sprachfähigkeit nachließ, wurde Roger das Grauen bewusst. Lionels einsilbige Worte wurden täglich undeutlicher, bis er schließlich sprach, als sei seine Zunge zu groß für seinen Mund geworden. Der Anblick seines Freundes, der vor seinen Augen zu einem Tier wurde, brachte Roger zum Weinen. Die Belastung machte ihm zu schaffen; sein wiederkehrendes Fieber schüttelte ihn. Er fühlte, dass er verrückt werden würde, wenn Lionel sterben würde. Er konnte seinen Freund nicht verlassen. Selbst tagsüber, wenn die Arbeit zu erledigen war, konnte er es kaum ertragen, ihn zu verlassen. Nachts war sein einziger Trost, seinen Freund in qualvollem, krankhaftem Mitleid anzustarren und sich daran zu erinnern, was dieser Mann für ihn gewesen war, bevor sich der Schleier zuzog. Der Schleier schloss sich jeden Tag fester. Roger konnte sich die Veränderung im Inneren des Toten vorstellen, auf der Oberfläche des Gehirns, hinter den schönen, jetzt so schläfrigen Augen. So eine Kleinigkeit würde diese Veränderung aufhalten. Zwei Kubikzentimeter eines weißen, löslichen Pulvers. Er ging es Tag für Tag in Gedanken durch, bis das Verlangen nach etwas von diesem Pulver mehr wurde, als er ertragen konnte. „Lionel", sagte er. „Lionel, Lionel." Und der schläfrige Kopf hob sich geduldig und grunzte, als Zeichen des Erkennens. Wäre Lionel ein Fremder gewesen (so sagte er sich), wäre es vielleicht erträglich gewesen; aber jede Haltung und Geste des Patienten war durch hundert zarte Ketten an sein innerstes Leben gekettet. Dass er Ottalie gekannt hatte, war das Schlimmste, was er ertragen musste. Mit Lionel verlor er etwas, das Ottalie an ihn band. Eine weitere Qual war das Wissen um seine eigene Unzulänglichkeit. Er dachte an die hochtüchtigen Soldaten und Wissenschaftler, die die Krankheit erforscht hatten. Er verabscheute die Jahre emotionaler Selbstgefälligkeit, die ihn für eine solche Krise untauglich gemacht hatten. Er sehnte sich danach, für eine halbe Stunde das Wissen und Können dieser Wissenschaftler zu besitzen, ihre gewissenhafte klinische Sicherheit, ihre Reserven an alternativen Ressourcen.

In Wirklichkeit machte er seine Sache sehr anerkennenswert. Eine seiner ausgeprägtesten Charaktereigenschaften war jene extreme emotionale Zartheit oder Sensibilität, die so stark und, da die robusteren Fasern fehlen, so bösartig ist, ein Bestandteil des künstlerischen oder schöpferischen Intellekts. Diese Sensibilität hatte bei ihm eine gewissenhafte Distanz zur Welt hervorgerufen. Sie hatte ihn dazu gebracht, eine Art Keuschheit der Ideen zu bewahren, nicht so sehr aus einer Wertschätzung der weißen Geisteshaltung, sondern aus einer angeborenen, anspruchsvollen Abneigung gegen die schwarze Geisteshaltung. Als er sich immer mehr der Dominanz dieser Distanz hingab, wie es der Arbeiter in einer emotionalen Kunst versucht ist, wurden seine positiven Aktivitäten schwächer, bis er begann, in anderen jene Eigenschaften zu suchen und zu schätzen, die für die männliche Natur wesentlich sind, in ihm selbst aber durch die Überlagerung des Unwirklichen verkümmert waren. Dieser Wunsch, stellvertretend tugendhaft zu sein, indem er tugendhafte Freunde hatte, war angenehm befriedigt worden, zu seinem eigenen Vorteil und mit echter Freude für die Robusteren, die seinen Charme spürten. Aber der Verlust der Freunde hatte das eigentliche Bedürfnis offenbart. Der Mann war wie eine kinderlose Frau, die blind nach einem emotionalen Ventil suchte. In seinem Elend fand er eine bleibende Befriedigung in einer intensiven Zärtlichkeit für die Leidenden in seiner Nähe. In seiner Selbstkenntnis hatte er befürchtet, dass sein eigenes körperliches Unbehagen ihn zu einem selbstsüchtigen, launischen, gefühllosen Krankenpfleger machen würde. Bevor Lionel krank geworden war, hatte er dazu geneigt, über Schmerzen zu klagen, die für eine schwache, hochempfindliche Natur, die nach Jahren des bequemen Lebens den Strapazen tropischer Reisen ausgesetzt war, oft real genug waren. Lionels Krankheit hatte das geändert. Sie hatte ihn in einen Zustand geistiger Erhebung gehoben. In ihren intensiveren, spirituellen Formen wurden solche Zustände als Versetzung, Verkostung Gottes, Eindringen in den göttlichen Schatten, Zwiesprache mit dem höheren Selbst bezeichnet. Man kann sie als Zustände definieren, in denen sich der Geist des Körpers nicht mehr als Fahrzeug bewusst ist und ihn mit der Gleichgültigkeit eines Wagenlenkers, der um viel Geld fährt, souverän zum vorgegebenen Ziel steuert.

Obwohl er in dieser Stimmung zu guten Taten ermutigt wurde, blieb ihm das Wissen um seinen Erfolg dabei verwehrt. Sein Herz war voller Mitleid mit den Leidenden, für die er sich Tag für Tag so zärtlich kümmerte; aber die Tiefe seines Mitleids machte seine Ohnmacht, ihm zu helfen, zu einer Qual. Er erkannte zu deutlich, dass das Beste, was er tun konnte, nichts war. In den dunkleren Winkeln seines Geistes schwebte der Schrecken davor, nachzugeben und in die Barbarei, die ihn umgab, zurückzufallen. Seine Nerven begannen unter der Anstrengung zu zittern. Was er verspürte, war die Wiederkehr einer intensiven religiösen Stimmung, die ihn zu Beginn des feierlichen Mannesalters überwältigt hatte. Jetzt, nach Jahren der Gleichgültigkeit, erkannte er die Gültigkeit der alten Einteilung in Gut und Böse. Wie schon in der Kindheit hatte er während dieser religiösen Phase zuweilen ein seltsames, unvernünftiges Gefühl für die Sündhaftigkeit bestimmter Gedanken und Handlungen, die anderen, die nicht erwacht waren, und ihm selbst, in blinderen Stimmungen, harmlos vorkamen. Er begann, alle Dinge im Sinne des spirituellen Krieges zu lösen. All dieser äußere Schrecken war eine Versuchung des Teufels, mit der man kämpfen musste, damit nicht die Seele in ihm zugrunde ginge. Kleine Dinge, kleine augenblickliche Gedanken, augenblickliche Sinneseindrücke, vielleicht auch nur der Wunsch nach Ruhe, wurden in seiner neuen Wertschätzung mit schrecklicher Bedeutung aufgeladen. Nach drei Stunden Arbeit im Dorf, nachdem er diese schläfrigen, sterbenden Kinder in der heißen Sonne gefüttert und gereinigt hatte, bis er erschöpft und im Herzen krank war, drängte ihn oft die Angst, dem Teufel nachzugeben, einige davon auf sie anzuwenden die bekannten Linderungen, Arsen, Quecksilber oder dergleichen. Er würde aufstehen und ihnen allen eine sorgfältige Dosis verabreichen, wohl wissend, dass es nutzlos war und nur den lebendigen Tod verlängern würde; Aber er wusste auch, dass dies um jeden Preis die Pflicht eines Menschen war, der den militärischen Geburtseid einer christlichen Rasse geleistet hatte. Er erfuhr, dass die höheren Töne einer Pfeife auch denen gefielen, die schon weit im Schlaf waren. Er fand jeden Tag Zeit, ihnen in den paar lebhafteren Minuten vor dem Essen, wenn der Schläfrige fast wachsam wurde, zu pfeifen. Er kam zu dem Schluss, dass alles, was sie anregte, zwangsläufig gut für sie sein musste. Er probierte geduldig und zärtlich viele sanfte sinnliche Erregungen an ihnen aus, gab ihnen Duft oder Schnupftabak zum Einatmen, ließ sie Stücke seines kostbaren Zuckers lutschen, brannte nachts vor ihnen blaue Lichter an und versetzte ihnen leichte Elektroschocks aus seiner Batterie. Er hatte das Gefühl, dass er dadurch die Fähigkeiten des Gehirns einige Tage länger am Leben erhielt. Von Tiri, der runzligen alten Frau, der einzigen nicht infizierten Person dort, bemühte er sich, den Dialekt zu lernen; Aber das Alter hatte ihr Gehirn erstarrt, er konnte nichts von ihr lernen außer „Katirkama". Er wusste nie richtig, was Katirkama war. Es war etwas sehr Amüsantes, denn es brachte sie immer zum Lachen, wenn es erwähnt wurde. Es hatte etwas mit dem Trommeln auf einer einheimischen Trommel zu tun. Katirkama. Er schlug die Trommel, und der alte Körper verwandelte sich in ein einziges lachendes Nicken und beugte sich lachend dem Takt. „Katirkama", rief sie kichernd. „Katirkama." Nach Katirkama folgte sie ihm, hielt seine Hand und quiekte, bis er ihr etwas Zucker gab.

Wenn die Arbeit im Dorf beendet war, pflegte er zu Lionel zurückzugehen, den er schläfrig vorfand, genauso wie er ihn verlassen hatte. An guten Tagen musste er ein kleines Experiment machen. Er wiederholte einen Trick oder eine zufällige Geste, die die sterbende Aufmerksamkeit eines Eingeborenen erregt hatte. Wenn er Glück hatte, brachte der Trick einen lebhaften Schatten von Lionel zurück. Selbst wenn dieser sofort verschwand, war es erheiternd, diesen Schatten zu sehen. Meistens schlug der Trick fehl. Nachdem er die gelegentliche Wirkung von Tricks gesehen hatte, begann er, Tricks zu lernen, die helfen könnten, die Intelligenz wach zu halten. Der Anblick von Lionel gab ihm ein so niederschmetterndes Gefühl dafür, was in dem betroffenen Gehirn vor sich ging, dass es ihm leicht fiel, sich Vorstellungen auszudenken, die, wie er beurteilte, es fesseln würden. Das Verbrennen von Magnesiumdraht und das Drehen einer Polizeirassel waren seine erfolgreichsten Versuche. Eines Tages, als er vorsichtig etwas verdünnte Karbolsäure in ein Chegua-Nest an Lionels Fuß träufelte, stellte er fest, dass das brennende Gefühl Vergnügen bereitete. Es schien das Gehirn wie ein betäubendes Kitzeln zu erreichen. Lionel lachte ein wenig unbehaglich und nervös. Es war das einzige Lachen, das man in den nächsten Tagen in „Portobe" hörte.

Obwohl ihn seine Arbeit täglich zehn Stunden beschäftigte, beschäftigte sie ihn nicht ganz. Vieles davon, etwa die Zubereitung der Speisen und die tägliche Desinfektion der Hütten, erfolgte maschinell. Sein Geist hatte die Freiheit, sich mit Spekulationen zu trösten, so gut er konnte. Seine ersten Eindrücke von der Einsamkeit waren schrecklich und überwältigend. Während er aufwachte und schlief, spürte er den Schrecken der Aussicht, Lionel zu verlieren. Es war nicht so, dass er Angst davor hatte, allein zu sein. Seine Angst war religiös. Er befürchtete, dass die Barbarei der Einsamkeit seine wenig geschulte Kraft zivilisierter Gefühle überwältigen würde. Er kämpfte gegen die Barbarei. Lionel war sein mächtiger Verbündeter. Als er von seiner Hütte auf dem Hügel aus blickte, konnte er die Barbarei um sich herum sehen, in einer weiten und sehr stillen, bedrohlichen Landschaft, verborgen im Wald, mürrisch in seinem roten, schrumpfenden Fluss, der in der großen Ebene brütete, übersät mit Knochen und Steinen. Selbst die Kleinheit einer englischen Landschaft wäre schwer zu ertragen gewesen, aber diese Unermesslichkeit der Wildheit beeindruckte ihn. Er bezweifelte, dass er diesen Anblick ohne seinen Verbündeten ertragen könnte.

Er wusste, dass er ruiniert sein würde, wenn es ihm auf die Nerven gehen würde. Er nahm sich am zweiten Tag des Lionel-Fiebers zusammen. Seine Situation erinnerte ihn an ein Gespräch, das er Jahre zuvor in seinen Zimmern in Westminster gehört hatte. O'Neill und ein junger australischer Journalist von der rohen und energischen Sorte, die das *Bulletin förderte* , hatten den Abend im Gespräch mit ihm verbracht. Der Australier hatte ihnen von der Einsamkeit Australiens erzählt und von Hirten und Siedlern, die in der Einsamkeit auf den Lichtungen am Ende des Jenseits verrückt wurden. O'Neill hatte gesagt, dass die australische Literatur derzeit das Produkt heimwehkranker Engländer sei; aber dass eine echte australische Literatur unter diesen Einsamen beginnen würde. „Einer dieser Kerle, die einfach verrückt werden, wird eine Literatur anfangen. Und diese Literatur wird die unverwechselbare australische Literatur sein. In den Städten bekommt man nur lautstarke Nachahmungen dessen, was in der Literatur des Mutterlandes am weitesten verbreitet ist." Sie hatten bis vier Uhr morgens geredet. Seitdem hatte er den Australier nie wieder gesehen. Er erinnerte sich jetzt an seine Geschichten von Hirten, die sich in ihre Hütten flüchteten, um der Einsamkeit zu entkommen, die ihnen die Nerven gebrochen hatte. Er müsse aufpassen, sagte er, dass sich dieser Geisteszustand nicht über ihn bemerke.

In dieser Nacht begann er, sich zu schulen. Er zwang sich den Hügel hinauf, nach Simbabwe, in dem unheimlichen Moment, als die Dämmerung ein wenig dunkler wird und die Sterne noch blass sind. Die ganze Düsternis der Ruinen und des Dschungels brütete bösartig, von Bedrohung geprägt. In der Gasse zwischen den Mauern raschelte schwaches Geräusch von kriechenden Dingen. Tau bildete sich schnell. Tropfen benetzten ihn mit kalten Spritzern, als er durch die Schlingpflanzen brach. Unter ihm erstreckte sich der Kontinent. Kein menschliches Licht brannte in dieser Weite. Da war die Schwärze des Waldes und das geisterhafte Gras, alles still. Aus der Nacht hinter ihm näherte sich verstohlen etwas, mehr ein Gefühl als eine Sinneswahrnehmung. Es kam so heimlich in der Nacht, dass es schwer zu orten war. Es hatte dieses schützende Bauchreden von Lauten, die im Dunkeln erzeugt wurden. In uns steckt ein animalischer Sinn, der noch lange nicht verkümmert ist, und der uns schnell auf ein leichtes Geräusch in der Nacht reagieren lässt. Er macht uns nach allen Seiten wachsam; aber mit zitternder Wachsamkeit, denn wir sind dem instinktiven Wissen darüber, was nachts geschieht, entwachsen. Roger drehte sich rasch um, mit klopfendem Herzen. Der Lärm, was immer es auch war, verstummte. Nach einer kurzen Pause löste sich ein bis dahin festgehaltener Sprühnebel, als hätte sich die Kralle, die ihn festgehalten hatte, gelöst. Er löste sich mit einem leisen Zischen, gefolgt von einem Prasseln von Tropfen. Danach trat Stille ein, während der Lauscher und der verborgene Beobachter in die Dunkelheit starrten, um zu sehen, was nun kommen würde. Das Geräusch des Spritzens gab Roger eine Ahnung von der Richtung der Gefahr, wenn es denn eine Gefahr war. Er zog seinen Revolver. Ein weiterer Sprühnebel verschüttete ein oder zwei Tropfen. Dann, für einen Augenblick, nah am Boden, nicht weit entfernt, brannten zwei grünliche Flecken wie Glühwürmchen, wie kriechende Glühwürmchen, wie zwei winzige elektrische Lichter, die plötzlich angeschaltet wurden. Sie wurden sofort ausgeschaltet. Sie erloschen in der Nacht und machten sie noch schwärzer. Nachdem sie verblasst waren, ertönte ein gedämpftes Rascheln, das nah oder fern gewesen sein konnte. Als auch das verklungen war, herrschte Stille.

Es war so still, dass das Tropfen des Taus die Nacht wie eine Totengruft erscheinen ließ. Schreckliche, unergründliche Sterne brannten hoch oben. Roger drückte seinen Rücken gegen die Wand. Immer höher ragte die Wand, ein gewaltiges Werk, ein zynischer Haufen, geprägt von der Grausamkeit der Lust. So gesehen war sie beinahe lebendig. Vorne war das Unbekannte, dahinter dieses unheimliche Ding. Roger wartete angespannt, bis die Dunkelheit vor Angst lebendig wurde. Alles war dort in der Nacht, plappernde Gesichter, Tod, das plötzliche kalte Schnuppern der Schweinsschnauze des Todes auf dem Herzen. Er schwang seinen Revolver über seinen linken Ellbogen und feuerte.

Der Bericht stürzte zwischen den Ruinen ab und schickte die Nachtrover schnell und weit weg. Chur-ra-rak! schrie das zerstreute Huhn. Roger schenkte ihnen kaum Beachtung. Er beugte sich nieder und umarmte seine Stirn. Der Hammer des Schussrevolvers hatte sich mit einem Striemen in seine Stirn getrieben, der ihm übel wurde. Er tastete sich wieder den Hügel hinunter und schätzte sich glücklich, dass ihm das Eisen nicht das Auge zerschmettert hatte. Er dachte in dieser Nacht nicht mehr an Angst.

Aber in der nächsten Nacht kam es mit der Dunkelheit. Der alte, wilde Teufel der Dunkelheit war da; die Dunkelheit der Einsamkeit, die Einsamkeit des Schweigens, der immanente Schrecken vor Orten, die noch nicht erobert wurden, immer noch von den alten unreinen Göttern regiert, noch nicht durch Tugend exorziert. Als man es nach Einbruch der Dunkelheit von der Tür von „Portobe" aus betrachtete, schien es voller Verheißungen des Todes zu sein. Die kleinen Raschelgeräusche waren da; die Andeutung eines heimlichen Todes; das Grübeln darüber. Ein mutigerer Mann wäre davon beeindruckt gewesen. Es war nicht nur Feigheit, die Roger einschüchterte. Es war dieses noch nicht verkümmerte tierische Etwas, das in einer dunklen Nacht an einem einsamen Ort bei einem Geräusch der Bewegung das Herz eines Menschen höher schlagen lässt wie das Herz eines Bocks. Mit noch vom Lagerfeuer geblendeten Augen in die Dunkelheit zu starren, vermittelte ein Gefühl des Kontrasts, das nicht leicht zu überwinden war. Der Trost des Feuers war etwas, etwas Zivilisiertes, Erobertes, Menschliches. Und die geliebte Figur, die krank lag, war einer seiner Artgenossen, der sich mit ihm gegen das Unmenschliche verbündete. Die Weite des Unmenschlichen überwältigte seinen Willen. Er wagte es nicht, sich dem zu stellen. Plötzliches Entsetzen verriet ihm, dass etwas hinter ihm lag. Er eilte in die Hütte und stapelte Kisten vor der Planentür.

Der Augenblick der Angst verging und er war beschämt. Er gab seinen Nerven nach. Das ging nicht. Er musste sich wappnen, um der Dunkelheit entgegenzutreten. Er kämpfte sich den Hügel hinunter zum Dorf und in das Dorf hinein. Er kniete nieder und spähte in die Hütte, wo die alte Tiri sich an einem Schilffeuer wiegte, wie die verwelkte Schönheit in Villon. Sie sah ihn nicht. Sie trällerte ein Liedchen. Von Zeit zu Zeit warf sie mit einer nervösen Armbewegung eine Handvoll Schilfrohr nach, das knisterte und aufflackerte, sodass sie gluckste. Ihr Anblick tröstete ihn. Jedes entschlossene

Durchhalten des Lebens ist für die Verwirrten ein Trost. Er ging den Hügel wieder hinauf, ohne das Zittern, das er beim Abstieg gespürt hatte. Etwas an dem Spaziergang, die Kühle und Stille, ließ ihn seine Ängste vergessen. Er empfand das animalische Gefühl, für den Moment eins mit der Nacht zu sein. „Wenn der Mensch sich einen geistigen Zustand vorstellen kann, der so ruhig und erhaben ist wie die Nacht, dann kann er ihn sicher erreichen", dachte er. Vielleicht würde man sogar durch einsames Grübeln, wie die Nacht selbst, schneller zur Wahrheit gelangen als durch die ruhelosen Methoden, die er hinter sich gelassen hatte. Als er wieder an der Tür seiner Hütte stand, erhob ihn die Dunkelheit, nicht wie sonst, indem sie ihm ein Gefühl für die Pracht der Natur gab, sondern indem sie für einen Augenblick sein Wissen über die überlegene Pracht der Menschen steigerte.

Er stand eine Weile da und schaute hinaus, bevor ihn ein Anfall von Delirium zu seinem Freund rief. Später, als er seine Arbeit für die Nacht beendet hatte, dachte er düster darüber nach, was sein Schicksal sein würde, wenn Lionels Tod ihn allein dort zurückließe, so viele Meilen von seinen Kameraden entfernt. Was sollte er tun? Wie sollte er vierhundert Meilen tropisches Land bis zur nächsten weißen Siedlung durchqueren? Kein zivilisierter Mensch war dort gewesen, seit die Phönizier ihren letzten Nachhutkampf um die Wagen des letzten Goldzuges geschlagen hatten. Vierhundert Meilen bedeuteten einen Monat harten Marsch, selbst wenn alles gut ging. Er konnte nicht damit rechnen, es in weniger als einem Monat zu schaffen. Und wie sollte er diesen Monat überleben, wie sich selbst leiten? Selbst von der bloßen Entfernung her war es ein harter Marsch. Es war ungefähr so wie beispielsweise ein Marsch von Land's End nach Aberdeen, aber mit allen natürlichen Schwierigkeiten verzehnfacht und allen künstlichen Hilfsmitteln entfernt. Er würde dazu gezwungen werden. Er würde diesen Marsch versuchen müssen oder allein sterben, wo er war, nachdem er seinen Freund sterben sah. Er warf Lionel einen besorgten Blick zu, um zu sehen, ob es eine Chance gab, dass Lionel über diese Distanz geschleift und ihm geholfen werden konnte. Er sah keine Chance. Er würde Lionel sterben sehen müssen. Er würde versuchen müssen, Lionels Tod mit allen ihm bekannten Mitteln abzuwenden, obwohl er die ganze Zeit wusste, dass alle Mittel nutzlos waren. Dann würde er Lionel begraben, nachdem er ihm beim Sterben zugesehen hatte. Danach würde er zusehen müssen, wie die Dorfbewohner starben; und dann, wenn er ganz allein war, aufbrechen.

Und wohin würde er aufbrechen? Was hatte ihm das Leben zu geben, wenn er, was sehr unwahrscheinlich war, das Leben zurückgewinnen sollte? Sein Leben gehörte Ottalie. Er hatte ihr sein Talent geweiht, er hatte ihr all seine Kräfte gewidmet. Sein bestes Talent war ein schattenhaftes, sentimentales Ding gewesen, mit dem man kein großes Leben leben, keinen großen Kummer überwinden konnte. Seine besten Kräfte hatten ihn im Zentrum eines Kontinents zurückgelassen, hilflos, das zu tun, was er sich vorgenommen hatte. Er hatte die Welt nicht „um ihretwillen edler gemacht". Ach, aber er würde es tun, sagte er und sprang auf, plötzlich erfüllt von einer Vision dieser toten Schönheit. Er würde der Welt zu allem verhelfen, was sie in ihr verloren hatte. Er musste Ottalies schöner Geist sein, der noch immer am Werk war und die Welt segnete. So würde sein Geist sie besitzen, sich in ihre Seele schleichen, immer mehr von ihr trinken, bis ihre Kraft die Kraft war, mit der er sich bewegte. Er fühlte, dass sie ihm damals sehr nahe war. Er fühlte, dass seine ganze äußere Welt nur ein Abbild seines Geistes war und dass sie, da sie in seinem Geist war, bei ihm war. Sein Herz war ein elendes Herz in Afrika, in dem ein kranker Mann einem müden Mann etwas vorplapperte. Aber dort in seinem Herzen, fühlte er, war dieser stumme Gast, schön wie in alten Zeiten, der im Halbdunkel wartete, still wartete, ihn beobachtete, wollte, dass er das Richtige tat, wartete, bis es getan war, damit sie aufstehen und zu ihm gehen und seine Hände nehmen konnte. Er durfte sie nicht enttäuschen.

Er drehte sich in die Ecke, in der er ihre Anwesenheit spürte. „Ottalie! Ottalie!", sagte er leise. „Ottalie, Liebling, hilf mir dabei. Ich werde scheitern, Liebling. Hilf mir, es nicht zu tun." Lionel stöhnte ein wenig und drehte sich wieder auf die Seite. Ein Luftzug ließ das Feuer leicht zittern. Keine Antwort regte sich in seinem Herzen. Er hatte halb erwartet, dass die Antwort in drei kurzen Worten in ihm sprechen würde. Es kamen keine Worte. Stattdessen fühlte er brennend das Bild von Ottalie, wie er sie einmal oben am Craga' Burn gesehen hatte, eines Sommers bei Sonnenuntergang. Sie hatten zusammen im Moor gestanden, am flachen, grasbewachsenen Ufer des Bachs, in der Nähe eines kleinen, trommelnden Wasserfalls, der über ein Schilfgebiet gurgelte. Der Sonnenuntergang hatte dem Moor eine Pracht verliehen. Alle großen Hügel erhoben sich in der visionären Klarheit eines irischen Abends nach einem Regen. Ein Glanz wie der Glanz der Gesundheit lag auf ihnen. Ottalies Wange war rot, als sie ihre ernsten, haselnussbraunen Augen lächelnd auf ihn richtete und ihn fragte, ob er das Rasthaus gesehen habe. Sie meinte ein magisches Rasthaus, das sich der Volksmärchen zufolge irgendwo auf dem Hügel in Richtung Craga befand. Roger hatte mit Männern gesprochen, die behaupteten, von „ihnen" dorthin gelockt worden zu sein, um dort die Nacht zu verbringen. Ottalie und er hatten den möglichen Standort fast bis zu der Stelle eingegrenzt, an der sie standen; und sie hatte sich lächelnd umgedreht, während die Sonne auf sie schien, um ihn zu fragen, ob er es gesehen habe. Sie hatten es nie gesehen, obwohl sie oft in magischen Momenten des Tages danach Ausschau gehalten hatten. Als er jetzt zurückblickte, sah er diesen alten Tag mit all dem Glanz der längst untergegangenen Sonne. Ottalie und er selbst und der Craga' Burn, das dahinfließende Schilf, der angenehme, schwache Geruch des Verfalls auf dem Fleck dahinter, der Hauch von Torfrauch. Ottalie. Ottalie. Ottalie im blinden Grab mit der Heckenrose auf ihrer Brust.

Das Alleinleben fördert eine Intensität des persönlichen Lebens, die manchmal den sozialen Instinkt auslöscht, sogar bei denen, die durch den Zwang des Zufalls allein leben. Es war Rogers Schicksal geworden, Trost in sich selbst zu suchen . Die meisten Dinge, die ihm die Gesellschaft während seines kurzen, prägnanten Lebens gegeben hatte, waren für ihn nutzlos. Er musste sich jetzt auf die Intensität seiner eigenen Natur verlassen. Er rechnete das Ausmaß seiner Zivilisation aus, wie es sich an der Menge zeigte, die in seinem Gedächtnis erhalten blieb. Letzten Endes belief es sich, wenn man die Menge berücksichtigte, die unbewusst in seinen Charakter aufgenommen wurde, auf eine Vielzahl von Brocken, von denen einige angenehm, einige interessant und alle von der Lebhaftigkeit seiner persönlichen Vorliebe gefärbt waren. Er hatte alle Meisterwerke der europäischen Literatur gelesen, entweder im Original oder in Übersetzung. Er hatte alle Meisterwerke der europäischen Kunst gesehen, entweder im Original oder in Reproduktion. Sein Gedächtnis für Kunst und Literatur war ein gutes allgemeines; aber allgemeines Wissen war ihm jetzt nutzlos. Was er brauchte, waren spezielle Kenntnisse, die Erinnerung an präzise, klare, intellektuelle Bilder in Worten, Farben oder Bronze, um seinem Geist die Kraft ihrer vielfältigen Ordnung zu verleihen, während er, vom Tod bedroht, über sie grübelte. Es überraschte ihn, wie wenig von all dem, was er gelesen und gesehen hatte, noch übrig war. Die Geschichte von Troja war ihm noch sehr lebendig in Erinnerung, mit vielen der Tragödien, die sich daraus ergaben. Dante war noch da. Der Tod des Artus war noch da. Ein Großteil der Bibel war noch da. Von Shakespeare besaß er ein kleines Taschenbuch mit acht Theaterstücken. Diese und die damit verbundenen Erinnerungen waren in seinem Gedächtnis mit einer ihm bis dahin unbekannten Realität präsent. Bei den weniger bedeutenden Schriftstellern stellte er fest, dass sein Gedächtnis jenen gegenüber freundlicher war, die er als Junge auswendig gelernt hatte, als jenen, die er als Mann mit Interesse gelesen hatte. Er kannte mehr Scott als Flaubert und mehr Mayne Reid als Scott. Indem er über diese früheren literarischen Idole nachdachte, wobei er eine Wildheit und Zärtlichkeit empfand, die nur diejenigen verstehen konnten, die wie er dazu gezwungen wurden, ein intensives Innenleben aufzubauen, begann er, die Tiefe und Stärke der Gefühle zu erkennen, die in der Hingabe an die Erinnerung liegen.

Von da an pflegte er sein Andenken, wann immer seine Arbeit seine Intelligenz verschonte. Er lebte erneut in seiner Vergangenheit, intensiver als je zuvor. Sein Leben in Irland, seine Tage mit Ottalie, ihre Worte, ihr Verhalten und ihr Aussehen wurden ihm noch einmal bis ins kleinste Detail bewusst, und zwar mit einer Genauigkeit, die vielleicht nur halbwegs einfallsreich war. Er störte seinen Frieden mit der Süße dieser Visionen. Je wahrer sie waren, desto kräftiger war ihre Farbe; je intensiver die Schwingung ihrer Sprache, je schärfer das Wissen um ihre Unwirklichkeit, desto bitterer die Sehnsucht nach der Wirklichkeit. Er hatte Heimweh nach den irischen Hügeln, die so deutlich vor seinem geistigen Auge auftauchten, durchzogen vom silbernen Blitz. Er dachte Stunde für Stunde an sie mit einer sehnsüchtigen, grüblerischen Vision, die an seinen Herzen nagte.

Nach ein paar Wochen stellte er fest, dass er ohne diese Qual an sie denken konnte. Er hatte seine Vorstellung davon durch intensives Nachdenken perfektioniert. Sie waren sozusagen zu einem echten Land in seinem Gehirn geworden, durch das sein Geist nach Belieben wandern konnte, fast so, wie er in der Realität wandelte. Durch geistige Anstrengung, indem er sein jetzt eingeschränktes äußeres Leben in sich aufnahm, konnte er sich vorstellen, wie er mit Ottalie die bekannten Gewässer und Ufer hinaufging, so ergreifend, mit solch einer Präzision imaginierter Details, dass das Land, das er beim Durchqueren sah, so war tief empfunden als die reale Szene. Die Feierlichkeit seines Lebens ließ seine Vorstellung von Ottalie tiefer und kostbarer werden. Manchmal spürte er, wie sie bei ihm war, als ob eine ältere, überirdische Schwester ihn begleitete, halb Freundin, halb Führerin. Zu anderen Zeiten, wenn er Glück hatte, sah er sie in den intensiven und herrlichen Träumen, die das Leben eines Zwergs mit sich bringt, in einer Vision. Solche Zeiten waren weiße Zeiten, die ganze Tage kostbar machten; aber er hatte jederzeit klare und genaue Erinnerungen an sie; und, noch besser, ein wahreres Wissen über sie und dadurch ein wahreres Wissen über das Leben. Er dachte mehr an sie als an seine Arbeit. Als er an sie dachte, war er dankbar, dass all seine besten Werke zu ihrem Lob geschrieben worden waren. „Sein Geist war ihrer, der bessere Teil von ihm." Wenn er etwas Gutes in sich hatte oder etwas zum Guten tendierte, dann hatte sie es in der Schönheit ihres Todes dort hingelegt. Wenn er dieses Heilmittel finden und dem armen leidenden Mann helfen könnte, wäre es nur ein Funke von ihr, der in einem Haufen Werg zu einem plötzlichen Brennen schwelte.

Seine Bemühungen, eine Kultur zu schaffen, waren erfolgreich. Mit großer Mühe gelang es ihm, eine kräftige Kultur von Trypanosomen zu erhalten, wie sie normalerweise durch Kultur gewonnen werden. Er bemühte sich, die Kultur virulent zu machen, indem er sie bei der künstlichen, gleichmäßigen Temperatur züchtete, die für das Wachstum des Keims am günstigsten war (25 °C), und indem er der Bouillon, mit der sich die Keime ernährten, winzige Mengen derjenigen chemischen Eigenschaften hinzufügte, die dazu geeignet waren stärke sie auf die eine oder andere Weise.

Es war ein langsamer Prozess, und Roger konnte in seinem Wettlauf mit dem Tod kaum Zeit erübrigen. Er war ruhiger und weniger impulsiv geworden, seit er die fiebrige, impulsive Stadt verlassen hatte; aber er hatte noch nicht die Distanz zu den Umständen erlangt, die ein Arzt oder Soldat an den Tag legte. Die Frage „Werde ich rechtzeitig kommen?" kollidierte immer mit dem Grundsatz „Du darfst dich nicht beeilen." Schließlich, eines Tages, als Lionel weniger reaktionsfreudig war als sonst, ließ ihn eine vorübergehende Niedergeschlagenheit die Hoffnung aufgeben. Er sah keine Chance, sein Gegengift fertig zu haben, bevor Lionel starb. Er nahm ein Buch über Serumtherapie zur Hand und blätterte gedankenverloren darin. Eine Überschrift fiel ihm ins Auge.

" *Die Behandlung sollte bald nach Ausbruch der Krankheit beginnen* ", lautete die Überschrift. Der Absatz fuhr fort, dass das Gegengift kaum noch von Nutzen sein würde, wenn das Gift den Körper des Patienten bereits fest im Griff hatte. Die Behandlung war wahrscheinlich erfolgreicher, wenn eine große Anfangsinjektion des Gegengifts verabreicht wurde, sobald die Krankheit ausgebrochen war. Da stand es schwarz auf weiß; es hatte keinen Sinn, weiterzumachen. Er hatte alle seine Linderungsmaßnahmen mit vorübergehendem Erfolg ausprobiert. In letzter Zeit hatte er sie nur sparsam eingesetzt, aus Angst, den Erreger zu immunisieren. Er hatte ein starkes Medikament ungenutzt bei sich behalten wollen, das die Krankheit am Ende hinauszögern würde. Jetzt blieb ihm nichts anderes übrig, als das starke Medikament zu verabreichen. Sein Freund lag im Sterben. Er könnte seine Schiffe verbrennen und sich die Haare für den Tod kämmen. Er hatte es versucht und war gescheitert.

Die depressive Stimmung war durch einen Fieberanfall eingeleitet worden, der sich von seinen anderen Anfällen unterschied. Sie verschwand nicht nach regelmäßigem Verlauf, wie die wiederkehrende Malaria. Es lastete auf ihm in einem ständigen, schneidenden Kopfschmerz, der ihm die Kraft raubte. Er saß matt und kraftlos da, mit klirrendem Kopf, und wiederholte, dass Lionel im Sterben liege. Lionel lag im Sterben. Man musste nur einen Moment nachdenken, um zu erkennen, dass es hoffnungslos war. Lionel würde sterben.

Er hob die Hand und dachte, dass ihm etwas in die Kehle gebissen hatte. Seine Halsdrüsen waren geschwollen. Einen Moment lang dachte er, die Schwellung sei nur ein Mückenstich; aber ein Blick in den Spiegel zeigte ihm, dass es noch schlimmer war. Die geschwollenen Drüsen waren ein Zeichen dafür, dass auch er dem Tode nahe war. Sein Fieber der letzten Stunden war das Anfangsfieber. Früher oder später würde er einschlafen, genau wie Lionel. Er hätte vielleicht nur noch zwei Monate zu leben. Zwei Monate. Ottalie hatte zwei erschreckende, ängstliche Sekunden erlebt, bevor der Tod sie erstickte. Das also hatte Ottalie in diesen zwei Sekunden gespürt: Angst, eine blinde Sehnsucht nach Liebe für ein halbes Dutzend, ein Gedanke an Himmel und Freiheit, ein Verlangen, eine Qual und dann wieder die Angst. Er stand auf. „Auch wenn alles nutzlos wäre", sagte er sich, „werde ich alle meine Patronen abfeuern, bevor ich gehe." Er holte den Chamberland-Filter hervor und machte sich an die Arbeit.

XII

Lasst sie glücklich sein und so zufrieden ruhen,
dass sie den Tribut ihres Herzens und ihrer Knie zahlen. *Thiery und Theodoret*

.

Nachdem er einige seiner Kulturen durch den Filter geleitet hatte, injizierte er das Filtrat, das aus toten Organismen und ihren Toxinen bestand, subkutan in Lionels Arme und in seine eigenen. Er nahm einen der schwarzgesichtigen Affen, die sie zu diesem Zweck mitgebracht hatten, rasierte und reinigte einen Teil seines Halses und injizierte eine schwache Kultur in den vorbereiteten Raum, nachdem er die Kultur einer Hitze ausgesetzt hatte, die etwas unter der Hitze lag, die zum Abtöten der Organismen erforderlich war. Einem anderen Affen injizierte er eine Kultur, die durch eine leichte Zugabe von Karbol geschwächt war. Er hatte keine große Hoffnung, dass die Maßnahme, die er vorbereitete, von Nutzen sein würde; er wollte sie alle ausprobieren. „Wenn ich mehr Zeit gehabt hätte", dachte er verbittert, „hätte ich es vielleicht geschafft." Er hatte so viel Zeit damit verloren, die Kultur zum Wachsen zu bringen. Während er die Einstiche mit Kollodium versiegelte, sagte er sich, dass er Lionels Heilmittel ausprobiert hatte und dass er nun frei sei, seine eigenen persönlichen Theorien auszuprobieren. Er würde ein von Natur aus immunisiertes Tier töten, etwa ein Gnu oder einen Kudu, und daraus direkt und so sauber wie möglich Serum gewinnen. Lionel hatte gesagt, dass ein auf diese Weise gewonnenes Serum nutzlos und wahrscheinlich septisch wäre; aber wer kümmerte sich schon um eine mögliche Blutvergiftung, wenn die Alternative der sichere Tod war? Persönlich würde er einen Tod durch Rotz diesem schläfrigen Sterben vorziehen. Wenn er eine Antilope außer Gefecht setzen könnte, könnte er das Blut vielleicht durch formale antiseptische Methoden in sterilisierten Gefäßen gewinnen. Es wäre einen Versuch wert. Er hatte in England Serum von einem Pferd entnommen. Er kannte das Verfahren. Leider ist das Herz Afrikas nicht wie England, und auch ein um sich schlagendes, gehörntes, wildes Tier, das in seinem Todeskampf die Erde in Fetzen reißt, ist nicht wie ein gesetztes und glänzendes Pferd, das ordentlich zum Zapfen vorbereitet wird. „Außerdem", dachte er, „könnte das Tier an allen möglichen Krankheiten leiden oder es könnte Keime in sich tragen, die das menschliche Blut nicht verträgt. Und wie sollte es mit einer Ausrüstung aus sterilen Töpfen und Pfeifen auf dem Rücken auf die Jagd gehen?"

Die Vorstellung gefiel ihm zu gut, um sich vor den Schwierigkeiten zu fürchten. Es bot die Möglichkeit zum Erfolg; es gab ihm Hoffnung und beschäftigte seinen Geist. Auch wenn er kein Wild sah, wäre die Jagd eine

Abwechslung für ihn. Er war ein mäßig guter Gewehrschütze. Das Florett war die einzige Waffe, mit der er wirklich geschickt war. Als er auf sein Gewehr blickte, verspürte er Verachtung für die Unwirklichkeit seines Lebens in London. Es war ein Leben gewesen, das eine ungeheure äußere Künstlichkeit voraussetzte. Wie wenig hat es gestört! Wie hilflos er war, als es verärgert war. Und was würde mit England passieren, wenn etwas London verärgerte und die darin enthaltenen Gifte in die Luft streuten? Er ging auf die Jagd.

Der Wind wehte stetig aus Richtung Wald. Von dieser Seite aus konnte man nichts unternehmen. Er konnte sich dem Spiel nie gegen den Wind nähern. Er würde den Fluss überqueren müssen. Er hatte nie versucht, den Fluss zu überqueren. Er wusste nicht einmal, ob es möglich war. Der Gedanke an die Krokodile und der bloße Anblick der wirbelnden Flut hatten ihn davon abgehalten, den Fluss zu untersuchen. Er war nicht in der Nähe davon gewesen, seit er mit Lionel nach den Atoxylflaschen gesucht hatte. Wie es flussaufwärts aussah, wusste er nicht. Er ging flussaufwärts, um nach einer Furt zu suchen.

In einiger Entfernung hinter dem Hügel stieß er auf etwas, das ihn innehalten ließ. Die Erde dort war von den Wassermassen eines kürzlichen Gewitters in Spuren zerrissen worden. Die Sauberkeit der Schnitte erinnerte Roger an die kleinen Moorausbrüche, die er in Irland nach übermäßigen Regenfällen gesehen hatte. Auf einem der Gleise hatte das rauschende Wasser das Pflaster einer alten Straße freigelegt, so dass es etwa zwanzig Meter weit frei zum Himmel sichtbar war. Die Straße hatte eine harte, ebene Oberfläche, wie der Bodenbelag in Simbabwe. Die Oberfläche fühlte sich an wie eine sehr gute Radstraße in bestem Zustand. Die Spurrillen der Karren waren in Dellen schwach erkennbar. Die Straße schien aus behauenen Steinen gebaut zu sein, die mit pulverisiertem Granit bedeckt und gebunden waren, der für die Böden der Ruinen verwendet wurde. Es war fünf Schritte von Rogers Breite. Die Ränder wurden mit Dachrinnen kanalisiert. Hinter den Dachrinnen befanden sich Ränder aus kleinen behauenen Blöcken, die ordentlich angeordnet waren, damit sich die Pflanzen in der Nähe der Straße nicht darüber ausbreiten konnten. Der Richtung des freigelegten Teils nach zu urteilen, gelangte die Straße durch ein Tor in der Westmauer nach Simbabwe. In der anderen Richtung, weg von Simbabwe, verlief sie schräg zum Fluss und hielt sich an der Spitze eines (möglicherweise künstlichen) Bergrückens, um einen tiefer gelegenen Abschnitt zu vermeiden, der noch immer von der Überschwemmung sumpfig war. An der Stelle, an der die Straße auf ihn traf, machte der Fluss eine scharfe Biegung. Unterhalb der Biegung hatte die Uferlinie ein seltsames Aussehen, das noch heute, nach so vielen Jahrhunderten, an menschliche Bemühungen erinnerte. Roger war sehr aufgeregt und beeilte sich, sich den Ort anzusehen.

Es war der Hafen von Simbabwe. Das Ufer war weggeschnitten worden, so dass eine Art Dock entstand. Die Pfahlstümpfe steckten stellenweise noch im Schlamm. Es handelte sich um starke, gut verbrannte Holzpfähle, wie sie überall für Stege verwendet werden. Dem Gefühl des Bodens auf der Anlegestelle nach zu urteilen, befand sich nicht weit darunter ein Pflasterwerk. Ein oder zwei Stiche mit einer Messerklinge zeigten, dass dies der Fall war. Das Ufer war wie die Straße gepflastert. Als Roger zurück zur Ruine blickte, konnte er den Verlauf der Straße erkennen, die zur Mauer hinaufführte. Selbst dort, wo es überwuchert war, konnte er anhand der vergleichsweise hellen Farbe des Grases erkennen, wo es sich befand. Jenseits der Ruine, die fast direkt nach Südosten verlief, bemerkte er ein ähnliches Band aus hellem Gras, das eine andere Straße markierte. Das war also ein Hafen, dieses Simbabwe, ein Hafen am Ende einer Straße. Die Straße könnte direkt nach Ophir führen, von wo Salomo sein Elfenbein, seine Affen und Pfauen erhielt. Wahrscheinlich befanden sich in der Nähe Goldminen. Dieser Ort, der jetzt so ruhig ist, hatte einst einen Goldrausch erlebt. Am Kai drängten sich drängelnde Menschen, die zu den Feldern eilten. Das Becken aus übelriechendem rotem Schlamm war einst voller Schiffe gewesen. Und welche Schiffe? Welche Leute? Und wann? „Ein brachyzephales Volk kluger Goldarbeiter unbekannter Antike.“

Direkt oberhalb des „Hafens“ war der Fluss extrem schmal. An der schmalen Stelle ragten Mauermassen aus dem Wasser, die vielleicht einmal als Pfeiler einer Brücke gedient hatten. Sie standen so dicht beieinander, dass Roger den Fluss ohne Schwierigkeiten überqueren konnte. Auf der anderen Seite war die Straßenmarkierung, wie er erwartet hatte, in einer schwachen Linie in Richtung Wald gezogen. Das Land war auf dieser Seite rauer. Die Straßenmarkierung war weniger deutlich.

Am späten Nachmittag, nach einer erschöpfenden Pirsch, gab er zwei Schüsse auf etwas ab, das er für eine Koodoo-Kuh hielt. Er ging mutlos weiter, da er glaubte, beide Schüsse verfehlt zu haben. Helles Blut auf dem Gras zeigte ihm, dass er sie getroffen hatte. Ein Stückchen weiter fand er die Kuh am Boden liegen, ihr Hinterteil war gelähmt. Sie versuchte aufzustehen, um ihm gegenüberzutreten, das arme Tier; aber sie war zu hart getroffen worden; sie lag im Sterben. Nachdem sie ein wenig gekämpft hatte, konnte er sich ihr nähern und den großen Hörnern ausweichen. Er konnte sogar die Kehle einigermaßen für die Operation vorbereiten. Schließlich gelang es ihm, einen letzten Kampf zu vermeiden, indem er es schaffte, seine Hände mit einer Lösung aus einem der um ihn herum hängenden Töpfe zu sterilisieren. Der Anblick seiner Hände ließ ihn auch danach noch die Hoffnung auf ein unverunreinigtes Serum verzweifeln. Aber es ließ sich nichts tun. Er nahm das Messer heraus, machte den Schnitt in die Kehle und führte den sterilisierten Schlauch ein.

[*] Es war wahrscheinlich eine Oryxantilope.

Als er sich mit seiner Beute umdrehte, um nach Hause zu gehen, bemerkte er ein kleines Rehkitz, das auf einem Hügel über ihm stand und ihn ansah. Es stand ganz still, so abgeschirmt vom Gras, dass nur ein glückliches Auge es erkennen konnte. Vielleicht wartete es darauf, dass er wegging, damit es seine Mutter rufen konnte. Es machte keine Anstalten, vor ihm wegzulaufen. Etwas an ihrem Aussehen ließ ihn glauben, dass sie krank war. Die Haltung ihres Kopfes schien seltsam. Ihr Fell sah starr aus. Er wünschte, er hätte seine Brille mitgebracht, damit er sie genauer untersuchen könnte. Er ging ein wenig herum und vergewisserte sich, dass ihr Fell in schlechtem Zustand war. Er vermutete, dass sie von einem Raubtier zerfleischt worden sein könnte.

Er wollte gerade weitergehen, als ihm ein Gedanke kam. Was, wenn die Jungtiere des Wildes nicht immun wären? Was, wenn der Biss der infizierten Tsetse-Spinne bei ihnen eine leichte Form von Nagana auslösen würde, von der sie sich erholen? Was, wenn diese leichte Krankheit dem erkrankten Individuum später Immunität verleihen würde? Das Ergebnis wäre sicherlich offensichtlich. Eine „Impfung" mit dem Blut des erkrankten Kalbs oder Kitzes würde beim Menschen einen leichten Anfall der Krankheit auslösen und ihn möglicherweise später gegen eine heftigere Infektion immun machen. Wildtiere leiden selten. Was, wenn dieses Kitz an einem leichten Anfall der Krankheit leiden würde? Er schlich sich ein wenig näher an sie heran und beugte sich tief hinunter, um zu sehen, ob er die Schwellungen an Beinen und Bauch sehen konnte, die bei Vierbeinern die Krankheit kennzeichnen. Er konnte es nicht genau sagen. Er konnte nur sicher sein, dass das Fell starrte und Nase und Augen tränten. Er pfiff dem kleinen Wesen leise zu, in der Hoffnung, dass sie noch zu jung war, um Angst vor ihm zu haben. Sie starrte ihn mit großen Augen an, zitterte leicht und spitzte die Ohren. Er pfiff ihr erneut zu. Sie rief klagend nach ihrer Mutter. Sie senkte ihren kleinen Kopf, bereit zum Angriff, und scharrte mit den Hufen wie ein Krieger. Roger feuerte. Danach fühlte er sich, als hätte er ein Mädchen getötet.

Mit Gläsern beladen kehrte er nach „Portobe" zurück und leerte diese sorgfältig in sterilisierte Pfannen. Das Ergebnis ließ „Portobe" wie die Molkerei eines Kannibalen aussehen. Eine Untersuchung des Blutes ergab, dass beide Tiere in großer Zahl Trypanosomen beherbergten. Als das Blut geronnen war, füllte er das Serum in sterilisierte Flaschen ab und fügte winzige Mengen eines Antiseptikums hinzu. Bei dieser Operation erhielt er sein Serum. Er musste es nun auf Bakterien und Giftstoffe testen. Er fügte einen Teil jeder Flasche zu verschiedenen Kulturmedien in Reagenzgläsern hinzu. Diese Testportionen fügte er allen seinen Medien hinzu, sowohl Glycerin-Agar und Glucose als auch solchen, die besser für das Wachstum von Trypanosomen geeignet waren.

Er stellte sie zum Ausbrüten beiseite.

Wenn es Bakterien in den Seren gäbe, würden sie sich auf der köstlichen Nahrung der Medien vermehren und vermehren. Als Roger die Medien untersuchte, erwartete er, sie voller Bakterien aller bekannten Arten zu finden. Er war natürlich eitel auf den Erfolg seiner Jagd; Aber er wusste, dass eine grobe Operation unter freiem Himmel keine so gesunde Methode zur Gewinnung von Serum darstellt, wie sie sein könnte. Eine genaue Untersuchung ergab jedoch, dass sich in den Kulturen keine Bakterien entwickelt hatten. Er war darüber erfreut; aber seine Freude wurde durch den Gedanken zunichte gemacht, dass es zu schön war, um wahr zu sein. Möglicherweise hat er das Experiment durcheinander gebracht, indem er den Seren beim Abfüllen zu viel Desinfektionsmittel zugesetzt hat, indem er Kulturen verwendet hat, die irgendwie ihre Attraktivität verloren haben, oder weil bei der Vorbereitung der Objektträger ein Fehler aufgetreten ist. Nachdem er seine Prüfung zum zweiten Mal bestanden hatte, beschloss er, fortzufahren. Er injizierte zwei Affen große Dosen der Seren.

Erneut war er erfolgreich. Die Affen zeigten keine Vergiftungssymptome. Die Seren, was auch immer sie sein mochten, waren für das „homologe" Tier offensichtlich harmlos. Doch der Erfolg ließ Roger noch mehr an sich selbst zweifeln. Es machte ihm tatsächlich Angst, dass er durch die Zugabe von Desinfektionsmittel zu den Seren die darin enthaltenen Schutzkräfte sowie die Mikroorganismen, auf die er abzielte, zerstört hätte. Er zögerte nicht länger. Er injizierte Lionel eine große Dosis des Serums des erwachsenen Tieres; Er injizierte sich das Serum vom Rehkitz. Als er ins Dorf hinunterging, untersuchte er eingehend diejenigen, die am wenigsten krank waren. Er wählte diejenigen aus, die keine äußerlichen Anzeichen einer angeborenen oder erworbenen Form einer Blutvergiftung zeigten, und injizierte ihnen Seren, da er dachte, dass er ihre Seren für andere Fälle verwenden würde, wenn sie genesen würden. Er seinerseits fühlte sich bereits besser. Die Aufregung der Hoffnung ruhte auf ihm. Er hatte sich über seinen Körper erhoben.

In den nächsten Tagen war sein Leben ein Fieber der Hoffnung, unterbrochen von Stunden der Verzweiflung. Einer seiner Patienten starb plötzlich am Tag nach der Injektion. Lionel schien nicht besser zu sein. Einem anderen Patienten schien es deutlich schlechter zu gehen. Er wiederholte die Dosen und verbrachte einen miserablen Morgen damit, Lionel zu beobachten. Die Abendtemperaturen zeigten einen deutlichen Rückgang. Eine Untersuchung der Rachendrüsen zeigte, dass die

Trypanosomen weniger schlaff geworden waren. Sie bündelten sich zu Klumpen und „klumpten" mit langsamen, unregelmäßigen Bewegungen. Das schien ihm das erste hoffnungsvolle Zeichen zu sein. Als er seine Bücher studierte, konnte er nicht sicher sein, ob es wirklich ein gutes Zeichen war. Ein Buch schien zu sagen, dass die Agglutination die Keime virulenter machte; ein anderer, dass es sie lähmte. Er konnte selbst feststellen, dass sie aufgehört hatten, sich durch Längsspaltung zu vermehren. Und daraus argumentierte er, dass ihre Vitalität geschwächt worden sei.

Am nächsten Tag ging es Lionel besser; aber den einheimischen Patienten ging es allen schlechter. Sie waren erschreckend schlimmer. Sie zeigten Symptome, die nicht in den Büchern standen. Sie schwollen leicht an, als ob die Haut aufgeblasen wäre. Das Fleisch schien gleichzeitig blasig und unelastisch zu sein. Das Pigment der Haut wurde blasser; Die Patienten bekamen eine aschgraue Farbe. Das Blut eines dieser Erkrankten tötete innerhalb von drei Stunden ein Meerschweinchen. Nach einer kurzen Zeit offensichtlichen Leidens starben sie einer nach dem anderen, offenbar an der Erschöpfung, die auf hohes Fieber folgte. Roger blieb in einem schrecklichen Zustand geistiger Qual bei ihnen, bis sie tot waren, und versuchte ein Heilmittel nach dem anderen. Er hatte das Gefühl, sie alle getötet zu haben. Er spürte, dass ihr Blut an seinen Händen klebte. Er hatte das Gefühl, dass all diese Menschen vielleicht noch am Leben gewesen wären, wenn er nicht sein elendes Heilmittel an ihnen ausprobiert hätte. Es bestand kein Zweifel daran, dass die Seren ihren Tod verursacht hatten. Diejenigen, die keine Seruminjektionen erhalten hatten, waren nicht schlechter als zuvor. Er fragte sich, wie lange es dauern würde, bis diese Symptome von Schwellung und hohem Fieber bei ihm und Lionel auftraten. Er kehrte nach „Portobe" zurück und erwartete, Lionel mit hohem Fieber vorzufinden, und machte sich auf den Weg nach Marumba.

Er fand Lionel schwach vor dem Zelt herumlaufen, bei Bewusstsein, aber noch nicht in der Lage, verständlich zu sprechen. Er hatte nicht damit gerechnet, Lionel wieder laufen zu sehen. Der Anblick ließ ihn die Todesfälle unten im Dorf vergessen. Er schrie vor Freude. Bei näherer Betrachtung verlor er seine Freude. Die Haut von Lionels Arm, die sich bei Berührung sehr stumpf und unelastisch anfühlte, war leicht geschwollen und hatte etwas von dem blasigen Aussehen, das er bei den jetzt toten Männern bemerkt hatte. Es war, als wäre der Körper von einer leicht aufgeblasenen Blase umgeben. Er brachte es nicht übers Herz, die Symptome am Körper eines anderen Tieres zu testen. Auch ohne das gab es genug Tod. Er setzte sich ans Mikroskop und untersuchte immer wieder seine Seren. Er konnte keine Spur lebender Mikroorganismen finden. Die Seren schienen steril zu sein. Aber er erkannte jetzt, dass es eine böse Wirkung auf diejenigen hatte, die mit Trypanosomen infiziert waren. Er konnte die genaue chemische Natur des Effekts nicht erraten. Wahrscheinlich hat es die Bestandteile des Blutes in irgendeiner Weise beeinflusst. Das Gift in den Seren schien die Anwesenheit von Trypanosomen zu benötigen, um seine Virulenz zu vervollständigen.

Während er am Mikroskop arbeitete, bemerkte er, dass sich das Symptom auch an seinem eigenen Fleisch zeigte. Als er das sah, legte er seine Arbeit beiseite. Er schloss daraus, dass Lionel und er innerhalb von 24 Stunden zum Tode verurteilt waren. Vor dem Tod (wie er im Dorf gelernt hatte) würden sie wahrscheinlich große Schmerzen erleiden. Nach einigen Stunden des Leidens würden sie bewusstlos und wahnsinnig werden. Nach einer Weile des Tobens würden sie dort in der einsamen Hütte sterben, und bald würden die Ameisen in regelmäßigen Reihen herbeimarschieren, um sie sauber zu begraben. Ihre Knochen würden auf den Feldbetten liegen bleiben, bis ein Gewitter sie unter dem Schlamm versinken ließ. Niemand würde je von ihnen hören. Sie würden vergessen werden. Die Leute in England würden sich fragen, was aus ihnen geworden war; mit der Zeit würden sie sich weniger fragen und schließlich würden sie aufhören, sich zu fragen. Zeitungen würden von Zeit zu Zeit in zweizeiligen Absätzen auf ihn anspielen. Dann, wenn seine Zeitgenossen älter wurden, würde auch das aufhören. Er würde völlig vergessen werden, und niemand würde es wissen, und niemand würde sich darum scheren.

Es war für ihn schrecklich zu glauben, dass niemand es erfahren würde. Er konnte mit ein oder zwei Stunden Schmerzfreiheit rechnen. Bevor der Schmerz die Welt von ihm verschloss, würde er versuchen, Aufzeichnungen darüber zu hinterlassen, was sie waren. Er setzte sich hin, um einen Todesbrief zu schreiben. Es war natürlich nutzlos, und doch könnte es vielleicht eines Tages durch einen seltenen Zufall denjenigen zur Kenntnis gelangen, die er in England gekannt hatte. Er fragte sich, wer den Brief finden würde, falls er jemals gefunden würde. Ein großer deutscher Wissenschaftler ist dabei, die Krankheit zu verbannen. Irgendein betrunkener englischer Goldsucher mit Cockney-Akzent. Irgendein Missionar, Sportler oder Geschäftsreisender. Wahrscheinlicher wäre es ein umherziehender Wilder mit einer Schnupftabakdose im Ohrläppchen und einem Stein aus Kupferdraht um seine Gliedmaßen. Er schrieb einen kurzen Brief:

"Lionel Uppingham Huntley Heseltine, Roger Monkhouse Naldrett. Sterben hier an Blutvergiftung nach der Anwendung von Koodoo-Serum gegen Trypanosomiasis. Sollte dies in die Hände eines Europäers gelangen, wird er gebeten, sich mit Dr. Heseltine, 47A Harley Square, Wimpole Street, W., London, England, und mit dem britischen Konsul in Shirikanga, CFS, in Verbindung zu setzen."

Er fügte noch ein paar Worte hinzu, strich sie aber später wieder aus. Das Wesentliche hatte er gesagt. Mehr brauchte er nicht zu sagen. Er übersetzte die kurze Botschaft ins Französische, Spanische und Deutsche und unterschrieb die Kopien. Er legte das Dokument in eine Seifenkiste aus Blech, die er an eine in den Boden der Hütte getriebene Eisenstange kettete. Als das geschehen war, hatte er das Gefühl, dem Leben Lebewohl gesagt zu haben.

Er dachte an Ottalie, ohne jegliche Hoffnung. Der Gedanke an sie machte ihm Angst. Er konnte nicht glauben, dass seine Seele jemals ihre Seele erreichen würde, in all dieser Wildnis. Die zunehmende Veränderung lastete ihm schwer. Dieser Tod, von dem er so großartig gedacht hatte, erschien ihm jetzt, da er es erfuhr, sehr dumm. Er erinnerte sich, wie er einem jungen Dichter die Bemerkung zurechtgewiesen hatte, dass der Tod unmöglich so dumm sein könne wie das Leben. Es war ungeheuerlich anzunehmen, dass der junge Dichter doch Recht haben könnte. Und doch--

Er ging eilig hinaus und ließ alle Versuchstiere frei: Meerschweinchen, Affen und weiße Ratten. Sie sollten nicht verhungern, arme Tiere. Sie quietschten und plapperten ein oder zwei Minuten lang aufgeregt, während sie sich auf den Weg machten, um die Gegend zu erkunden. Wahrscheinlich hatten die Schlangen sie alle innerhalb einer Woche.

Nachdem Roger einige Stunden darauf gewartet hatte, dass die Qualen beginnen würden, schlief er ein und schlief bis zum nächsten Morgen. Als er aufwachte, setzte er sich auf und sah sich um, wobei er sich zunächst nicht ganz sicher war, ob er noch am Leben war. Sein Puls war normal, seine Zunge war normal, sein Herz war normal. Er fühlte sich besonders gut. Er betrachtete sein Fleisch. Der Blasenausdruck war wieder verschwunden, die Haut war wieder normal. Als er zu Lionels Feldbett blickte, sah er, dass Lionel nicht in der Hütte war. Aus Angst, er sei in einem Deliriums-Anfall hinausgegangen, um zu sterben, ging er ins Freie, um nach ihm zu suchen.

Es war ein heller, windiger, tropischer Morgen, und in der Luft lag eine belebende Frische, wie man sie manchmal in England im April und Ende September spürt. Einer der freigelassenen Affen war wieder am Hals festgeklammert auf seiner Stange. Er mampfte mit voller Energie einen Keks. Lionel saß auf der Mauer und sonnte sich in eine Decke gehüllt. Seine Haltung ließ sowohl große körperliche Schwäche als auch absolutes Selbstvertrauen erkennen.

„Hör mal, Roger", begann er. „Das ist zu schade. Du bist ein Vollidiot! Du hast unsere ganze Menagerie im Stich gelassen. Was sollen wir mit den

Labortieren machen? Ich habe McGinty hier gefangen. Sonst hätten wir kein einziges mehr. Jeder Käfig hier ist weit offen. Was hast du gemacht?"

„Mein Gott!", sagte Roger. „Er ist geheilt!"

„Geheilt, Sir?", sagte Lionel. „Warum sollte ich es nicht sein? Mir fehlte nichts außer Fieber. Aber ich mache keine Witze. Ich möchte etwas über diese Tiere wissen. Was haben Sie sich dabei gedacht, sie freizulassen?"

„Lionel", sagte Roger, „in den letzten fünf Wochen bist du an Schlafkrankheit gestorben. Das Atoxyl ist verloren gegangen. Ich glaube, du hast es weggeworfen."

„Da ist das Atoxyl", sagte Lionel und zeigte darauf. „In dem Loch in der Wand dort. Ich habe es gestern dort hingelegt, nachdem ich diese beiden Dosen verabreicht hatte."

Tatsächlich stand die Flasche im Halbdunkel eines Lochs in der Wand. Roger muss ungefähr fünfzig Mal daran vorbeigekommen sein.

„Ich habe überall danach gesucht", sagte Roger.

Lionels Augen verengten sich angesichts der Schärfe der medizinischen Untersuchung. Er untersuchte Roger einige Zeit.

„Lass mich deinen Puls messen, Lionel", sagte Roger und starrte zurück.

„Mein Puls ist in Ordnung", sagte Lionel. „Gehen Sie los und suchen Sie nach Meerschweinchen." Der Puls war in Ordnung; ebenso das Fleisch des Handgelenks.

„Ich nehme an, das nächste, was Sie mir weismachen wollen, ist, dass ich immer noch an der Schlafkrankheit leide? Nun, schauen Sie sich meine Zunge an. Vielleicht wird Sie das überzeugen." Lionel wartete einen Moment mit herausgestreckter Zunge auf eine Antwort. Die Zunge war ruhig. Lionel kam zum Angriff zurück. „Was hast du mit diesen Weissner-Serumpfannen gemeint?" er hat gefragt. „Haben Sie die Affen ausbluten lassen? Sie scheinen im Allgemeinen einen großen Tag gehabt zu haben."

„Ich sage dir", sagte Roger, „dass du seit fünf Wochen an der Schlafkrankheit sterbst. Schau dir deine Temperaturtabelle an. Schau dir mein Tagebuch an. Nachdem das Atoxyl verloren gegangen war, habe ich jedes sterbliche Ding ausprobiert, das wir hatten. Und nichts." war irgendetwas Gutes. Du bist tagelang zu Tode eingeschlafen?

„Ich erinnere mich, dass ich Fieber hatte und du oder jemand mit einer Nadel herumgespielt hast. Aber fünf Wochen, Mann! Fünf Wochen. Komm!"

„Ich sage dir, das hast du. Du warst die halbe Zeit bewusstlos."

„Nun. Wenn ich die Schlafkrankheit hatte, wie kommt es dann, dass ich hier bin und mit Ihnen rede? Sie sagen selbst, dass das Atoxyl verloren gegangen ist.“

„Lionel“, sagte Roger, „ich habe dir eine tote Kultur injiziert. Danach habe ich ein paar Koodoos (falls es Koodoos waren), eine Kuh und ein Rehkitz erschossen. Das Rehkitz hatte Nagana oder so etwas. Ich habe ihnen Seren abgenommen.“ , und in beiden Fällen habe ich die Seren sieben armen Teufeln injiziert, und sie sind alle geschwollen und gestorben. Es war schrecklich, Lionel.

„Ich weiß es nicht“, sagte Lionel. „Ich nehme an, es könnte Anthrax sein. Gab es Fieber?“

„Starke Schmerzen, sehr hohes Fieber und Tod offenbar durch Erschöpfung. Und du und ich sind ein wenig angeschwollen; und ich habe gestern dafür gesorgt, dass wir beide auch sterben würden. Ich habe Briefe geschrieben und sie dort drinnen an einer Stange befestigt ."

„Oh, dafür war die Rute also da? Ich dachte, es wäre etwas Lustiges. Und jetzt sind wir beide geheilt?“

„Ja. Mein Gott, Lionel, ich bin dankbar, deine Stimme wieder zu hören. Du weißt nicht, was es war.“

Sie schüttelten sich die Hände.

„Sie sind ein öffentlicher Wohltäter“, sagte Lionel. Er sah Roger eindringlich an. „Ich gebe dir mein Bestes“, fügte er hinzu. „Ich dachte, du wärst ein Greif. Aber du hast anscheinend ein Heilmittel gefunden. Was? Schau ihn dir an. Es ist das erste Mal, dass er es merkt!“

„Aber“, stammelte Roger, „ich habe sieben damit getötet; das nenne ich keine Heilung.“

„Haben Sie den Sieben zuerst die tote Kultur injiziert?“, fragte Lionel.

„Nein. Nur ich und du.“

"Da haben Sie es", sagte Lionel. "Ihr Greifs macht die Entdeckungen und habt nicht den Mumm, sie zu sehen. Mein Gott! Es ist so klar wie Masern. Sie injizieren die tote Kultur. Das ist der erste Schritt. Dadurch agglutinieren die Trypanosomen. Also gut. Sie injizieren Ihr Serum, wenn sie agglutiniert sind; nicht vorher. Wenn sie agglutiniert sind, zerstört das Serum sie, nachdem es seltsame Symptome hervorgerufen hat. Wenn sie nicht agglutiniert sind, zerstört das Serum Sie durch das Übermaß dessen, was die seltsamen Symptome verursacht. Ich verstehe diese Symptome nicht. Sie sind so völlig unerwartet. Haben Sie das Blut untersucht?"

"Ein Kubikzentimeter Venenblut tötete ein Meerschweinchen innerhalb von drei Stunden."

„Ja, zweifellos. Aber haben Sie das Blut mikroskopisch untersucht?"

„Nein", sagte Roger beschämt. „Ich habe meine Seren auf Streptokokken untersucht."

„Ihr Trottel!", sagte Lionel. „Und trotzdem kommt ihr raus und seid geheilt. Na, na! Ihr habt Glück gehabt. Lasst uns reingehen und unsere Drüsen anschauen." Roger bemerkte, dass er mit dem Wackeln eines Menschen ging, der gerade von einem heftigen Fieberanfall aufgestanden ist.

Vier Monate später erreichten die beiden Männer Shirikanga in einem selbstgebauten Kanu. Sie wurden von vier Überlebenden aus dem Dorf gepaddelt. Alle anderen waren tot, entweder an der Schlafkrankheit oder an dem Serum. Lionel hatte nicht herausgefunden, was im Serum die tödlichen Symptome verursachte. Es enthielt eine Qualität, die zur Vermehrung der Streptokokken oder eiterbildenden Mikroben führte; Soweit er jedoch feststellen konnte, wurde diese Eigenschaft nur dann ausgeübt, wenn das Blut des Patienten virulente Trypanosomen oder andere aktive, toxinproduzierende Mikroorganismen im nicht agglutinierten Zustand enthielt. Sie haben vier Dorfbewohner geheilt. Sie hätten möglicherweise mehr sparen können, wenn sie die Behandlung früher im Krankheitsstadium begonnen hätten. Sie waren mit ihrem Erfolg nicht unzufrieden. Sie hatten „nicht ein bisschen Auf und Ab", wie die Jovial Huntsmen. Sie hatten einander einigermaßen kennengelernt und ihre Fähigkeiten erweitert.

Wissenschaftlich gesehen hatten sie weniger getan, als sie gehofft hatten; aber mehr, als sie erwartet hatten. Sie waren die ersten gewesen, die Fälle mit Tierserum geheilt hatten. Sie waren die Ersten, die die Wirkung von Nagana auf die Jungtiere von Wildtieren in irgendeiner Weise untersuchten und einen (noch nicht getesteten) Impfstoff aus jungen Antilopen, Quaggas und Elenantilopen herstellten. Sie hatten einen Anflug von Pariser Grün und Linde entdeckt, der die Tsetse-Puppen zerstörte. Sie hatten etwa drei Meilen Fluggürtel geräumt. Sie hatten die Tsetse-Kultur studiert. Sie hatten das Ganze untersucht und einen Teil Simbabwes ausgegraben. Schließlich hatten sie den Grundstein für die Freundschaft zwischen ihnen gelegt.

Das war vielleicht das beste Ergebnis der Expedition. Sie hatten eine Freundschaft geschlossen, die wahrscheinlich ein Leben lang halten würde. Sie waren zuversichtlich, dass sie gemeinsam Großes leisten würden. Shirikanga schwebte in Sichtweite an der Flussmündung. Dort lagen zwei Landbarken vor Anker, mit schmutzigen Markisen über ihren Achterdecks. An Land standen im gleißenden Tageslicht ein paar weiß getünchte Hütten, in einer davon schwamm ein Union Jack. Auf dem Gelände einer anderen

Hütte hisste ein Neger langsam eine Fahnenkugel. Er brachte es zum Lastwagen und brach es heraus, sodass es frei flatterte. Es war ein roter Burgee, der Buchstabe B des Codes.

„Posttag", sagte Lionel. „Wir werden heute Abend hier weg sein. Wir werden am Mittwoch in Banana sein. Das bedeutet Antwerpen am Mittwoch in drei Wochen. London ist nicht weit weg."

„Gut", sagte Roger. Er dachte nicht an London. Er dachte an einen einsamen irischen Hügel, wo es viele Goldammern gab. Die Bäume dort standen wie Geister da. Um ein altes, graues, zweistöckiges Haus herum summten die Bienen. Er dachte, dass vielleicht ein oder zwei Rosen um das Haus herum blühen würden, selbst einen Monat später, wenn er dort stehen würde.

Er dachte an sein Leben in Afrika und daran, was es für ihn bedeutet hatte. Es hatte ihm gut getan. Er war der Welt mehr wert als noch ein Jahr zuvor. Er hielt nicht viel von seinem Erfolg. Er war ein Glücksfall gewesen. Er hatte Lionel gerettet. Als er an sein früheres Leben dachte, seufzte er. Er wusste, dass er mehr als diesen traurigen Triumph erreicht hätte, wenn er ausgebildet worden wäre. Sein Leben war improvisiert, nie organisiert gewesen. Große Dinge werden nur erreicht, wenn hinter dem improvisierenden Geist eine großartige Organisation steht.

auf dem Weg küstenaufwärts in seiner Koje in einer Kabine der *Kabinda lag*. Er war im Frieden mit der Welt. Saubere Laken, die europäischen Gesichter und die zivilisierten Mahlzeiten im Saloon hatten die Erinnerung an die Vergangenheit ausgelöscht. Afrika kam ihm ohnehin schon sehr düster vor. Das Simbabwe tauchte in seinem Kopf auf wie etwas, das man in einem Traum sieht, eine dunkle, aber ziemlich großartige Gestalt. Das Elend des Lagers war dunkel. Er war an diesem Morgen traurig gewesen, als er sich von den vier Menschen verabschiedet hatte, deren Leben er gerettet hatte. Jellybags, Toro, Buckshot und Pocahontas. Er wiederholte ihre Namen und dachte über ihre einnehmenden Eigenschaften nach. Jellybags war das Beste von ihnen. Er hatte Jellybags gemocht. Jellybags hatten mitkommen wollen. Er würde Jellybags nie wieder sehen. Es war ihm egal. Die Laken der Koje waren sehr bequem. Am Ende eines großen Abenteuers werden die Dinge in falschen Proportionen gesehen. Nur der Gedanke, dass diese Männer eine Zeit lang sein Leben geteilt hatten, löste in ihm den Anflug von Bedenken aus, bevor er sie aus seinem Gedächtnis verbannte.

Er dachte an Ottalie. Er sah sie deutlicher als je zuvor. Früher hatte er sie durch den rosafarbenen Nebel verliebter Gefühle gesehen. Das Gefühl war verschwunden. Die Aktion hatte ihn umgehauen. Er sah sie jetzt so, wie sie war. Im klareren Licht war sie noch wundervoller; wunderbarer als je zuvor; ein feiner, geschulter, gewissenhafter Geist, der auf eine schöne, treffsichere Entscheidung im Leben vorbereitet ist. Sie war ihm nahe und real, so real, dass er in ihrem Geist zu sein schien und dessen Furchtlosigkeit folgte. Er hatte das Gefühl, dass er sie jetzt verstand. Mit einem Anflug von Gefühlen spürte er, dass er das, was sie gewesen war, in das Leben seiner Zeit einbringen konnte.

Auf dem Dampfer in Banana befand sich ein deutscher Wissenschaftler auf dem Weg nach Sierra Leone. Er sprach Englisch. Er fragte die beiden Freunde nach ihrer Leistung. Lionel erzählte ihm, dass sie ein Serum zur Heilung von Trypanosomiasis entdeckt hatten. Der Deutsche lächelte. „Ah", sagte er. „Es gibt bereits Seren. Der japanische Bakteriologe, wie hieß er? Shima? Oshima? Shiga? Nein, Hiroshiga. Er hat ein gutes Serum gefunden, an dem die Menschen manchmal sterben. Dann ist da noch Mühlbauer, der das Serum von Hiroshiga verbessert hat.". Er hat ein wenig Trypanroth oder etwas Quecksilber oder so etwas hinzugefügt. Ich wundere mich, dass Sie in den Zeitungen nicht gesehen haben, dass er seine Experimente in Nairobi durchgeführt hat . Er hat Impflager."

„Nun", sagte Lionel. „Wir wurden auf dem Posten geschlagen. Hören Sie, Roger? Alles, was wir getan haben, wurde getan."

„Warten Sie", sagte Roger. „Wir fangen erst an."

Hinterher war er traurig, dass es so endete. Er wäre stolz gewesen, der Welt ein Heilmittel gegeben zu haben. Es wäre ein Angebot an Ottalie gewesen. Sie hätte diese Ehre gerne geteilt. Er hatte diese arme kleine Blume unter Einsatz seines Lebens für sie gepflückt. Es war schwer zu erkennen, dass es sich doch nur um eine Papierblume handelte. Er stellte sich vor, wie Ottalie am Fenster des oberen Gangs stand und nach ihm Ausschau hielt. Für ihn schien sie etwas von Reinheit und Furchtlosigkeit zu sein, das darauf wartete, dass er sie in die Welt führte, damit die Männer ihr dienen könnten.

Einen Monat später fand er in Ottalies altem Zuhause seinen Weg. Leslie, Lionel und er saßen in der Dämmerung zusammen und sprachen über sie. Roger war zutiefst bewegt von ihrer Anwesenheit. Er beugte sich zu ihnen vor und sprach ernsthaft mit ihnen, bat sie, sich die Hände zu reichen und ein Denkmal für sie zu errichten. „Sie war wie ein neuer Geist, der auf die Welt kam", sagte er. "Wie der neue Geist. Wir sollten diesen neuen Geist in die Welt bringen. Lasst uns eine Dreierbruderschaft gründen, um das zu tun. Wir sind drei ungeschulte Enthusiasten. Lasst uns eine Organisation für die Enthusiasten vorbereiten, die nach uns kommen. Lasst uns ein Interesse an der neuen Hygiene und der neuen Wissenschaft wecken; an allem, was sauber und furchtlos ist. Wir könnten zusammen eine kleine Schule und ein Labor gründen und eine Monatszeitung herausgeben, in der wir unsere Lehren predigen. Alle Übel des modernen Lebens kommen von Schmutz und Gefühlen und der Feigheit, die beides mit sich bringt. Wenn wir zusammenstehen und diese Übel Jahr für Jahr bekämpfen, werden wir sie loswerden. Wenn einer an einer Straßenecke steht, versammelt sich nach und nach die Menge."

„Ja", sagte Leslie. „Und Sie denken, Schmutz und Gefühle sind die schlechten Dinge? Nun, vielleicht haben Sie recht. Beides ist auf einen Mangel an Ordnung im Kopf zurückzuführen. Was meinen Sie, Lionel?"

„Ich?", sagte Lionel. „Ich sage, natürlich. Wir drei leben in einer wunderbaren Zeit. Die Welt erkennt gerade, dass die Wissenschaft kein Ersatz für Religion ist, sondern eine Religion von sehr tiefer und strenger Art. Wir erleben erst den Anfang davon."

Sie einigten sich gemeinsam auf einen Aktionsplan.

Roger ging in den Garten und den Hügel hinunter und dachte an den Kreuzzug gegen die Erschöpfung und den Schmutz der Städte. Auf den Hügeln lag ein Nachglühen. Es fiel mit rötlichem Glanz auf das Fenster seines Traums. Es erschauerte ihn. Das Licht würde dort lange nach dem Einsturz des Hauses fallen. Es hatte Ottalie erleuchtet. Es hatte auf der Scheibe gebrannt, als Ottalies Mutter dort stand. Die Natur war beständig; die Natur die Unvollkommenheit; die Natur der Feind, der die Rose verdorrte und das Unkraut verbreitete. Er dachte an die Frau, die dort in seiner Vision auf ihn gewartet hatte, und betete, dass ihr Einfluss auf ihn helfen möge, das versprochene Leben auf die Erde zu bringen, in dem der Mensch, indem er die Natur seinen Zwecken unterwirft, ein neues Gesetz durchsetzen und wie ein König herrschen würde, wo er jetzt, selbst in seiner Stärke, verurteilt wandelt, eine Beute aller niederen Dinge.

DAS ENDE